普 通 高 等 教 育 “ 十 一 五 ” 规 划 教 材
PUTONG GAODENG JIAOYU SHIYIWU GUIHUA JIAOCAI

WUYE GUANLI

物业管理

主编 周建华 马光红
编写 黄宏志
主审 屠志光

内 容 提 要

本书为普通高等教育“十一五”规划教材。

本书比较详细地介绍物业管理的整个运作过程，兼顾了理论性、实用性和可操作性，并在发展性上作了积极的探索。本书共分十一章，主要介绍了物业及物业管理基本知识，物业管理的运作主体，前期物业管理及物业管理的招投标，物业管理与社区建设，物业管理服务，物业管理的法制建设，房屋的维修管理，房屋设备的维护与管理，物业管理的资金运作与财务管理，商务写字楼的物业管理，商场、宾馆的物业管理。

本书可作为高等院校相关专业的物业管理教材，也可作为物业管理专业人员的培训教材。

图书在版编目（CIP）数据

物业管理/周建华，马光红主编．—北京：中国电力出版社，2010.10（2019.7重印）
普通高等教育“十一五”规划教材
ISBN 978-7-5123-0589-2

Ⅰ.①物… Ⅱ.①周…②马… Ⅲ.①物业管理—高等学校—教材 Ⅳ.①F293.33

中国版本图书馆CIP数据核字（2010）第119659号

出版发行：中国电力出版社
地　　址：北京市东城区北京站西街19号（邮政编码100005）
网　　址：http://www.cepp.sgcc.com.cn
责任编辑：熊荣华（010-63412543）
责任校对：黄　蓓
装帧设计：赵姗姗
责任印制：钱兴根

印　　刷：北京九州迅驰传媒文化有限公司
版　　次：2010年10月第一版
印　　次：2019年7月北京第三次印刷
开　　本：787毫米×1092毫米　16开本
印　　张：13.25
字　　数：310千字
定　　价：40.00元

版 权 专 有　侵 权 必 究
本书如有印装质量问题，我社营销中心负责退换

前言

为贯彻落实教育部《关于进一步加强高等学校本科教学工作的若干意见》和《教育部关于以就业为导向深化高等职业教育改革的若干意见》的精神，加强教材建设，确保教材质量，中国电力教育协会组织制订了普通高等教育“十一五”教材规划。该规划强调适应不同层次、不同类型院校，满足学科发展和人才培养的需求，坚持专业基础课教材与教学急需的专业教材并重、新编与修订相结合。本书为新编教材。

物业管理在我国还属于一个新兴产业。作为一个新型的服务性行业，它的发展是健康和迅速的，正逐步呈现出市场化、企业化经营和社会化、专业化管理的特点，是一个充满活力的现代化产业。特别是进入21世纪，物业管理在我国更是得到了蓬勃的发展，可谓方兴未艾，前途无量。

物业管理要想得到进一步健康和良性的发展，人才将是关键因素之一。特别是在今天，物业管理在经营上的规模化、运作上的法制化、服务上的个性化、手段上的智能化、模式上的多元化，这一切都需要人才的支撑，故人才的培养将是今后物业管理市场健康发展的重中之重。

当前，在物业管理的发展过程中还有许多问题需要解决和完善，诸如物业管理法规的进一步健全；物业管理介入的相对滞后；物业管理体制构建的进一步完善；物业管理的收费与服务标准的对应关系；物业管理经费的良性循环等。这些都需要广大的学者和物业管理工作者进行不断研究和实践，努力探索和创建一整套既符合国际惯例，又适合中国社会特点的物业管理办法。借鉴国外物业管理的成功经验，建立有中国特色的物业管理体系，从而推动我国物业管理事业的进一步发展。

本书从物业管理的基本概念入手，比较详细地介绍了物业管理的整个运作过程，兼顾了理论性、实用性和可操作性，并在发展性上进行了积极的探索。每章后面均有复习思考题。本书共分十一章，主要内容包括：物业及物业管理基本知识，物业管理的运作主体，前期物业管理及物业管理的招投标，物业管理与社区建设，物业管理服务，物业管理的法制建设，房屋的维修管理，房屋设备的维护与管理，物业管理的资金运作与财务管理，商务写字楼的物业管理，商场、宾馆的物业管理。

本书由周建华、马光红主编，黄宏志参编。其中第一章～第六章由周建华编写，第七章、第八章由马光红编写，第九章～第十一章由黄宏志编写，并由周建华进行统稿。

本书在编写过程中，得到了许多行业专家和学者的热情指导和大力帮助，在此深表感谢。

尽管编者尽了很大的努力，但由于水平有限，疏漏和错误在所难免，敬请广大读者批评指正。

编　者

2010年6月

目录

前言
第一章 物业及物业管理基本知识 …… 1
第一节 物业及物业管理的概念 …… 1
一、物业 …… 1
二、物业管理 …… 4
第二节 物业管理的基本环节 …… 6
一、物业管理的提前介入 …… 6
二、落实物业服务企业 …… 6
三、物业管理人员的培训 …… 6
四、物业管理规章制度的制订 …… 6
五、物业的验收和接管 …… 7
六、进户管理 …… 7
七、装修搬迁管理 …… 7
八、建立物业管理档案 …… 8
九、物业管理的日常服务、管理和维护 …… 8
第三节 物业管理的原则和服务内容 …… 8
一、物业管理的原则 …… 8
二、物业管理服务的基本内容 …… 9
三、物业管理的其他委托服务 …… 10
第四节 物业管理的模式和发展趋势 …… 10
一、物业管理的模式 …… 10
二、物业管理的发展趋势 …… 11
第五节 物业管理的目标 …… 12
一、创造一个文明和谐的物业管理区域 …… 12
二、延长物业的使用年限及确保其功能的正常发挥 …… 13
三、实现物业管理经费的良性运作 …… 13
第六节 物业管理区域的划分 …… 14
一、区域划分的原则 …… 14
二、区域划分的申请 …… 14
三、区域划分的规定 …… 14
小结 …… 15
复习思考题 …… 15
第二章 物业管理的运作主体 …… 17
第一节 物业服务企业的设立 …… 17

一、物业服务企业的概念及其性质 …… 17
二、物业服务企业的组织类型 …… 18
三、物业服务企业的权利和义务 …… 19
四、物业服务企业的设立条件和设立登记 …… 22
五、物业服务企业的组建过程 …… 23
第二节 物业服务企业的机构设置 …… 25
一、物业服务企业机构设置一般原则 …… 25
二、物业服务企业的职能机构 …… 26
三、物业服务企业的组织形式与选择 …… 30
第三节 物业服务企业的制度建设和队伍建设 …… 33
一、物业服务企业内部管理制度的分类 …… 33
二、物业服务企业制度建立的基本原则 …… 33
三、物业服务企业制度制订的注意事项 …… 34
四、物业服务企业制度制订的意义 …… 34
五、物业服务企业队伍建设的重要性 …… 35
六、物业管理人员的知识结构、素质和能力 …… 35
七、物业管理人员的职业道德 …… 38
八、物业管理人员的沟通艺术 …… 39
第四节 物业服务企业的资质等级 …… 41
一、物业服务企业的资质等级和标准 …… 42
二、物业服务企业的资质等级管理 …… 43
三、物业服务企业的资质等级管理意义 …… 45
第五节 业主 …… 45
一、业主的定义 …… 45
二、业主的权利和义务 …… 45
三、业主在业主大会会议上投票 …… 48
四、产权的界定 …… 48
第六节 业主大会 …… 50
一、业主大会的组成与宗旨 …… 50
二、业主大会成立的条件 …… 50
三、业主大会筹备组建 …… 51
四、业主大会的形式 …… 51
五、业主大会的职责 …… 51
六、业主大会的决定 …… 52
七、业主大会与物业服务企业的关系 …… 53
八、管理规约 …… 53
九、业主大会议事规则 …… 54
十、业主小组 …… 54
第七节 业主委员会和业主委员会联席会议 …… 55
一、业主委员会 …… 55

二、业主委员会委员 …… 57
三、业主委员会联席会议 …… 58
第八节 物业管理的行政及业务主管部门 …… 59
一、物业管理的行政主管部门 …… 59
二、物业管理其他业务主管部门 …… 59
三、物业管理协会 …… 60
小结 …… 60
复习思考题 …… 61
第三章 前期物业管理及物业管理的招投标 …… 62
第一节 物业管理早期介入 …… 62
一、物业管理的早期介入 …… 62
二、前期物业管理 …… 65
第二节 物业的验收与接管 …… 66
一、物业的竣工验收 …… 66
二、物业的接管验收 …… 66
三、竣工验收与接管验收的区别 …… 67
四、物业交接双方的责任 …… 67
第三节 物业的交付及入住 …… 68
一、物业的交付 …… 68
二、物业入住的程序与工作 …… 68
三、物业入住手续文件及常用表式 …… 69
第四节 物业管理的招标投标 …… 73
一、物业管理招标投标的意义和特点 …… 74
二、物业管理招标的方式和程序 …… 75
三、物业管理投标的方式和程序 …… 76
四、物业管理的开标、评标和中标 …… 80
第五节 物业的装饰装修管理 …… 83
一、物业装饰装修的概念 …… 83
二、物业装饰装修管理的内容 …… 83
三、物业装饰装修管理的规定 …… 84
小结 …… 86
复习思考题 …… 86
第四章 物业管理与社区建设 …… 87
第一节 社区建设与社区管理 …… 87
一、社区 …… 87
二、社区建设 …… 90
三、社区管理 …… 92
四、社区建设与社区管理的关系 …… 93
第二节 物业管理和社区建设的关系 …… 93
一、物业管理与社区建设的异同 …… 94

二、构建物业管理与社区建设良性互动机制 …………………………………… 95
第三节　物业管理与街道办事处、居委会的关系 …………………………………… 97
一、物业管理与街道办事处的关系 ………………………………………………… 97
二、物业管理与居委会的关系 ……………………………………………………… 98
第四节　物业服务企业与其他相关企业和部门的关系…………………………… 100
一、物业服务企业之间的关系……………………………………………………… 100
二、物业服务企业和专业服务公司的关系………………………………………… 100
三、物业服务企业与供电、供水、供气等部门的关系…………………………… 101
小结………………………………………………………………………………………… 102
复习思考题………………………………………………………………………………… 102
第五章　物业管理服务………………………………………………………………… 103
第一节　窗口接待及物业档案管理…………………………………………………… 103
一、窗口接待…………………………………………………………………………… 103
二、物业档案资料保管………………………………………………………………… 104
第二节　物业公共绿化养护服务……………………………………………………… 105
一、公共绿化日常养护服务的意义和作用………………………………………… 105
二、绿化养护的内容和要求…………………………………………………………… 106
第三节　物业公共区域的清洁卫生服务……………………………………………… 107
一、公共区域清洁卫生服务的含义和原则………………………………………… 107
二、公共区域清洁卫生服务的范围和制度建设…………………………………… 108
三、公共区域清洁卫生服务的措施和机构职责…………………………………… 109
第四节　公共秩序的维护服务………………………………………………………… 110
一、公共秩序维护服务的目的………………………………………………………… 110
二、公共秩序维护服务的机构设置………………………………………………… 111
三、公共秩序维护服务的基本内容………………………………………………… 111
四、公共秩序维护服务的基本要求………………………………………………… 111
五、公共秩序维护服务的主要职责………………………………………………… 112
六、公共区域秩序维护的人员要求………………………………………………… 112
七、公共秩序维护服务中的技防措施……………………………………………… 113
八、车辆停放管理的含义和主要内容……………………………………………… 114
九、物业区域内的消防管理服务…………………………………………………… 115
第五节　物业共用部位、共用设施设备日常运行、保养和维护………………… 115
一、房屋结构的日常运行、保养、维修服务要求………………………………… 116
二、门窗的日常运行、保养、维修服务要求……………………………………… 116
三、楼内墙面、顶面、地面的日常运行、保养、维修服务要求………………… 116
四、管道、排水沟的日常运行、保养、维修服务要求…………………………… 116
五、道路、场地的日常运行、保养、维修服务要求……………………………… 116
六、安全标志…………………………………………………………………………… 116
第六节　物业管理其他委托服务事项………………………………………………… 116
一、物业管理其他委托服务的内容………………………………………………… 116

二、物业管理其他委托服务的要求 …… 117
小结 …… 117
复习思考题 …… 118
第六章　物业管理的法制建设 …… 119
第一节　物业管理的法律基础 …… 119
一、法制基础知识概述 …… 119
二、物业管理法制建设的重要性 …… 120
第二节　物业管理的法律关系 …… 121
一、物业管理法律关系三要素 …… 121
二、物业管理法律关系的特征 …… 122
第三节　物业管理的相关法律文件 …… 124
一、物业服务合同 …… 124
二、管理规约 …… 124
三、其他相关文件 …… 126
第四节　物业管理纠纷的投诉和处理 …… 126
一、物业管理法律责任 …… 126
二、物业管理纠纷概述 …… 127
三、物业管理纠纷的投诉 …… 128
四、物业管理纠纷的处理 …… 130
五、物业管理纠纷的处理原则 …… 132
小结 …… 134
复习思考题 …… 134
第七章　房屋的维修管理 …… 135
第一节　概述 …… 135
一、房屋维修的概念及特点 …… 135
二、房屋维修管理的概念与特点 …… 136
三、房屋维修管理的原则 …… 136
四、房屋维修管理的意义 …… 137
第二节　房屋维修及维修管理的内容 …… 137
一、房屋维修的内容 …… 137
二、房屋养护的原则、内容及考核指标 …… 137
三、房屋修缮的内容 …… 139
四、房屋完损等级评定 …… 141
五、房屋维修的分类标准 …… 142
六、房屋维修管理的内容 …… 142
小结 …… 144
复习思考题 …… 144
第八章　房屋设备的维护与管理 …… 145
第一节　概述 …… 145
一、房屋设备的概念、分类 …… 145

二、房屋设备管理的内容、方式及意义…………………………………………………… 146
第二节　给水排水系统的维护与管理………………………………………………………… 148
一、给水排水系统的组成……………………………………………………………………… 148
二、给水排水系统的维修、保养与管理……………………………………………………… 150
第三节　供配电系统的维护与管理…………………………………………………………… 152
一、供配电系统的组成………………………………………………………………………… 152
二、供配电系统日常保养与维修管理………………………………………………………… 153
第四节　房屋弱电系统的维护与管理………………………………………………………… 154
一、房屋弱电系统的构成……………………………………………………………………… 154
二、房屋弱电系统的维护……………………………………………………………………… 158
三、房屋弱电系统的管理……………………………………………………………………… 159
第五节　电梯设备的维护与管理……………………………………………………………… 159
一、垂直交通设施的组成……………………………………………………………………… 159
二、电梯的保养与维修………………………………………………………………………… 159
三、电梯的管理………………………………………………………………………………… 160
第六节　消防设备、防雷系统的管理………………………………………………………… 162
一、消防设备系统的组成……………………………………………………………………… 162
二、消防设备系统的维修与管理……………………………………………………………… 162
三、防雷装置的组成…………………………………………………………………………… 163
四、防雷保护系统的维护与管理……………………………………………………………… 164
第七节　空调系统维修与管理………………………………………………………………… 164
一、空调系统的保养与维修管理工作的内容………………………………………………… 164
二、空调系统操作、保养和维修的内容……………………………………………………… 165
小结……………………………………………………………………………………………… 165
复习思考题……………………………………………………………………………………… 165
第九章　物业管理的资金运作与财务管理…………………………………………………… 166
第一节　物业管理的资金来源………………………………………………………………… 166
一、物业服务收费……………………………………………………………………………… 166
二、专项维修资金……………………………………………………………………………… 167
三、特约服务收入……………………………………………………………………………… 167
四、物业经营性服务收入与其他收入………………………………………………………… 167
第二节　物业管理费用核算与管理…………………………………………………………… 167
一、物业管理费的核算………………………………………………………………………… 168
二、物业管理费的收缴………………………………………………………………………… 169
三、物业管理费的收费管理…………………………………………………………………… 170
第三节　物业管理基本财务管理……………………………………………………………… 170
一、物业财务管理概述………………………………………………………………………… 170
二、物业财务管理的内容与任务……………………………………………………………… 171
三、物业财务管理机构设置与管理制度……………………………………………………… 171
小结……………………………………………………………………………………………… 172

复习思考题……………………………………………………………………………… 172
第十章　商务写字楼的物业管理………………………………………………………… 173
第一节　商务写字楼概述………………………………………………………………… 173
一、商务写字楼的分类及特点…………………………………………………………… 173
二、商务写字楼管理的方式……………………………………………………………… 175
三、商务写字楼管理的目标……………………………………………………………… 175
第二节　商务写字楼管理的实施………………………………………………………… 176
一、商务写字楼物业管理的提前介入 …………………………………………………… 176
二、商务写字楼的验收与接管…………………………………………………………… 176
三、商务写字楼的日常管理及工作重点………………………………………………… 177
四、商务服务与管理及其要求…………………………………………………………… 179
小结………………………………………………………………………………………… 180
复习思考题………………………………………………………………………………… 180
第十一章　商场、宾馆的物业管理……………………………………………………… 181
第一节　商场的物业管理………………………………………………………………… 181
一、商场物业的含义及类型……………………………………………………………… 181
二、商场物业的管理方式及管理内容…………………………………………………… 181
三、商场物业管理的运作方式…………………………………………………………… 184
第二节　宾馆的物业管理………………………………………………………………… 185
一、宾馆的定义、管理特点及其分类…………………………………………………… 185
二、宾馆物业的建筑与设备设施管理…………………………………………………… 186
三、宾馆物业的安保、清洁、环境管理 ………………………………………………… 186
小结………………………………………………………………………………………… 187
复习思考题………………………………………………………………………………… 188
附录　《物业管理条例》………………………………………………………………… 189
参考文献…………………………………………………………………………………… 198

第一章　物业及物业管理基本知识

物业管理在我国是一个新兴的行业，是伴随着市场经济以及房地产综合开发、土地有偿使用、房屋商品化的推进而逐渐产生和发展起来的，它是整个房地产市场体系中的一个重要组成部分。自 20 世纪 80 年代初深圳市开始成立物业管理公司以来，物业管理在我国走过了 20 多年的发展历程，尽管起步较晚，但发展很快。在这短短的 20 多年时间里，物业管理在我国从无到有，并获得了迅速的发展，显示出了其强大的生命力和广阔的发展前景。

物业管理是现代化城市管理不可缺少的一个重要方面，它在创造安全、文明、优质的物业环境的同时，将最大限度地满足人们社会交往、人际沟通、生活方便等需要。随着社会的不断发展和科学的不断进步，现代物业的种类越来越多，物业本身的科技含量也越来越高，故相应地对物业管理的要求也越来越高。熟悉现代物业的类型和特征，了解物业管理的规律，适应现代物业管理的发展趋势，这对提升物业管理的整体水平，将是十分必要的。

本章主要介绍物业及物业管理的一些基本概念；物业管理的产生发展和它的基本内容及环节；物业管理的特点、性质和模式以及物业管理的目标等基本知识。

第一节　物业及物业管理的概念

一、物业

1. 物业的含义

"物业"一词出自于香港地区及东南亚一带的国家，20 世纪 80 年代传入中国大陆，其含义是指土地以及土地上以建筑物形式存在的不动产，它译自 Real Property 或 Real Estate，含义为"财产、资产、拥有物、房地产"等，这是一个广义的范畴。在港澳地区及东南亚的一些国家，"物业"一词是作为房地产的别称或同义词而使用的。

尽管物业一词常被作为房地产的同义词来使用，但严格来说，物业的概念与房地产的概念在很多方面存在着差别。房地产一词涉及宏观的领域，泛指一个国家或地区的整个房地产，包括在建的、建成的（已投入使用的和未投入使用的）房产和地产。而物业则是一个微观的概念，它一般是指一个单个项目的房地产。

物业不仅包括建筑物或构筑物本身，还包括其内部设备、设施以及其相邻、相关的设施、环境等。

因此，物业的含义概括起来应该包含 3 项内容：

(1) 已建成并具有使用功能和经济效用的各类房屋。

(2) 与这些房屋相配套的设备、设施。

(3) 相关的场地。

各类房屋可以是一个建筑群，如住宅小区、工业小区，也可以是单体建筑，如一幢高层或多层住宅楼、写字楼、商业大厦、旅游宾馆、停车场等；与之相配套的设备、设施和相关的场地，是指房屋室内外各类设备、市政、公用设施及相邻的场地、庭院、干道。

所以，单体的建筑物、一座孤零零的不具备任何设施的房屋，不能称之为完整意义上的物业。

2. 物业的分类

物业可以从不同的角度进行分类，本书仅从使用功能的角度来划分。根据使用功能的不同，物业一般可分为以下 4 类：

(1) 居住物业。包括住宅小区、单体住宅楼（含配套）、公寓、别墅等。

(2) 商业物业。包括综合楼、写字楼、商业中心、会展中心、酒店、康乐场所等。

(3) 工业物业。包括工业厂房、仓库等。

(4) 其他用途物业。如车站、机场、医院、学校、教堂、寺庙、名人故居等。

不同使用功能的物业，其管理有着不同的内容和要求。

3. 物业的社会属性

物业的社会属性，主要包括以下内容：

(1) 经济属性。表现于物业的商品属性，即物业是一种商品，物业的生产、经营、交换、分配及消费等，必然是商品化的运行过程，物业的一切运行需符合市场经济的客观要求。

(2) 法律属性。表现于房地产的物权关系。在中国的法律中，房地产物权即为房地产物权人在法律范围内享有房屋的所有权及其占有土地的使用权。

4. 物业的特点

作为土地、建筑物与物权总和的物业，它与其他工业产品有着本质的区别，主要体现在以下几个方面：

(1) 空间位置的固定性。由于土地具有不可移动性，而建筑物必须固定在土地上，也就形成了物业空间位置的固定性，这种固定性是指土地的空间方位、位置的确定性。物业位置的固定性，使得房地产的开发，买卖，租赁及售、租后的服务等一系列经济活动必须因地制宜、就地进行，而不可能像其他工业产品那样可以通过运输而到处流动。欠发达地区的物业不能因为发达地区的价格高就到发达地区去。物业位置的固定性，也使得与之相配套的管道、道路、电缆不能移动，否则就会丧失物业的全部或部分功能。

(2) 使用寿命的长期性。物业使用寿命的长期性有二重含义。首先，从构成物业基础的土地来看，它对于房地产开发来说，具有可以永续利用的特点，拆除某一建筑物或构筑物后，可以再建其他建筑物或构筑物。因此，土地的寿命相对于人的寿命来说，可以看作是永恒的；其次，所开发的物业使用期限一般可达几十年乃至上百年，即土地和房屋本身是可以长期使用的。在我国，根据《中华人民共和国城镇国有土地使用权出让和转让暂行条例》的规定，土地使用权出让最高年限如下：居住用地为 70 年，工业用地为 50 年，教育、科技、文化、卫生、体育用地为 50 年，商业、旅游、娱乐用地为 40 年，综合或者其他用地为 50 年。土地使用权期间届满，根据《中华人民共和国物权法》的规定，住宅建设用地使用权期间届满的，自动续期；非住宅建设用地使用权期间届满后的续期，依照法律规定办理。该土地上的房屋及其他不动产的归属，有约定的，按照约定；没有约定或者约定不明确的，依照法律、行政法规的规定办理。

(3) 建设时间的长期性与投资资金的高额性。物业开发建设周期比一般的商品生产周期要长得多，从土地征用到“七通一平”（“七通”即通路、通水、通电、通话、通有线电视、通地下排水管、通管道煤气；“一平”即平整土地）到施工、安装，再到竣工验收和交付使用，一般需要 1～2 年或更长的时间。物业开发建设同时需要大量的投资，一般一栋几千至上万平方米的楼房，仅建筑安装工程造价就高达几千万元，在北京、上海、深圳等城市的黄金地段甚至超过这个造价水平。随着城市经济的发展和房地产市场的日益成熟，大中城市土地价格不断上涨，再加上我国由于在城市建设中实行了综合开发、配套建设的方针，使得物业开发建设的投资数额进一步增大。

（4）价值上的保值性与增值性。由于土地资源的稀缺性，一般说来，随着时间的推移，物业表现出明显的保值性与增值性。这是因为，随着社会生产力的发展、人口的增加和人民生活质量的提高，不论是生产还是生活，人类对土地的需求量是不断增长的。然而一定时期内，按照城市规划的要求，可用于物业建设的土地面积是有限的。由于土地面积的相对稳定性，使得土地供求矛盾日益尖锐，所以物业的价格一般也会不断上涨，具有保值和增值的倾向。当然，物业的增值是一种长期的趋势，而不是直线式的运动。从某一时期来看，物业的价格可能有升有降，上下波动，但从长期来看，无疑是呈现出在波动中上扬的趋势。

（5）形式上的多样性。建筑物的功能、位置、环境条件不同，形成了物业形式上的多样性。在南方地区，为了防台风建筑物往往建得比较低矮；而在北方地区，为了便于融雪常把屋顶建得尖一些、斜一些。世界上许多著名建筑物，在考虑其使用要求时，还表现或追求一种理念以及艺术视觉效果，或体现出相应的宗教信仰，如法国的卢浮宫、澳大利亚的悉尼歌剧院、北京的紫禁城、青海的塔尔寺、上海的东方明珠电视塔、金茂大厦等。当然，房屋等建筑物因其用途、功能不同需要建造成不同的形式，以满足不同的需要。即使是同一式样的楼宇，也会因地点、环境、气候条件的不同，在结构、质量、材料方面表现出一些不同。

（6）政府宏观调控性。由于土地资源的稀缺，使得物业也是稀缺的，而物业又关系到国计民生、社会稳定等重大问题。对物业的使用、支配，任何国家多少都有一些限制，加强政府的宏观调控也是十分必要的。物业法令和政府政策的影响主要体现在以下两个方面：一是限制权利，即政府基于公共利益的需要，可通过相应的法律和政策限制某些物业的开发、使用、转让等，如城市规划对土地用途和建筑高度、容积率、覆盖率等都有明确的规定；二是行政征用权，政府为满足社会公共利益的需要，可以对任何物业实行强制征用。物业受政策影响较大还体现在，由于物业具有固定性，所以无法躲避未来政策变化的影响。这表明物业投资具有高风险与高收益并存的特点。目前，我国大陆与物业相关的法律法规主要包括物权法、土地管理法、城市房地产管理法、城市规划法、城镇国有土地使用权出让和转让条例、城市新建住宅小区管理办法、物业管理条例以及民法、商法、经济法和一些地方性的法规等。如果没有这些法律、政策，整个国家和地区的物业建设势必将走向混乱无序状态，给社会环境、生态平衡、人口流向、交通、治安、防火、防灾等带来巨大的负面影响。

5．物业的物权

物业的物权是指物业权力主体在法律规定范围内支配不动产，并排除他人干涉的权利。物权是财产权，它的标的是物，它的义务主体是不特定的人，且物权有追及效率，即物权的标的物无论辗转于任何人之手，权利人均可追随其物而主张权利。物业物权的内容十分广泛，除自物权（所有权）之外，还有由所有权衍生的他物权。物业的他物权，是指与自物权对应的、在他人所有物业或不动产上设定的物权，以及所有权以外的物权的全体。具体包括以下内容：

(1) 用益物权。用益物权是指以他人不动产的使用与收益为内容和目的，依法设定的物权，包括地上权、地役权、典权和永佃权等。用益物权以其使用价值为目的，就其实体而利用，因而被称作实体支配权。用益物权人依法获取占有、使用、收益的权利，致使原所有权人暂时或长期失去部分或全部权力。用益物权通过合同等法律手续取得后，具有相对独立性，即为相对独立的他物权，并可以对抗所有权。

(2) 担保物权。担保物权是指为了担保债务的履行，在债务人或第三人特定的不动产或权利（含土地使用权）上所设定的物权，包括抵押权、留置权和质权等。担保物权是一种从物权（从属于债权）和他物权。担保物权以取得不动产交换价值为目的，其性能是确保债务的清偿，并不直接占有和使用标的物。

二、物业管理

1. 物业管理的起源

物业管理是社会经济发展到一定水平的必然产物。传统意义上的物业管理起源于19世纪60年代的英国，由于工业革命的发展使得大量农村人口涌入工业城市，这必然引起对城市房屋需求的增加，但对房屋缺乏管理导致了诸如房屋破损严重、居住环境日趋恶化等“社会问题”。当时有一位名叫奥克维娅·希尔（Octavia Hill）的女士迫不得已为其名下出租的物业制订了一套规范租户行为的管理办法，出乎意料地收到了良好效果，招致当地人士纷纷效仿，这可以说是最早的“物业管理”。时至今日，英国的物业管理作为一个固定行业，其整体水平是世界一流的。除了传统意义上的楼宇维修、养护、清洁、保安外，物业管理的内容已延伸至工程咨询和监理、物业功能布局和划分、市场行情调研和预测、目标客户群认定、物业租售推广代理、通信及旅行安排、智能系统化服务、专门性社会保障服务等全方位服务。英国在普遍推行物业管理工作的同时，成立了英国皇家物业管理学会，学会会员遍布世界各地。香港的专业物业管理源自英国，并根据本地的实际情况又有新的发展。中国大陆对物业管理的探索和尝试是从20世纪80年代初开始的，在学习和借鉴国外及港澳地区先进经验的基础上，首先在经济特区（深圳）和沿海发达地区（广州），推出了物业管理的方式。

2. 物业管理的基本概念

根据国务院2007年8月26日修订，并于2007年10月1日起实施的《物业管理条例》，对物业管理作了如下的定义：“本条例所称物业管理，是指业主通过选聘物业服务企业，由业主和物业服务企业按照物业服务合同约定，对房屋及配套的设施设备和相关场地进行维修、养护、管理，维护相关区域内的环境卫生和秩序的活动。”

物业服务企业还应为业主或使用人提供多方面的综合性服务，这既是方便业主或使用人、服务业主或使用人，同时也能增加企业的收入。

物业管理的管理对象是物业，服务对象是人。物业管理是集服务、管理、经营为一体的有偿经济活动。

3. 物业管理的性质及其特点

物业管理是一种新型的管理模式，其性质也非常明确，本质是服务，它与行政管理及其他管理截然不同。首先，从经济活动方式上看，物业管理同第三产业的其他部门一样，不直接生产有形的商品，而是提供服务；其次，物业管理作为房地产综合开发的延伸和完善，它存在于房地产业的消费环节中，将专业化的管理和服务提供给业主或使用人，从业主或使用人那里收取服务费用。总之，物业管理是寓管理、经营于服务之中的第三产业。

物业管理采取有偿服务的方式，这与市场经济的本质是相吻合的。

科学地认识物业管理的性质，对于制订物业管理的有关方针、政策，引导物业管理健康发展，充分发挥物业管理的作用，都具有十分重要的意义。科学地认识物业管理的性质可以为物业管理的政策和法规的制定提供理论依据，从而对物业管理真正起到指导和规范作用；同时也有利于促进物业管理的良性发展，使人们认识到物业管理既不是福利性的行业，也不是一个可获丰厚利润的行业，它不允许乱收费，还可以帮助物业管理部门树立服务意识，通过服务实现社会效益、经济效益和环境效益的统一。

物业管理一般具有社会化、专业化、规范化、经营化和契约化等特点。

（1）物业管理职能的社会化。物业管理职能的社会化是指它将分散的社会分工汇集起来统一管理。除了房屋及设施设备的管理和维护外，还包括绿化、保洁、公共区域秩序维护、车辆的停放管理、协助做好物业管理区域内的安全防范工作以及物业管理的特色服务，包括特约服务和便民服务。物业管理职能的社会化大大方便了业主或使用人，他们生活中的很多琐事，都能通过物业服务企业的各种服务得到解决，这样使广大业主或使用人能集中精力投入到他们自己的工作中去，从而为社会创造更多的财富。同时，对政府各有关职能部门而言，由于物业服务企业提供了热情周到的服务，使得政府各有关职能部门工作的顺利开展，得到了一个坚实的保障，有利于和谐社会的创建。

（2）物业管理组织的专业化。物业管理是由专业的服务企业——物业服务企业实施对物业的统一管理。除了物业服务企业从事专业服务外，绿化公司、保安公司、清洁公司等专业化公司提供专业服务已逐步成为一种趋势。所谓专业化有三层含义：一是有专门的组织机构。专门组织的建立，表明这一行业已从分散型的劳动转向了专业型。二是有专业的人员配备。物业管理的内容很多都是专业性的，如机电设备、电梯、空调、房屋维修、管道维修、消防设备等，必须有专业人才才行。三是有专门的管理工具和设备。物业服务企业将一些专业管理以经济合同的方式交予相应的专业经营服务公司，这有利于提高城市管理的专业化和社会化程序，并能进一步推进城市管理向现代化管理方式转换。

（3）物业管理形式的规范化。物业管理形式的规范化是物业管理走向现代化、科学化的一个重要标志。它不仅指企业的设立必须按照国家和政府机关的有关政策法规规定，合法经营，而且还包括企业的管理运作程序必须规范，如物业的接管要规范，日常管理服务要规范，与业主签订契约要规范等。物业服务企业还应建立岗位规范，所谓岗位规范，就是本岗位工作、服务的目标要求，这是企业创文明、塑形象的重要环节。

（4）物业管理过程的经营化。与投资管理、决策咨询等一样，物业管理是一种经营性行为，所追求的目标就是利润的最大化，而非以往政府职能的延伸。当然在目前，我国大陆的物业服务企业仍是属微利企业，它所能实现的经营目标也仅仅是保本微利、量入为出。但随着我国经济的进一步发展，物业管理服务质量的进一步提高，物业服务企业的利润应该还有一定的上升空间，这也是物业管理行业今后能健康、持续发展的前提。

（5）物业管理关系的契约化。契约化的含义是通过经济合同和公共契约的方式，约定服务双方的权利和义务，并明确服务项目标的，包括经济利益的标的。这种在市场经济中出现的管理服务型的经济关系，是一种商品经济合同式的买卖关系，彻底改变了原来房屋管理的行政式管与被管的关系，增强了行业的竞争性和挑战性。

第二节 物业管理的基本环节

物业管理是一个复杂完整的系统工程，它不是简单的物业建造后的管理，而是涉及从物业的规划设计阶段就开始参与，直到物业投入使用后正常管理的全过程。其中由许多环节构成。按照物业管理的先后顺序，物业管理基本上由以下几个环节构成。

一、物业管理的提前介入

物业的建造周期一般较长，少则一两年，多则四五年，设计、施工和安装的技术含量都较高。为了保证物业的正常使用和功能发挥，对物业实施有效的管理，需要物业服务企业的提前介入。所谓物业管理的提前介入，严格意义上是指物业服务企业在物业的规划设计或开发建设阶段就参与介入，充当参谋。共同参与物业的设计、施工和安装，从物业管理的角度为开发企业出谋划策，把好设计关、建设配套关、工程质量关和使用功能关，为物业投入使用后提供优良的管理创造条件。但目前大多数的提前介入还是在入住前半年左右进入的，主要就建筑安装及后期工作提一些建议，为验收接管作前期准备，这从深度和广度上来说都是不够的。

二、落实物业服务企业

为了保证物业在交付使用时能获得及时、良好的管理，必须在物业的交付使用前就落实物业服务企业，以确保物业管理的良性运作。在业主、业主大会选聘物业服务企业前，国家倡导建设单位按照房地产开发与物业管理相分离的原则，通过招投标方式选聘具有相应资质的物业服务企业，提供前期物业服务。对于住宅物业，建设单位应当通过招投标方式选聘具有相应资质的物业服务企业，提供前期物业服务，并签订书面的前期物业服务合同。但投标人少于 3 个或者住宅规模较小的，经物业所在地的区、县人民政府房地产行政主管部门批准，可以采用协议的方式选聘具有相应资质的物业服务企业。

三、物业管理人员的培训

物业管理从业人员的来源面比较宽，既有招聘的中、高层次的管理人员，又有吸纳的下岗再就业人员；既有高学历的专业技术和管理人员，又有文化程度较低的清洁、保安人员。为了适应物业管理专业化和现代化管理的要求，同时为了尽快熟悉本物业区域的各种特点，物业服务企业必须分别对管理层和操作层（维修养护、保安、清洁、绿化等）的人员进行培训，以便使他们对所管理的物业、服务的对象、职责范围和相关的专业知识有充分的了解，从而为他们的顺利上岗，打下扎实的基础。

物业服务企业员工的培训是一项长期的任务，除了入门培训外，还必须在企业中营造一种长期学习的氛围，做到培训工作的经常化和制度化。使员工能不断地吸收新的知识，掌握新的技能，学习新的理念，运用新的工作和思维方式，从而使企业在市场运作中立于不败之地。

四、物业管理规章制度的制订

规章制度是物业管理顺利实施的前提和保证。规章制度的制订应依据国家和政府有关部门的法律法规和规定，特别是《物业管理条例》和地方性的物业管理规定，并结合本物业的实际情况来制定。这是物业管理逐步成熟并走向规范化、科学化、程序化和法制化的具体体现。物业管理规章制度的内容包括物业服务企业的职责、各部门的职责、各类人员的岗位责任制、物业区域内的各项管理规定和业主或使用人的权利、义务、责任等。

五、物业的验收和接管

物业的验收包括物业的竣工验收和物业的承接验收。

1. 物业的竣工验收

物业的竣工验收是一项物业建筑生产的最后一个阶段，是建筑商和开发商之间的一个法定手续。它包括隐蔽工程验收、单项工程验收、分期验收和全部工程验收。

2. 物业的承接验收

物业的承接验收是在竣工验收合格的基础上，以主体结构安全和满足使用功能为主要内容的再验收，是物业服务企业承接开发商移交物业的验收。移交应办理书面移交手续，开发商还应向物业公司移交整套图纸资料，以便于今后的管理和维修养护。在物业保修期间，接受委托的物业服务企业还应与房地产开发企业签订保修实施合同，明确保修项目及有关责任。

六、进户管理

所谓“进户”，是指业主或使用人收到书面通知书并在规定期限内办理完结相应手续并实际入住，即将物业正式交付业主或使用人使用。进户管理是物业管理中一个十分重要的阶段，物业服务企业必须认真对待其中的每一个环节，以保证进户工作的正常开展。进户管理工作一般按以下程序进行：

1. 业主或使用人接待

业主或使用人携带购房合同（或租赁合同）、身份证及入住书面通知书，到物业服务企业相关部门办理进户手续。

2. 发放资料及钥匙

物业服务企业查验了业主或使用人上述各类文件后，即可发放钥匙及以下资料：用户入住验收表、用户手册及使用说明书、管理规约、装修申请表、其他宣传资料和规定。

3. 业主或使用人验收

业主或使用人应按用户入住验收表所列各项内容逐一进行验收，并及时填写用户入住验收表，以便出现问题时及时解决。

4. 用户入住验收表存档

用户入住验收表要存档。

七、装修搬迁管理

目前，大多新开发的楼盘为全装修房，通过菜单式的选择，让业主在备选的几个装修方案中选一个。这不仅使购房者省却了装修的麻烦，同时也避免了单独装修可能给物业带来的损伤。若楼盘为非全装修房，则业主或使用人在装修前应填报装修申请表，确保装修不损坏房屋的承重结构、破坏建筑物的外墙原貌，以及损坏公用设备和设施。同时防止乱倒乱放建筑垃圾、噪声超出规定标准等现象发生。物业服务企业在平时应加强对装修行为的监管，加强对装修现场的巡视，发现有违规行为应及时予以阻止，并督促其改正，对坚持不改者，报有关部门依法处理。

对于搬迁，物业服务企业应尽量事先与业主或使用人沟通，了解搬迁的具体时间，做到心中有数，以便做好相应的安排和管理工作，尽可能少地影响已入住业主的正常生活。

八、建立物业管理档案

物业管理的档案资料包括业主或使用人的资料和物业的构成及周围环境的资料。业主或使用人入住以后，物业服务企业应及时建立他们的档案资料，包括进户人员数、姓名、性别、年龄、职业、联系电话及费用缴付情况记录和装修情况记录等。同时，物业服务企业也应将物业管理的相关联系电话、接待时间和接待人、各种应急联系电话等基本情况以卡片的形式发给每一位业主或使用人，确保物业服务企业和业主或使用人之间的联系畅通。

物业管理档案资料的建立，必须紧紧抓住收集、整理、归档、利用四个环节。

九、物业管理的日常服务、管理和维护

物业管理进入到正常的管理阶段后，物业服务企业就必须尽心尽责地做好日常的服务工作，按照合同的约定，认真做好物业的维修养护、物业设备的管理和维修养护、管理辖区内的环境、绿化、保洁、秩序维护等工作，为业主或使用人营造一个舒适的生活和工作环境。

第三节 物业管理的原则和服务内容

一、物业管理的原则

根据物业管理的性质，结合我国大陆物业管理的现状，物业管理应坚持以下几项基本原则。

1. 服务第一，以人为本的原则

物业管理的服务对象是人。服务面对的是具有不同需求、不同职业、不同年龄、不同文化层次的各类人员，具有群众性和多样性的特点，同时，物业管理服务又贯穿于整个物业存在的全过程，故又具有长期性的特点。因此，物业管理服务要面向各个时期的业主或使用人，向他们负责，一切为他们着想，以上乘的服务和科学的管理提供优质的服务，营造一个舒适、方便、安全、优美的工作和生活环境。这是物业管理的根本宗旨和首要原则。

2. 企业化经营、社会化服务的原则

在社会主义市场经济条件下，物业管理的服务是通过具有独立法人资格的物业服务企业来实施的。物业服务企业具有自主经营、自负盈亏、自我约束、自我发展的特点，国家对从事物业管理活动的企业实行资质管理制度。因此，物业服务企业在实施管理和提供服务时，必须按照市场经济规律的要求，实行企业化经营和社会化管理。物业管理的招投标应该是今后物业管理市场的方向，目前仅规定住宅物业前期物业管理必须实行招投标，而其他物业前期物业管理则提倡实行招投标。对业主大会成立后的物业管理，业主大会在选聘物业服务企业时，可以通过招投标的方式，也可以通过协议的方式，这主要是考虑到招投标有成本的问题。但就目前我国大陆的实际情况而言，业主大会更换物业服务企业的情况较少发生，即使有，也大多采用协议的方式，物业管理二手市场规模非常有限。随着经济的不断发展，今后整个物业管理市场的企业选聘应该会逐步走向招投标，这对提升物业管理行业的整体服务质量和市场化程度是十分重要的。物业服务企业应该以自己的经营能力和优质服务在物业市场上争取自己的位置，拓展自己的业务。物业服务企业作为独立的法人，可以按照公司法的规定从事经营活动，不受任何干扰。同时，物业服务企业的行为不是政府行为，其在运作中要遵循社会化管理的原则，协调和处理好与各有关部门，如街道、居委会、公安、市政、公用、邮电、交通等行政性和事业性单位的关系，建立社会化管理的联动体系，以充分发挥各

类物业的综合效益和整体功能。

3. 统一经营、综合管理的原则

现代物业的种类多样，有各种住宅、商业大厦、办公大楼等，使用性质可以由商业、服务业、办公商务和住宅等共同构成。但房屋建筑结构及供电、供暖、供气、上下水管、电梯等设施有时是无法分割的，相互贯通，具有整体性和系统性，住宅小区内有时也包含有文化、娱乐、生活服务、商业等设施，共同组成一个完整的多功能小区。因此，房屋结构相连以及设备相互贯通的整体性和系统性，决定了只能通过统一经营、综合管理，才能使各类建筑物和工作、居住环境相协调，从而充分发挥出物业的功能作用。

4. 专业化管理和业主自治管理相结合的原则

所谓业主自治管理是指在一个物业区域内成立业主大会，由业主大会聘请专业物业服务企业实施管理，在这种物业管理中，业主处于主导地位。物业服务企业按照其与业主或使用人的合同要求，通过专职的管理服务人员，负责对物业的维修和养护，实行专业化的管理和提供多层次的服务。但由于物业管理的服务面广，而且涉及内容多而复杂，需要业主或使用人的配合。因此可采用多种形式，诸如宣传和介绍正确使用和维护房屋及其各类设施，组织业主或使用人参与力所能及的环境卫生、绿化种植和绿化认养、环境美化等各项公益活动，举办各种联谊会、书画展，开通服务热线电话等，促使业主或使用人积极参与物业管理工作，并对物业服务企业的工作实行监督，形成良好的民主管理机制，提高管理服务的效率。

5. 契约化原则

契约化原则即依法通过各种合同、规章、条例对物业进行管理，物业管理服务的全部运作过程都建立在契约的基础上。从业主大会成立、委托管理到具体每项经营、服务项目的确定和操作，都必须以一系列的契约为原则。契约化管理的原则要求管理民主化、公开化。物业服务企业的一切经营管理活动都应当接受业主委员会的监督，实行专业管理与民主管理相结合，执行机构和监督机构相分离，这样才有利于促进服务态度的改变、有利于服务质量和管理水平的提高。

二、物业管理服务的基本内容

由于物业类型的不同，物业管理服务所涉及内容也不尽相同。物业管理的主要对象包括：高层和多层住宅楼宇、住宅小区、综合楼、写字楼、商业大厦、旅游宾馆、标准工业厂房、仓库等。它的管理范围相当广泛，服务项目也呈多元化，因此管理和服务的内容也就各有侧重。物业管理服务以物业服务合同为基础，主要涉及内容包括：

1）对房屋及其附属设备、设施的维修、养护、管理。

2）公共区域秩序的维护。

3）保洁、绿化管理。

4）车辆的停放管理。

5）物业共有部位的管理。

6）物业档案资料的保管。

7）物业维修、更新改造和养护费用的财务管理。

8）物业使用中对禁止性行为的管理。

9）物业服务合同约定的其他服务项目。

三、物业管理的其他委托服务

物业管理的服务是全方位的，除了在做好以上物业管理的基本服务内容之外，只要是业主或使用人需要，对社会和他人有益的服务工作，物业服务企业在有条件的情况下都应该积极去做，并努力把它做好。物业管理的其他委托服务涉及生活中的方方面面，包括：衣着方面、饮食方面、家居方面、行旅方面、娱乐方面、购物方面、家政方面等。但是，物业经营应侧重于服务质量，而不在于过多地追求服务项目的多样化，物业服务项目和内容的安排上应该质量重于数量，对于增设特色服务一定要慎重，避免盲目贪多求新，反而影响了物业管理服务的质量。

有关物业管理的基本服务内容和其他委托服务的内容将在后面章节中作详细阐述。

第四节 物业管理的模式和发展趋势

一、物业管理的模式

本书所讲的物业管理的模式也是物业管理的类型。一般来说，物业管理模式的划分，必须根据整个国家的房地产管理体制和特点来进行。从目前情况来说，物业管理的模式主要有三种：第一种模式是由业主选聘物业服务企业实行专业管理；第二种模式是由业主实行自营管理；第三种模式是由“职业经理人”或“事务所”来组织实施物业管理。

1. 物业服务企业实行专业管理

由业主选聘物业服务企业实行专业管理的模式，是我国大陆目前广泛采用的主流模式。这种模式也称为香港模式，在香港，物业服务企业是应业主的聘请或按发展商与政府订立的契约对住宅区和大厦进行管理的机构。在这种物业管理关系中，房屋产权不属于物业服务企业，而是归属于其他人，即物业服务企业只拥有经营管理权，而无产权。其工作内容包括房屋及其附属设备设施的养护修缮，还有小区或大厦内的秩序管理、环境卫生、车辆的停放及其管理、绿化、消防、财务管理及其他相关的服务，即通过服务为住户提供一个良好的工作、居住环境。这种服务是有偿的，但不以赢利为唯一目的，它按政府有关价格政策以及相应的服务分类和等级制订收费标准，由业主选择，基本上是收支相抵，略有微利，兼顾经济效益和社会效益。此类物业服务企业如要实现较好的经济效益，可考虑走规模化发展的道路。

在世界上有许多国家都主要采用物业服务企业实行专业管理的模式。

这种专业管理模式如果服务得好，可以为业主提供周到全面的良好服务，免除他们的后顾之忧，虽然收费略高一些，但只要合理，业主还是愿意负担，愿意接受物业服务企业的专业管理。但是实行专业管理应当由业主委员会通过招投标方式或协议的方式选聘物业服务企业（前期物业管理由开发商通过招投标方式选聘物业服务企业），双方协商确定服务项目和收费标准，不能由开发商组建或聘用物业服务企业，单方面决定服务项目与收费标准，然后强加给业主。

不成立业主大会的，应由业主共同通过协议的方式或招投标方式来选聘物业服务企业。

从委托服务型物业管理的“保本微利”的经营方针看，似乎物业服务企业无利可图，但客观实践证明，只要不断拓展服务项目，适当地扩大物业管理规模，经营得法，注重提高效率，仍然可以获得较好的经济收入，同时实现良好的社会效益。因此，这种物业管理类型在南方一些经济比较发达的地区出现后，受到政府的鼓励和百姓的称赞，之后在全国各地得到了广泛的发展。

2. 业主实行自营管理

由业主实行的自营管理是物业管理的又一种模式，所谓业主自营管理是业主大会通过市场手段招聘各专业公司进行管理的方式。不成立业主大会的则由业主共同通过市场手段招聘各专业公司进行管理，具体可由全体业主选出的管理小组来落实操作。

业主自营模式可以不需要交纳营业税等税费，同时也减少了企业运行的管理费用，所以管理的成本比较低。若将有的工作聘请本物业中的退休人员担任，其费用可以更低，在中国的台湾地区就非常普遍地采用业主自营的管理办法。台湾自营式物业管理人员非常精干，由业主自己选出的管理小组全权负责物业管理，专职人员只有两个人，一位是干事，另一位是会计。另外，从小区内退休人员中聘用少量的临时工，作保安、保洁和维修工作，从共有房屋的出租收入中支付工作人员的工资、奖金和设备费，从而减轻了业主的经济负担，也避免了不少常见的纠纷，保障了住宅区生活的安定和有序。

3. 由“职业经理人”或“事务所”来组织实施物业管理

所谓由“职业经理人”或“事务所”来组织实施物业管理，是指由业主通过聘用“职业经理人”（或通过事务所介绍“职业经理人”），由其来组织实施物业管理。物业区域的重大事务由全体业主共同商定，并由全体业主选出的管理小组来组织落实。日常事务则由聘请的“物业管理职业经理人”进行统筹规划和实施。

由于我国大陆目前比较强调实行物业管理的专业化、社会化、市场化管理，所以由物业服务企业管理的住宅区占比重很大，即以物业服务企业实行专业管理模式占主流。业主实行自营管理模式比例相当小，且取得成功的范例也很少。由“职业经理人”或“事务所”来组织实施物业管理的模式，还只是在部分发达城市刚刚开始起步，尚处于探索的阶段。

聘用“物业职业经理人”或“事务所”来实施物业管理，不仅是因为职业经理人具有专业性、风险意识强和创新精神等三个最基本的特征，而且与物业服务企业实行的专业管理模式相比较，其运作成本大大降低。

由于我国大陆目前大部分实行的是物业服务企业的专业管理，物业管理中出现的许多问题，如业主与物业服务企业之间的冲突纠纷多，物业管理费收费难，服务不到位，业主投诉率高和物业管理经费运作困难等，应该与管理模式相对单一有一定的关系，如能适当鼓励和引导后两种非主流式管理模式，使它们的数量能不断地增加，与物业服务企业专业管理模式形成并存的态势，这将有利于推动物业管理质量的提高，有利于提升物业管理行业在整个社会中的形象。

二、物业管理的发展趋势

我国大陆的物业管理是伴随着市场经济的发展、物业产权制度的改革而产生和兴起的，随着市场经济的不断完善，社会的不断进步，物业管理在我国将得到进一步的发展，并逐步呈现出以下的发展趋势。

1. 企业经营上的规模化、品牌化

目前我国的物业服务企业在经营规模上还普遍存在着偏小的现象，这影响了其提高服务质量和经济效益，也制约着企业的业务活动范围，从而影响了企业的发展。故对物业服务企业来说，追求规模经济应该成为一个发展方向。所谓规模经济就是要求企业在生产规模上要达到经济规模，此时产品的单位成本最低。物业服务企业作为一个服务性的企业，一定要考虑运用规模经济理论来推动企业的发展，从而使企业纳入良性循环的轨道，同时，通过服务质量的提高来树立企业的品牌。

2. 管理服务上的个性化

物业管理是为业主或使用人提供全面服务的，所以必须注重以人为本，提供个性化的服务，这既是人们日益增长的物质和文化生活的需要，也是市场竞争的要求。在每一个物业管理区域内，业主的层次参差不齐，数量有多有少，业主或使用人的需求也各不相同，物业服务企业必须树立客户满意就是企业追求的思想，根据不同业主或使用人的实际情况，尽可能地提供个性化服务，以确立物业服务企业的服务特色。物业服务企业作为物业管理服务者，绝不能嫌弃和厌烦业主或使用人的不同需求，要把这些需求看作是企业取之不竭的商业机会。

3. 管理手段上的智能化

物业的智能化和物业管理的智能化将是物业管理的必然趋势。所谓智能化物业管理，是指随着物业智能化程度的不断提高，在物业管理中，运用现代控制技术、自动控制技术、通信技术等高新技术和相关的设备系统实现对物业及物业设施、设备、环境、消防、安保等的自动控制和集中管理，实现对业主或使用人信息、报修、收费、综合服务等的计算机网络化管理，以完善业主或使用人的生活、工作环境和条件，从而充分发挥物业的价值。

4. 管理服务上的标准化

所谓管理服务上的标准化，就是要建立标准，明晰物业管理相关各方的责、权、利，并以合同的形式约定物业管理服务的内容和标准。有了内容和标准，物业管理服务的质量检验与物业管理服务的收费核价才有基础。我国大陆物业管理的投诉率为何居高不下，其中一个重要原因，就是物业管理缺少管理服务上的标准。现在，许多城市已经或正在制订物业服务分等定级收费的指导标准，物业服务企业已在推行 ISO 系列，这正是物业管理在走向成熟的一个重要标志。

5. 物业服务管理与作业分离的运作模式将逐步形成

实行物业服务管理与作业分离的运作模式后，业主若有服务需要，只要向物业服务企业提出，物业服务企业就会负责协调联系，提供专业的服务。

另外，原来纯粹的物业管理行业管理，也将逐步转变成行业和基层政府共同管理。行业主要从行政立法、规章条例等这些方面进行管理，基层人民政府主要从和谐建设方面考虑进行管理。

第五节 物业管理的目标

物业服务企业按照物业服务合同的约定，为业主或物业使用人提供服务，内容涉及合同约定的物业管理事项，服务质量、服务费用等，从而达到物业管理的总的目标如下。

一、创造一个文明和谐的物业管理区域

良好的物业管理，能为业主创造一个舒适的居住环境、生活环境和工作环境，这将有助于人际关系的调和，有助于增强业主的睦邻意识，创造相互尊重、和乐共处的睦邻关系，从而为和谐社会的创建，作出物业服务企业的贡献。

二、延长物业的使用年限及确保其功能的正常发挥

良好的物业管理不仅可以使物业处于良好状态，而且还能确保物业在整个使用周期内功能的正常发挥，同时延长其使用年限。良好的物业管理还可以提升物业的档次和适用性，增加其使用价值和价值。

三、实现物业管理经费的良性运作

开展物业管理工作所面临的一个重要问题就是资金问题，只要资金的来源是稳定而持续的，物业管理工作才能进行下去。资金管理不仅包括物业管理企业的运营预算、流程、财务管理制度，另一个重要方面是物业管理费的收缴。物业管理费收缴难的问题一直困扰着很多物业服务企业。良好的物业管理的含义不仅包括物业管理服务的高质量，同时也包括资金管理的良性运作。优质的物业管理服务能使物业管理费的收缴率达到最高，而管理不善，不仅会影响物业服务企业的声誉，引起业主的不满和投诉，而且也会影响物业管理费的收缴率，从而影响物业管理工作正常开展。

在确定了物业管理需达到的总的目标的前提下，物业管理的具体目标可归纳为三个方面，即质量目标、安全目标和费用目标。

物业管理的工作目的就是要采取措施确保总的目标的实现。但应该指出的是，三大目标之间不是完全独立的，而是一个有机的系统，彼此相互牵连，在考虑某一具体目标的实现时要兼顾其余目标的实现，否则只能是顾此失彼。物业管理人员应以全局的眼光，综合运用法律、经济、技术以及组织协调等措施，努力寻求三大目标的实现。

1. 物业管理的质量目标

物业管理的质量目标包括硬件目标和软件目标。硬件目标就是采取各种有效措施来保证物业的使用功能，使物业处于良好状态；而软件目标则包括服务的完备性、及时性和用户的满意度等。影响物业质量目标实现的因素很多，包括物业建造前和建造期间的设计因素、建筑材料因素、设备质量因素和安装因素、土建施工因素等，以及物业使用期间对设备的合理操作、定期保养、及时维修等因素，但更重要的是物业服务企业在实施物业管理中的服务意识和服务水平。良好的物业管理服务意识和优秀的物业管理服务水平是实现物业管理质量目标的重要保证。

2. 物业管理的安全目标

业主或使用人的生命和财产安全是物业管理的基本要求内容之一。物业管理的安全目标就是要求物业服务企业通过各种有效的制度和措施来确保所管物业区域内的财物不受损失，人身不受伤害，并防止其他意外事故的发生，维护正常的生活、工作秩序。物业管理的安全目标具体可以包括以下几个方面。

（1）物业使用环境的安全：主要是防止使用环境上的灾祸，特别是火灾、水景安全以及其他意外事故；

（2）物业的安全：主要是防盗、防火以及其他意外损失；

（3）物业使用人的安全：主要是保证业主或使用人的人身安全、财产安全。

3. 物业管理的费用目标

物业管理费用通常应该包括：一般公共设施的维护费、管理人员的薪金及福利、行政办公费用、公共用水用电费和其他日常管理费用等。物业服务企业应根据所管物业的具体情况，结合企业自身的特点，对物业管理费用的各项内容，作出详细预算，作为物业管理的费

用目标。依据这一费用目标，物业服务企业实施其对物业的正常保养和维护，使物业在任何时候都处于较好状态。在物业管理的各项管理费用实际发生时，应积极采取各项措施，使实际发生的费用不超过预算的费用目标，以达到费用的控制目的。物业管理费用目标的实现是物业服务企业生存和发展的重要保证。

第六节 物业管理区域的划分

本节讨论的是住宅区物业管理区域的划分。

一、区域划分的原则

近几年来的物业管理活动的实践证明，物业管理区域的划分不合理，容易引起业主之间的纠纷，有的矛盾尖锐，一时难于调和，甚至成立两个或两个以上的业主大会，并由此分别聘请了不同的物业管理企业在同一物业管理区域内实施物业管理，造成管理混乱的局面，给广大业主的生活带来很大的不便，也使物业无法保值增值。

为了杜绝类似问题的发生，国务院颁布的《物业管理条例》第九条明确规定“一个物业管理区域成立一个业主大会”。第三十四条规定：“一个物业管理区域由一个物业服务企业实施物业管理。”而要顺利实施以上两条规定，合理划分和确定一个物业管理区域的范围是一个重要条件。一个物业管理区域的合理划分要考虑以下几个因素。

（1）要考虑物业的共用设施设备、建筑物规模、社区建设等因素。一般而言，新建住宅区，包括分期建设或者两个以上单位开发建设的住宅区，其设置的设施设备是共用的，应当划分为一个物业管理区域。但该住宅区内已分割成多个自然街坊或者封闭小区的，可以分别划分为独立的物业管理区域。

（2）要有利于方便广大业主生活、工作，尽量保持与行政管辖和界线相一致。

（3）要有利于物业管理服务活动的开展，对于拥有相对封闭的住宅区，应当划归一个物业管理区域。

《物业管理条例》明确规定，物业管理区域划分的具体办法授权省、自治区、直辖市制定。

二、区域划分的申请

《物业管理条例》对住宅物业管理区域的划分问题只作了原则性的表述。下面以上海市为例，《上海市住宅物业管理规定》对区域划分的申请作了明确的规定，如下：

建设单位在申请办理住宅建设工程规划许可证的同时，应当向区（县）房地产管理部门提出划分物业管理区域的要求。区（县）房地产管理部门应当按照《上海市住宅物业管理规定》的规定划分管理区域，并在地籍图和房地产登记册上注记。尚未划分或者需要调整物业管理区域的，区（县）房地产管理部门应当会同街道办事处（乡镇人民政府），按照《上海市住宅物业管理规定》的规定，结合当地居（村）民委员会的布局划分物业管理区域，并在地籍图和房地产登记册上注记。

这就规定了房产开发商在房地产项目开发前期就应对物业管理区域的划分进行落实，并且物业管理区域的范围将作为物权登记，注记在房地产登记部门之文件上。

三、区域划分的规定

在《上海市住宅物业管理规定》尚未出台之前，上海市关于物业管理区域的划分，存在着几种观点，第一种观点认为应当按照业主“共同所有的物权”为基础；以共同使用土地或者共有设施设备作为唯一的划分依据；第二种观点认为，可以根据街道办事处、居民委员会的布局，将同种类型的房屋划分为一个物业管理区域，以形成合力创建文明小区，这有利于理顺物业管理与社区建设的关系；还有的认为，鉴于上海市一些旧小区的情况比较复杂，将新旧小区的物业管理区域划分进行一刀切的规定不尽妥当，对旧小区应当考虑实际情况划分物业管理区域。

许多市中心的旧区改造商品住宅项目，由于历史原因，往往与周边住宅楼或其他商品房混杂在一起，是单独作为一个物业管理区域，还是与周边建筑合为一个小区，各方业主总是有不少争议，相伴随的还会有通道借用、共用纠纷等。

怎样才算一个独立的物业管理区域，如何划分物业管理区域，新规定强调了考虑物业的共用设施设备、建筑物规模、社区建设等因素，并区分新建住宅区与已建成但未划分或者需要调整两种情形。

1. 新建住宅区

新建住宅区，包括分期建设或者两个以上单位开发建设的住宅区，其设置的配套设施是共用的，应当划分为一个物业管理区域。但该住宅区内已分割成多个自然街坊或者封闭小区的，可以分别划分为独立的物业管理区域。

建设单位在申请办理住宅建设工程规划许可证的同时，应当向区（县）房地产管理部门提出划分物业管理区域的要求。区（县）房地产管理部门应当按照规定予以划分物业管理区域，并在地籍图和房地产登记册上注记。

2. 已建成但未划分或者需调整的

尚未划分或者需要调整物业管理区域的，区（县）房地产管理部门应当会同当地街道办事处（乡镇人民政府），按照以上新建住宅区域划分的规定，结合当地居（村）民委员会的布局划分物业管理区域，并在地籍图和房地产登记册上注记。

小　　结

本章介绍了物业的概念和分类；物业的所有权、使用权和物业的特点；物业管理的起源和基本概念；物业管理的性质和物业管理的社会化、专业化、规范化、经营化和契约化特点以及物业管理的规模化、品牌化、个性化、智能化、标准化发展趋势；物业管理的三种模式：物业服务企业实行专业管理、业主实行自营管理和由“职业经理人”或“事务所”来组织实施物业管理；物业管理的基本环节。并对物业管理的原则、物业管理服务的基本内容、物业管理的总目标和物业管理的质量、安全和费用三个具体目标以及物业管理区域划分的相关内容分别作了阐述。

复习思考题

1. 什么是物业？物业具有哪些特点？
2. 物业和房地产在概念上有什么区别？
3. 何为物业管理？物业管理具有哪些特点？

4. 物业管理的基本环节主要有哪些？
5. 物业管理的总目标和具体目标分别是什么？
6. 物业管理的模式主要有哪几种？
7. 物业管理的基本服务内容主要有哪些？
8. 物业管理档案资料的建立，必须抓住哪几个基本环节？
9. 住宅区物业管理区域的合理划分应该考虑哪些因素？

第二章　物业管理的运作主体

物业管理的运作主体主要包括物业服务企业、业主大会和业主委员会、政府行政主管部门、相关专业公司和相关部门等。其中，物业服务企业是按照物业服务合同的约定，对房屋及配套的设施设备和相关场地进行维修、养护、管理，维护相关区域内的环境卫生和秩序。业主是物业管理区域内房屋及相关设施的主人，物业管理区域内全体业主组成业主大会，业主大会必须代表和维护物业管理区域内全体业主在物业管理活动中的合法权益。搞好物业管理，要求供需双方相互制约、相互配合。相关专业公司和相关部门则为物业管理提供相关的服务、保障和管理。

主体部门的良好协作和各尽其职，是物业管理良性运作的基础。

本章主要介绍物业服务企业的设立，物业服务企业的机构设置，物业服务企业的制度建设和队伍建设，物业服务企业的资质等级管理，业主，业主大会，业主委员会和业主委员会联席会议，物业管理的行政及业务主管部门。

第一节　物业服务企业的设立

一、物业服务企业的概念及其性质

1. 物业服务企业的概念

物业服务企业，是指依法设立、具有独立法人资格，从事物业管理服务活动的企业。物业服务企业概念包括了5层含义，如下：

（1）按合法程序成立。即物业服务企业必须按照《中华人民共和国公司法》等有关法律所规定的程序和要求，经工商行政管理部门批准而获得营业执照。

（2）具有行业资质。根据物业管理行业管理的要求，从事物业管理经营业务的专营公司，必须要获得物业管理行政管理部门确认的资质。

（3）物业服务企业是独立法人。物业服务企业是具有民事权利能力和民事行为能力，依法独立享有民事权利和承担民事义务的组织。

（4）物业服务企业是以盈利为目的的经济组织。物业服务企业按自主经营、自负盈亏、自我约束、自我发展的机制运行，是独立核算的经济实体。其经营的目的是为了获取经济效益，并保持经营的连续性。

（5）物业服务企业是从事物业管理服务活动的企业。物业服务企业的经营内容就是提供物业管理服务，即要对房屋及配套的设施设备和相关场地进行维修、养护、管理，维护相关区域内的环境卫生和秩序。

2. 物业服务企业的性质

物业服务企业的性质是由物业管理服务行业的性质决定的。物业服务企业作为直接从事地上建筑物、基础设施及周围环境管理的经济组织，属于第三产业中的服务性行业，它的管理的特点是寓经营与管理于服务之中。具体说物业服务企业的性质体现在服务性、专业性、平等性和经营性等方面。

（1）服务性。物业服务企业所从事的经营、管理活动具有明显的服务性。它与物业的业主或使用人之间的关系，是在商品经济条件下的服务与被服务、委托与被委托的关系。

（2）专业性。物业服务企业以自己的经营管理能力和专业技术水平，对各种物业及其附属设施和周围环境进行妥善、科学的管理，为业主、住户提供舒适的生活、工作环境。

（3）平等性。平等性是指物业服务企业与业主的法律地位是平等的，双方是平等的民事主体，双方的关系是等价交换关系。双方对是否建立服务契约关系均具有自主选择权。这区别于传统的以行政区域划分管理范围，以管理者与被管理者来确定隶属关系的依附性、不可替代性和不平等性。

（4）经营性。我国物业服务企业的经营性，从本质上讲是由商品经济决定的。这种经营性主要体现在物业服务企业的经营管理所需资源的取得，所提供的服务等都必须通过等价交换来实现，物业服务企业用自己的经营和管理活动所取得的收入来补偿自己的支出，并取得一定的盈利，而不是无偿的取得和付出。

二、物业服务企业的组织类型

物业服务企业按不同的划分标准，可分为不同的类型。

1. 按业务性质划分

物业服务企业按业务性质划分为以下几种：

（1）管理型物业服务企业。这类企业只设置经营管理机构，配备经营管理人员，负责物业的经营和管理工作。其他所有的清洁、保安、维修等实务性工作均向社会上发包，由专业化企业来完成。

（2）实务型物业服务企业。这类企业不借助其他社会资源，而是由物业服务企业内部设置的机构、配备的人员，完成物业的全部各项经营管理工作和服务工作。

（3）交叉型物业服务企业。这类物业服务企业除了经营管理机构外，也设置部分实务性机构，配备部分具体工作人员，同时对专业性较强的部分实务性工作向社会发包，由专业化企业来完成。目前社会上这类物业服务企业较为普遍。

（4）租赁经营型物业服务企业。这类企业是既承担物业管理服务，同时又承担租赁经营。有些房地产开发项目，如商业大厦、写字楼、工业大厦、批发市场等建成后不售只租，并且交给自己组建的物业服务企业或外聘物业服务企业经营管理。

（5）顾问型物业服务企业。这类企业由少量具有丰富物业管理服务经验的人员组成，不具体承担物业管理服务工作，而是以顾问的形式出现，收取顾问费。

2. 按组织形式划分

按组织形式划分物业服务企业有以下几种：

（1）物业管理有限责任公司，是指由一定人数的股东出资设立，股东以其出资额为限对公司债务承担责任，公司以其全部资产对公司债务承担责任的物业服务企业。

（2）物业管理股份有限公司，是指由一定人数的股东发起（或募集）设立，全部资本划分为等额股份，股东以其所认购的股份为限对公司承担相应责任的物业服务企业。

3. 按投资主体划分

按投资主体划分物业服务企业有以下几种：

（1）国有物业服务企业，是指物业服务企业由国家投资兴办，依法自主经营、自负盈亏、自我约束、自我发展并独立核算的企业法人，企业全部财产均为国有资产。目前完全意义上的国有物业服务企业很少，而是主要表现为国有资金参股或控股的物业服务企业。

(2) 合伙物业服务企业，是指依法在中国境内设立的由各合伙人订立合伙协议，共同出资、合伙经营、共享收益、共担风险，并对合伙企业债务承担无限连带责任的物业服务企业。合伙协议应由全体合伙人协商一致，以书面形式订立。

(3) 个人独资物业服务企业，是指依法在中国境内设立，由一个自然人投资，财产为投资人个人所有，投资人以其个人财产对企业债务承担无限责任的物业服务企业。

(4) 外商投资物业服务企业，即中外合资经营物业服务企业、中外合作经营物业服务企业和外商独资物业服务企业的统称。是指依照中华人民共和国的法律在中国境内由中外投资者双方共同投资或由外国投资者投资设立的企业。

4. 以物业权属关系分类

物业服务企业按物业权属关系划分为以下几种：

(1) 委托服务型物业服务企业。这类企业受业主、业主大会的选聘，按物业服务合同约定提供物业服务，物业所有权与经营管理服务权是分开的。

(2) 自主经营型物业服务企业。这类企业受上级公司指派，管理自己开发的物业。物业所有权属上级公司或物业服务企业本身，通过经营管理收取租金（包括物业服务费在内），实现投资回报。集物业所有权与经营管理服务权于一体的，常见于商业大楼和办公写字楼等。

5. 按存在形式划分

物业服务企业按存在形式划分为以下几种：

(1) 独立型物业服务企业，是指社会上自己组建，通过市场竞争取得物业管理任务的物业服务企业。

(2) 派生型物业服务企业，是指为了管理自己开发或自己投资的物业而组建的物业服务企业。如由房地产开发商成立的物业服务企业，由房地产管理部门附属房管所改制的物业服务企业，由机关、企事业单位房管部门改制的物业服务企业。

三、物业服务企业的权利和义务

物业服务企业从事物业管理和服务，必须履行一定的职责，而履行职责就要享有一定的权利，并承担一定的义务。物业服务企业的权利和义务主要有：

1. 物业服务企业的权利

物业服务企业的权利如下。

(1) 根据有关法规和业主大会的授权，并结合实际情况制订管理办法。迄今为止，国家和各地方政府根据《物业管理条例》已制订了一系列的物业管理的条例、规定和政策。所有这些文件均是物业管理的依据，由国家和省、市人民政府从事宏观控制，但各物业管理管辖小区有其特性，物业服务企业可以根据物业管理委托合同中的明确规定，制订出切实可行的各项相关办法和实施细则，如《小区环境卫生管理规定》、《小区装修管理规定》、《小区机动车和非机动车停放管理规定》、《小区会所管理规定》等，这些规定一经业主大会通过，就具有一定的约束性，能防止违约，并能营造物业小区稳定、安全、舒适、健康的人居环境，促进社会的和谐发展。

(2) 依照物业服务合同，实施物业管理和服务。物业服务企业依照物业服务合同约定，提供相应服务。物业服务合同应当对物业管理事项、服务质量、服务费用、双方的权利义务、专项维修资金的管理与使用、物业管理用房、合同期限、违约责任等内容进行约定。物业服务合同一经签订，即受国家法律保护。合同中明确物业服务企业的义务，物业服务企业应全面履行。在合同执行过程中，物业服务企业必须信守合同，不得擅自变更和单方解除物业服务合同。如果发生新的情况，要经双方协议重新达成新的合同。

物业服务企业未能履行物业服务合同的约定，导致业主人身、财产安全受到损害的，应当依法承担相应的法律责任。

(3) 依照物业服务合同和有关规定收取物业服务费用。为了促进物业管理行业的健康发展，建立合理、公开、质价相符的物业服务收费机制，提高业主或使用人居住质量。根据《物业管理条例》,《物业服务收费管理办法》，以及各省市可根据有关法律法规和实际情况，制定物业收费实施办法。如上海市根据以上法律、法规和上海市人大常委会发布的《上海市住宅物业管理规定》，出台了《上海市住宅物业服务分等收费管理暂行办法》。该办法包括物业服务等级标准和物业服务收费标准。上海市的住宅物业服务项目根据服务内容，服务要求和设施、设备配置等情况分为综合管理服务，公共区域清洁卫生服务，公共区域秩序维护服务，公共区域绿化养护服务，以及共用部位、共同设施设备的日常运行、保养及维修服务，等级从低到高分 5 级。该办法自 2005 年 10 月 1 日起实施，在该办法实施前业主大会与物业服务企业已签订住宅物业服务合同且尚未到期的，物业服务及其收费标准等仍按原合同约定执行，合同到期后按该办法规定执行。该办法实施时尚未成立业主大会且原有收费标准高于该办法最高收费标准的，须相应降低收费标准或提高服务等级。若收费标准低于该办法最高收费标准的，在业主大会成立前不得擅自提高收费标准。

(4) 对违法违规的行为进行劝阻和制止。物业服务企业不是执法机构，但为了维护相关区域内的环境卫生和生活秩序，为了维护广大业主或使用人的切身利益和合法权益，根据《物业管理条例》和有关法律法规，以及业主大会通过的《管理规约》和《物业服务合同》，物业服务企业有权对业主或使用人违法违规的行为进行劝阻和制止，并及时向有关行政管理部门报告。

(5) 要求业主委员会协助管理。小区是社会的细胞，是构建社会主义和谐社会的前沿阵地。建设和谐社会，首先要建设和谐小区。物业服务企业作为社区服务的一支特种部队，在社区建设中有其独特的作用。但在具体的实践中，单靠物业服务企业是很难推动形成良好的社区建设和物业管理秩序的。必须和辖区内业主委员会、居民委员会、派出所四位一体联手行动。第一，物业管理是社区建设的重要组成部分，物业管理所从事的保安、保洁、绿化、房屋及设施设备维修养护等工作，也是社区建设中卫生、治安、环境等最基本的职能范畴；第二，物业服务企业在社区中组织和参与开展的形式多样、健康有益的社区文化活动，不仅有利于丰富业主（居民）或使用人（暂住人）的精神文化生活，而且有助于促进邻里和睦，增强业主的认同感和归属感；第三，社区建设得好，社区精神文明氛围增强，功能完善，业主（居民）或使用人（暂住人）的素质也会提高。各主体都能自觉履行职责，这有助于物业管理制度的有效遵守和执行，有助于业主（居民）或使用人（暂住人）自律机制的建立，有助于邻里矛盾和纠纷的减少；第四，在流动人口管理、计划生育、劳动就业等方面，虽不属于物业管理服务的范畴，但物业服务企业可以利用自己一年 365 天，一天 24 小时，全天候在小区管理服务的优势，协助政府有关部门完成辅助性工作，这在客观上也推动了社区建设工作。因此，只要业主委员会、居民委员会、派出所和物业服务企业各司其职、四位一体、相互依存、相互促进，形成强大的合力，就一定能营造社区稳定、安全、舒适、健康的人居环境，促进社会的和谐发展。

（6）根据物业服务合同约定，选聘专业公司承担专项管理业务。在物业管理过程中，物业服务企业对一些专项管理和服务（如保安、保洁、绿化、维修）可以自己设置部门从事这方面的工作，也可以选聘专业公司负责。但不得将整体管理责任及利益转让给其他人或单位。

（7）参与和资质要求相对应的物业管理招投标。物业服务企业参与市场竞争，通过业主和物业服务企业之间进行双向选择，实行优胜劣汰，自我发展。

（8）对承接的物业进行查验。承接物业时，对物业共用部位、共用设施设备进行查验，并按规定接管相关资料。物业服务企业只有做好物业及相关资料的接管验收工作，才能切实开展物业管理。

（9）有权采用新技术、新方法，依靠科技进步，提高管理和服务水平。在物业管理实践中，物业服务企业在物业管理工作中已经引入不少全新理念与运作模式，取得了良好的经济和社会效果。如通过防护系统、闭路监控系统、网络信息系统等实施逐步提高管理服务水平，大大提高了业主的满意率。

（10）法律法规规定的或物业服务合同约定的其他权利。如经业主、业主大会同意，可以利用物业共用部位、共用设施设备进行经营。

2. 物业服务企业的义务

物业服务企业的义务如下。

（1）遵守国家和地方有关物业管理的法律法规和政策。物业服务企业制订的相关管理制度和办法，不得与国家和地方有关物业管理的法律法规和政策相抵触。

（2）依照物业服务合同约定，提供相应服务。物业管理服务合同一经签订，即受国家法律保护。合同中明确物业服务企业的义务，物业服务企业应全面履行。在合同执行过程中，物业服务企业必须信守合同，不得擅自变更和单方解除物业管理服务合同。如果发生新的情况，要经双方协商，重新达成新的合同。

（3）接受业主和业主委员会的监督。业主委员会是业主大会的执行机构，具有代表业主与业主大会选聘的物业服务企业签订物业服务合同，监督和协助物业服务企业履行物业服务合同，监督业主公约的实施等职责。

（4）物业管理重大的措施应提交业主大会审议。物业管理的重大措施，涉及业主切身利益，物业服务企业无权自行决定。因此，物业服务企业在出台重大的管理措施应提交业主大会审议，得到批准或获得认可后方可实施。

（5）接受房地产行政主管部门、有关行政主管部门及物业所在地人民政府的监督和指导。房地产行政主管部门、有关行政主管部门及物业所在地人民政府是行政管理的主体，要在各自行政范围内实施行业管理和属地管理。物业服务企业必须自觉接受行政主管部门和地方政府的监督和指导，也只有在他们的监督、指导、协调下，才能有效地开展物业管理服务。

（6）至少每6个月应向全体业主公布一次管理费用收支账目。

（7）提供优良生活工作环境，搞好社区文化。对于商贸楼主要应提供良好工作环境，而对于居住区则应提供良好的生活环境，搞好生活服务，致力于开展社区文化生活。《全国优秀住宅小区标准》中对社区文化生活所达到的标准有明确的规定。其中包括了精神文明建设公约的制订、睦邻活动、文化活动等。

（8）发现违法行为要及时向有关行政管理机关或业主委员会报告。物业服务企业不是国家执法机关，它只能约束业主或使用人因居住活动而引发的一些行为。物业服务企业无权干涉业主或使用人的其他人身权利。但是，如物业服务企业发现业主或使用人的违法行为而又无法追究，则有义务向有关行政管理机关报告，并协助采取相应措施。

（9）物业管理委托合同终止时，必须向业主委员会移交相关财产和资料。如移交属于全体业主的全部房屋、物业管理档案、财务等资料和本物业的公共财产，包括管理费、公共收入积累形成的资产。同时，接受业主委员会指定的专业审计机构对物业管理财务状况进行审计，做好与业主大会选聘的新的物业服务企业的交接工作。

（10）协助做好物业管理区域的安全防范工作。发生安全事故时，在采取应急措施的同时，应及时向有关行政管理部门报告，协助做好救助工作。

（11）将房屋装饰装修中的禁止行为和注意事项告知业主。

（12）法律、法规规定的或物业服务合同约定的其他义务。

四、物业服务企业的设立条件和设立登记

1. 物业服务企业的设立条件

物业服务企业的设立条件如下：

（1）预先审核企业名称。企业名称是本公司的标识，有利于企业以自己特定的名义去从事经营活动，并享有相应的权利和承担相应的义务。物业服务企业，可结合行业特点，并考虑所管理物业的名称、地域、公司发起人等取名。

但在起名时，必须符合《中华人民共和国公司法》的有关规定。例如，设立有限责任公司时，必须在名称中标明“有限责任”的字样；不得使用外国国家或地区，以及国际性组织的名称；除全国性公司外，不得冠以“中国”、“中华”字样等。

根据公司登记管理的有关规定，物业服务企业应当由全体股东或发起人指定的代表或委托的代理人，申请企业名称的预先核准。在办理申请时，应提交以下文件：

1）全体股东或发起人签署的申请书；

2）股东或发起人的法人资格证明或自然人的身份证明；

3）代理人的委托证明等。

工商行政管理部门应当在收到上述申请文件的 10 日内，作出批准或驳回的决定。决定批准时，还应发给《企业名称预先核准通知书》。

（2）公司住所。物业服务企业应以其主要办事机构的所在地作为公司住所。进而，确定该公司的诉讼管辖地、公告送达地、债务履行地以及公司的登记机关。

（3）注册资本。注册资本是物业服务企业从事经营活动、享受权利、承担义务的物质基础。它的金额，决定着企业的经营能力和偿还债务能力。按照中华人民共和国公司法的规定，科技开发、咨询、服务性有限责任公司最低限额的注册资本为人民币 10 万元。同时根据《物业服务企业资质管理办法》，最低资质的物业服务企业的注册资本为 50 万元。因此，设立物业管理公司的注册资本至少应达 50 万元以上。物业管理股份有限责任公司的最低注册资本至少为人民币 1000 万元。

物业服务企业的股东或发起人，可以用货币出资，也可以用实物、工业产权、非专利技术、土地使用权等出资。但股东或发起人以非货币形式出资时，必须进行价格评估，并且一般不得超过该公司注册资本的20%。

(4) 股东的人数和法定代表人。设立物业服务企业时，其股东人数必须符合法定条件。《公司法》规定，有限责任公司由2个以上，50个以下的股东出资设立。国家授权投资的机构或者国家授权的部门可以单独设立国有独资的有限责任公司。股份有限责任公司至少有5人以上为发起人，其中过半数发起人在中国境内有住所。国有企业改建为股份有限公司的，发起人可以少于5人，但应采取募集设立方式。外商投资的有限责任公司，还应该遵守有关外资企业立法的特殊要求。

物业服务企业属于企业法人，法定代表人是代表企业行使职权的主要负责人。因此，法定代表人必须符合下列条件：

1) 完全民事行为能力；

2) 有所在地正式户口或临时户口；

3) 具有管理企业的能力及相关专业知识；

4) 产生的程序符合国家法律和企业章程的规定；

5) 符合其他有关规定的条件。

(5) 公司人员。根据企业法人登记管理的有关规定，申请各类企业，必须有与其生产经营规模及业务相适应的从业人员，其中专职人员不得少于8人。物业服务企业一般应具有10名以上的专业技术管理人员，其中，中级职称以上的专业人员必须达到5人以上。物业管理专业人员按照国家有关规定应取得职业资格证书。

(6) 公司章程和组织机构。物业服务企业应制订公司章程并建立相应的组织机构。

2. 物业服务企业的设立登记

物业服务公司需向工商行政管理部门申请注册登记，领取营业执照后，方可开业。全体股东或发起人指定的代表或委托的代理人在办理企业的设立登记时，应提交由具有法定资质的验资机构出具的验资证明，以及必要的审批文件。物业服务企业如果符合规定的条件，登记机关发给营业执照后，公司即告成立。

注册登记应根据注册登记管辖范围来进行。

(1) 国家工商行政管理总局。国家工商行政管理局注册登记的管辖范围：①国务院授权部门批准设立的股份有限公司；②国务院授权投资公司；③国务院授权投资的机构或者部门单独投资或者共同投资设立的有限责任公司；④外商投资的有限责任公司；⑤依照法律的规定或者按照国务院的规定，应当由国家工商行政管理总局登记的其他公司。

(2) 省、自治区、直辖市工商行政管理局负责本辖区内下列公司登记：①省、自治区、直辖市人民政府授权投资的公司；②国务院授权投资的机构或者部门与其他出资人共同投资设立的有限责任公司；③省、自治区、直辖市人民政府授权投资的机构或者部门单独或者共同投资设立的有限责任公司。

(3) 市、县工商行政管理局负责本辖区内前两项所列公司以外的其他公司的登记。

不同类型的物业管理公司，应根据上述要求到相应的工商行政管理局登记注册。

五、物业服务企业的组建过程

物业服务企业的组建过程主要包括：可行性研究、人才储备、起草企业章程和注册登记等几个方面。

1. 可行性研究

物业服务企业是一个经营性的组织，能否赢利是其生存和发展的关键。因此，在设立物业服务企业之前，必须进行充分合理的论证和可行性研究，只有当设立物业服务企业具有现实的必要性、财务上的可行性、法律上又允许的情况下，才能着手建立物业服务企业。否则，就会造成社会的人力、物力和财力资源的浪费。

（1）市场调查。市场调查的内容主要有 3 个方面：一是需求情况。建立一个物业管理公司首先就要了解物业管理市场的需求。包括现有物业的总量、每年增加的量以及今后增加的趋势。这种物业需求量的调查，还要根据投资者本身擅长或意欲涉及的物业类型，进行针对性的调查。二是供给情况。调查物业管理的供给情况，包括现有物业管理公司的数量、规模和经营状况。同样，调查也要有针对性。三是相关的政策法规。必须了解国家特别是当地政府设立物业管理公司具有哪些法律法规及政策，这是必不可少的步骤，否则，投资者花了很多时间和精力创建物业服务企业，却因不符合国家或地区政府的要求而前功尽弃。

（2）综合分析。综合分析就是将市场调查得到的材料进行加工分析并得出相应的结论。综合分析一般包括 3 个方面：一是市场分析。市场分析主要看供需状况，是供大于求还是供不应求。在这方面要对供需状况进行细分，要了解投资者所关心的特定物业市场。只有供不应求，或能提供合格服务的有效供应不足（例如，有些物业服务企业不是市场所选定的，而是由开发商或政府的关系所指定的，而其服务能力和水平达不到客户的要求），物业服务企业的设立从市场的角度才是可行的。二是本身条件分析。本身条件是指投资者对本身是否具有国家规定的注册条件以及本身优势的分析。注册条件是必须要符合的，这是基本的要求。真正确定企业应否成立的是投资者本身的条件能否在市场竞争中占有优势地位。三是经济分析。经济分析是综合分析中最重要的内容，市场的可行性和企业本身的可行性最终还是集中反映在其经济的可行性上。

（3）编写可行性研究报告。可行性研究报告是可行性研究的过程和结果的文字描述，是决定是否建立物业服务企业的主体的主要依据。其主要有：市场调查情况分析；自身所具备的资质条件分析；建立物业服务企业的前景预测；未来物业管理经济效益的分析及结论等。

2. 人才储备

按照有关规定，物业管理公司的成立需要一定数量的具备相应专业管理技术的人员。例如，根据建设部建教培【1996】41 号文件规定，所有从事物业管理的企业经理、部门经理和管理人员必须通过培训、考试获得国家颁发的物业服务企业经理、部门经理和管理人员的岗位资格证书。所以，在物业管理公司筹备期间，可通过人才招聘或对现有人员的培训，做好人才的储备工作。一旦公司开始运作，各类人员，特别是骨干力量应能够迅速到位。

3. 起草企业章程

按照企业登记的有关规定，在登记注册时必须提交有关文件，如公司章程、登记申请书、股东委托代理人证明等，其中公司章程是最重要的文件。《中华人民共和国公司法》第十一条规定：设立公司必须依法制定公司章程。公司章程对公司、股东、董事、监事、高级管理人员具有约束力。公司章程一旦经有关部门批准，即产生法律效力。公司章程的基本内容（一般工商行政管理部门有统一规范的章程示范文本）如下：

1）总则。主要包括企业的名称（全称）、地址等。

2）企业的经营宗旨。突出物业管理为业主服务及契约关系。

3）企业的经营范围。从管理、服务、多种经营三方面确定。

4）企业的经济性质及组织形式。

5）注册资金。多方设立的要明确各方投资比例、投资形式（实物还是现金），并在此基础上明确各方的权利、义务、责任。

6）机构。指企业内部的组织机构。

7）财务会计制度。如果是合资企业应注明将采用的货币。

8）利润分配方式。

9）职工录用方式、待遇、管理方法。

10）企业的各种规章制度。

4. 注册登记

根据中华人民共和国公司法的要求，成立公司必须向当地的工商行政管理部门申请注册登记。组建物业服务企业的类型不同，接受公司登记的相关级别及所要求递交的文件也不同。设立有限责任公司所需提交的主要文件有：①登记申请书；②董事会委托代理的证明；③公司章程；④验资证明；⑤股东的法人资格或自然人身份证明；⑥董事、监事、经理名单及相关证明；⑦公司法定代表人任职文件和身份证明；⑧《企业名称预先核准通知书》；⑨公司住所证明。

公司登记机关收到申请人提交的符合规定的文件后，发给《登记受理通知书》，并于30日之内作出核准登记或者不予登记的决定。对于核准登记的，自批准核准登记之日起的15日内通知申请人，并发给《企业法人营业执照》。

第二节　物业服务企业的机构设置

一、物业服务企业机构设置一般原则

物业服务企业的经营、管理和服务主要由职能机构实施。物业服务企业组织机构的设置是组建物业服务企业的一项重要工作，也是物业管理的计划、组织、指挥、协调、控制等职能的要求。因此，物业服务企业机构设置的合理性，将直接影响到物业服务企业统一、畅通、健康、高效运转。物业服务企业设置机构时一般应遵循以下原则：

1. 目标原则

任何企业的设立，都有其自己的经营目标，物业服务企业也不例外。而这些经营目标又是靠企业的组织机构来实现与完成的。从某种程度上讲，机构设置的合理，将有利于各方面工作的开展，有利于目标的实现。因此，为保证既定的经营目标的实现，在企业设立之初，就应该以企业的总体目标为依据，因事设岗、因岗设人，以保证组织机构的合理性、有效性，保证经营管理的高效运作。

2. 统一指挥、分级管理原则

物业服务企业的机构设置要按照统一指挥、分级管理原则办事。既要保证统一指挥，又要做到分级管理。统一指挥要求物业服务企业由企业最高领导人（总经理）全权负责，企业重大决策最后要由总经理作出。但是统一指挥并不意味着事无巨细，都要由总经理来指挥和决定，而是要进行分级管理。各级负责人在接受上级领导和指挥的前提下，有权对本部门范

围内的工作作出决策和决定。一个下级只接受一个上级的指挥，不允许多头领导，也不允许越级指挥。如果两个或两个以上领导人同时对一个下级或一件工作进行指挥、作出指令，就会使下级无所适从，不知应服从谁的指令。如果越级指挥，就剥夺了下级应有的在其职责范围内的指挥权，下级也就不能承担其职责范围内的责任，这就违背了统一指挥、分级管理原则，也违背了权责对等原则。

3. 合理分工与密切协作相统一的原则

这一原则要求在机构的设置中要使各部门有明确的分工和协作。分工就是把公司的目标任务进行层层分解落实到每个部门和员工。分工要合理，既不能造成苦乐不均，又不能造成工作重叠或无人负责的现象。在分工的同时，必须强调协作。协作就是要求各部门要有公司一盘棋的思想，对任何其他部门的工作要视同本部门的工作一样，要密切配合。分工是协作的基础，合理的分工有利于明确职责，提高管理的专业程度。协作是分工的必需，只有密切而又协调的配合，才能充分发挥分工的优点，达到提高工作效率的目的。

4. 人事相宜与责权统一原则

这一原则要求在人事配置与职权划分的过程中必须注意因事设职、因职选人、人事相宜；同时，对于一定的责任赋予相应的权利，使得人人明确自己的责权，能负责、敢负责，充分发挥每一名员工的主观能动性，提高工作效率。责权统一原则的基本要求是职责对称，责权一致。要求某人完成某项任务，委以一定的责任，就必须赋予其完成该项任务、履行该项职责的相应权力。因为权力是完成任务的必要条件，没有一定的权力，员工是不可能顺利完成任务、履行其职责的。所以，在进行专业分工时，委以责任必须同时委以自主完成任务必需的权力。委以重任者，必须授予重权，不负责任者应减少其权力。否则，有责无权，不仅不能调动管理人员的积极性，而且使责任制形同虚设；有权无责，必定会助长瞎指挥和官僚主义，对整个企业管理水平和服务质量的提高也是非常不利的。

5. 精干高效原则

物业服务企业的机构设置应做到精干高效。精干高效是在精干的基础上达到高效。精干首先要做到机构要精简，管理层次要少。其次要做到队伍精干，管理人员和服务人员要具有良好的职业素质和工作作风，工作负荷要饱满。精干可以减少矛盾，提高工作效率，同时节约成本、减少开支，降低物业管理费用，提高经济效益。而机构臃肿，层次多、人员多，费用增加，人浮于事，增加矛盾，必然降低工作效率。但管理机构、管理层次和管理人员并不是越少越好，不能影响物业管理任务的完成和物业管理目标的实现。要以较少的人员，较少的层次，较短的时间完成同样的工作任务，实现同样的工作目标。

二、物业服务企业的职能机构

物业服务企业的组织形式不同，企业的规模、管理对象、管理内容不同，企业的机构设置也就不完全一样。企业机构要按照物业管理社会化、专业化、企业化的要求设置，总的原则是：要根据物业经营管理的规模、复杂程度和专业化水平及企业自身的管理水平和基础条件，按需设置。

1. 物业服务企业基本职能机构

（1）管理决策层。物业服务企业的管理决策层一般是指物业服务企业的股东会、董事会、经理层。公司制的物业服务企业应当设立股东会、董事会。股东会负责企业经营方针和投资计划等重大事项，是企业的权力机构；董事会负责执行企业股东大会的决议，对股东会负责；经理层负责执行企业的具体工作方针、决策。

(2) 部门设置。按业务、职能和性能，物业服务企业的内部机构设置大致如下：

1) 总经理室。总经理室是物业服务企业的最高决策机构，一般设总经理1名，副总经理若干名。总经理对企业负全面责任，对重大问题作出最后决策，副总经理负责布置和协调各部门工作。

2) 办公室。办公室是总经理室领导下的综合管理部门，主要负责企业内部日常行政事务，包括人事、后勤、档案等，有时办公室还负责招聘和培训员工工作。

3) 管理部。这是行使物业管理职能的核心部门，一般负责对各管理处实施全面的指导、协调和管理。其职责范围主要包括企业的对外联系及形象宣传，房屋及设备急修以及一般报修受理或作业，负责保安、消防、车辆交通等处理工作，辖区内的环境保护和日常清扫，绿化设施的管理，协调企业与业主的关系等。

4) 财务部。这是企业实施财务管理的职能部门，主要负责企业的资金运作，审核企业的各项开支，负责服务费的收缴，进行会计核算，合理安排各种经费，做好财会账册、报表，交纳税金，保障企业各种资金正常流通。财务部要注意会计、出纳分开，要经常向总经理报告企业财务情况。

5) 工程部。这是负责物业维修及设备运行的技术管理部门，一般由房屋工程、电气工程、给排水等方面的中、高级技术人员组成。工程部负责对房屋的检验、维修工程安排，对业主装修的指导和监督等。

6) 经营发展部。这是物业服务企业开展多种经营的职能管理部门，通过自己的经营活动获取财务收入。因此，该部门对物业服务企业贯彻以业养业的方针至关重要。经营发展部负责各种文化、娱乐、生活、商业等经营活动。

2. 物业服务企业内部机构职能实例

(1) 总经理室。总经理室的职能如下：

1) 履行董事会的决议，完成董事会工作目标；

2) 企业理念的构思、开拓与营销；

3) 构思公司战略发展的总体思路及框架，并经董事会同意批准、负责实施与控制；

4) 构思公司服务与管理的总体思路及框架；

5) 构思公司一定时期的总体目标与计划，并经董事会同意批准，负责实施与控制；

6) 负责公司中高层管理人员素质培训和建设；

7) 任免或聘任分公司经理及其以上人员，并实施督导；

8) 总体负责公司现代物业服务技术、质量、管理和信息等工作；

9) 管理沟通；

10) 不断提高员工福利；

11) 在董事会授权范围内，决策公司各项整体性、重要性的计划或方案；

12) 监督、指导与评价直接管辖部门及负责人的工作业绩；

13) 主持日常总经理办公会议、行政例会、分公司（管理处）行政例会、干部会议及员工大会等，接受民主监督；

14) 履行董事会交办的工作。

(2) 办公室。办公室的职能如下：

1）履行总经理室、总经理办公会议和行政会议的决定，完成部门工作目标；

2）拟订公司行政与公共关系计划，并予以实施；

3）维持公司正常的运行秩序，按质、按量、按时做好后勤保障工作；

4）负责公司行政工作的回顾总结与重大事件的记载；

5）企业形象推广的实施（展览、小册子、广告、媒体传播、公益活动等）；

6）负责公司内外窗口第一时间的信息接收、审核、签发、处理与反馈等；

7）董事会会议文件的起草；

8）负责总经理室各类会议的文稿及事务安排；

9）负责公司对外（政府主管部门、新闻媒体及同业等）公共宣传、联系、横向协调与沟通；

10）联系与协调法律顾问（外聘常年律师）；

11）差旅安排与管理；

12）会议计划安排及管理；

13）负责公司合同的管理；

14）履行总经理室交办的工作；

15）履行行政会议的决定，完成部门目标；

16）后勤服务与保障计划及其目标分解；

17）车辆调度与管理；

18）其他后勤保障及管理；

19）公司 ISO 9001、ISO 14001 和 OHSAS 18001 的贯彻实施工作；

20）实施业务督导，接受民主监督。

（3）管理部。管理部的职能如下：

1）履行总经理室、总经理办公会议和行政会议的决定，完成部门工作目标；

2）负责分公司（管理处）业户服务、保安、保洁、绿化养护及经营项目的管理、计划，并分解目标，实施督导；

3）公司自有物业和投资企业的经营管理预测与计划；

4）公司品牌管理的实施计划与督导；

5）负责各分公司、管理处对外业务；

6）公司质量管理（含 ISO9001、ISO14001 和 OHSAS18001 的贯彻）的组织实施、贯彻与督导；

7）维持各分公司及管理处物业管理正常运行秩序，确保成本最小化；

8）投资企业经营项目的管理及其合同的纠纷处理；

9）公司服务标准与作业标准的实施与督导；

10）分公司、管理处供应链（供应商、内部运行、业主方及委托方等）作业行为的分析、策划、管理与总结；

11）供应链作业行为的方法和手段的推广；

12）负责实施公司修缮技术应用和创新计划；

13）建立所管物业开发商（或收购者）的档案及其物业管理质量信息的收集、处理、反馈等工作；

14）负责实施公司的售后服务及管理工作；

15）负责“四防一保”（防台、防汛、防火安全、防盗治安、保障稳定）、综合治理、安全管理的检查、指导、协调和应急日常处理；

16）物业管理的顾问咨询；

17）实施业务督导，接受民主监督；

18）公司 ISO9001、ISO14001 和 OHSAS18001 的贯彻实施工作；

19）履行总经理室交办的工作。

（4）财务部。财务部的职能如下：

1）履行总经理室、总经理办公会议和行政会议的决定，完成部门工作目标；

2）公司财务预算计划及目标分解；

3）公司财务结构整合优化方案的实施；

4）实施公司资产及资本运作的计划；

5）实施公司计划统计与财务分析；

6）加强对各分公司及管理处资金正常运行秩序的管理及调控；

7）公司会计核算；

8）公司登账、核账、汇账；

9）公司工资核算与发放；

10）公司现金流量和资金管理；

11）公司财务管理；

12）公司纳税管理；

13）会计电算化管理；

14）加强对各管理处财务人员的选派与调配，并进行业务领导和监督；

15）公司 ISO 9001、ISO 14001 和 OHSAS 18001 的贯彻实施工作；

16）实施业务督导，接受民主监督；

17）加强与上级财务部门及政府财税部门的联系、沟通，并接受审核与监督；

18）履行总经理室交办的工作。

（5）工程部。工程部的职能如下：

1）履行总经理室、总经理办公会议和行政会议的决定，完成部门工作目标；

2）负责拟订设备维修管理制度、操作规程、工作程序、重要设备和关键部位的设备管理规定，报物业中心主任批准后予以实施；

3）负责拟订工程部年度预算、设施设备维修保养计划和人员培训计划，报物业中心主任批准后予以实施；

4）负责大厦的动力、房屋、水暖、空调、消防、通信、网络、有线电视、电梯、机器等各系统设施设备的维修保养工作，保证各种设施设备正常运转，为大厦各部门业务活动的开展和客户的活动要求提供技术保证；

5）在春备夏、秋备冬的原则下，每年做好春秋中间期和冬夏送冷送暖期的设备检修工作，提前制订维修与检修方案，并组织具体落实；

6）配合各部门做好重要接待活动、大型会议等临时性设备的安装、调试与管理，保证接待规格和业务需要；

7）负责收集设备技术信息资料，建立健全设备技术档案；

8）负责客户进住大厦的供电、空调、给排水、消防、电梯、弱电系统及建筑装修项目的方案审核、监理、验收及相关资料备案工作；

9）公司ISO9001、ISO14001和OHSAS18001的贯彻实施工作；

10）履行总经理室交办的工作。

（6）经营发展部。企业发展部的职能如下：

1）履行总经理室、总经理办公会议和行政会议的决定，完成部门工作目标；

2）拟订公司长期战略规划；

3）拟订公司业务资产、组织重组、整合、再造方案；

4）产业研究与分析，拟订企业竞争战略；

5）公司经济指标、质量指标、技术指标及其他信息的统计分析与预测；

6）拟订公司投资、收购、合并、战略联盟等可行性研究与策划，并与相关部门一起负责实施和控制；

7）公司供应链与价值链行为的研究与总体策划；

8）公司品牌战略的研究与策划；

9）企业文化战略的研究与总体策划；

10）公司总体项目综合平衡的策划与协调；

11）设计公司总体激励机制、淘汰机制和约束机制方案；

12）公司ISO 9001、ISO 14001和OHSAS 18001的贯彻实施工作；

13）实施业务指导，接受民主监督；

14）履行总经理室交办的工作。

三、物业服务企业的组织形式与选择

物业服务企业应根据所管物业的范围、类型、数量以及自身的人力财力等实际情况，选择适宜的组织形式。下面结合物业管理的组织机构和日常业务活动的特点，介绍直线制、直线职能制、事业部制、矩阵制这4种组织形式的构成。

1. 直线制

直线制是最简单的物业服务企业的组织形式。它的特点是企业按垂直系统直线指挥，不设专门的职能机构，每个上级可领导若干个下级，每个下级只接受一个上级的领导。直线制的组织机构形式如图2-1所示。

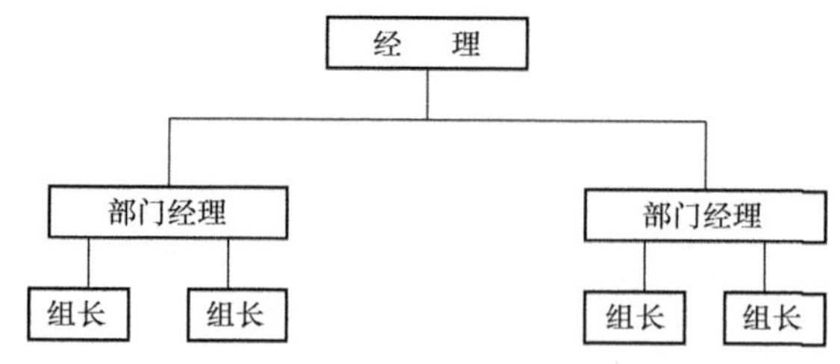

图2-1 直线制的组织机构形式

（1）直线制的主要优点。主要是指挥统一，命令统一，责权统一，工作效率高。

（2）直线制的主要缺点。

1）对经理的要求较高，要求领导者通晓各种专业知识，具备多方面的知识和技能。

2）经理的负担极重，每位经理需要在广泛的业务范围内进行计划、实施、管理等工作。直线制一般适用于物业管理种类少、区域小、管理与业务比较简单的规模较小的物业服务企业，或适用于辖区的作业管理。

2. 直线职能制

直线职能制是在直线制的基础上吸收了职能制的长处，是垂直指挥职能与专业管理职能的有机结合。直线职能制的组织机构形式如图 2-2 所示。直线职能制的各级组织单位除主管负责人外，还相应地设置了职能部门，并将管理人员分成两类：一类是行政指挥人员，对下级进行指挥；另一类是职能管理人员，作为领导的参谋和助手，对下级没有指挥的权力，但如果受行政负责人委托，可在自己主管的业务范围内负责某方面的管理工作。

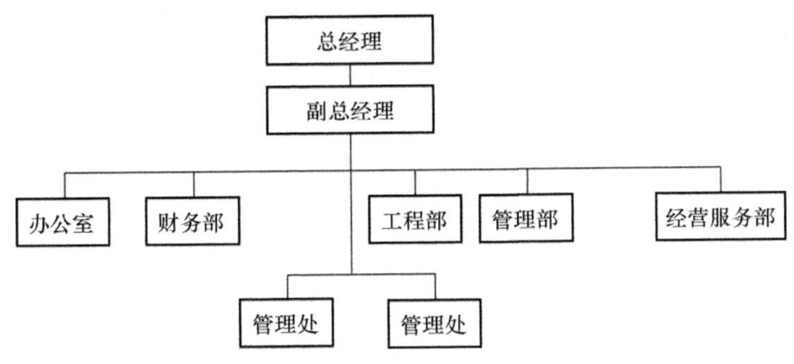

图 2-2　直线职能制的组织机构形式

(1) 直线职能制的主要优点。

1) 保持了直线式、集中统一指挥的优点，又具有职能分工的长处；

2) 可以减轻领导负担，提高工作质量和效率。

(2) 直线职能制的主要缺点。

1) 下级缺乏必要的自主权；

2) 各职能部门之间缺乏横向联系，容易产生脱节和矛盾；

3) 信息反馈速度较慢，对环境的敏感度较差。

直线职能制特别适合于那些专业涉及面广、技术复杂、服务多样化与管理综合性强的物业服务企业，是我国目前中等规模的物业服务企业较多采用的一种组织结构形式。比较常用的是企业的总体机构分成两级，即企业总部和各物业管理处。在企业总部设若干职能部门，负责具体的操作。企业实行总经理负责制，一般情况下可下设 4 部 1 室，即办公室、财务部、工程部、管理部和经营服务部。

3. 事业部制

事业部制又称分权组织，是大的企业系统中把那些具有相对独立的业务部门划分为各个独立的单位或分公司，使之独立核算，每个独立经营的单位都是在总公司控制之下的利润中心，按集中管理、分散经营的原则运作。公司最高管理层负责重大方针的制订，掌握着影响公司成败的重大问题的决策权，如资金使用，分公司负责人的任免、发展战略的制订等。分公司经理根据总公司经理的指示，统一负责分公司的管理。事业部制组织机构形式如图 2-3 所示。

(1) 事业部制的主要优点。

1) 以多样化的服务来满足业主或使用人的多样化要求，可以控制风险；

2) 有利于决策者摆脱日常管理工作，专业做好角色和大政方针；

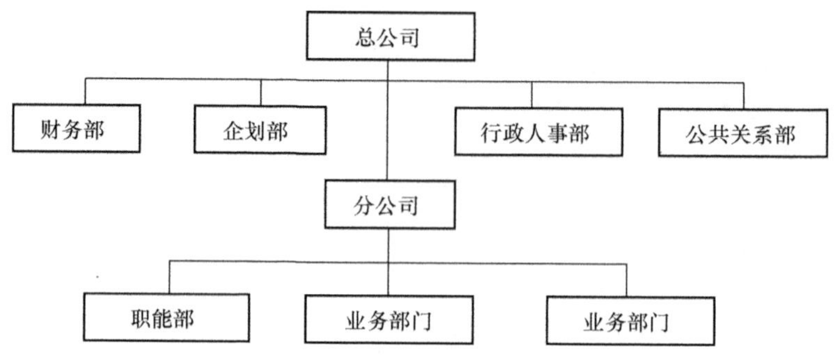

图 2-3　事业部制组织机构形式

3）有利于调动各事业部的积极性和创造性；

4）有利于公司新业务的开展，提高管理、服务水平；

5）有利于提高管理的灵活性和对市场竞争的适应性。

（2）事业部制的主要缺点。

1）职能机构重叠，管理人员浪费；

2）由于经济独立核算，容易造成各自为政现象，各事业部的利益难以协调；

3）职权下放过大，容易造成失控现象。

事业部制一般适合于大型、跨地区的综合性企业。在我国一些大型企业也采用这种组织形式。

4. 矩阵制

这是在传统的直线职能制纵向领导系统的基础上，又按业务内容、任务或项目划分而建立横向领导系统，纵横交叉，形成矩阵的形式。矩阵制组织机构形式如图 2-4 所示。其特点是在同一组织中既设置纵向的职能部门，又建立横向的管理系统。参加项目的成员受双重领导，既受所属职能部门的领导，又受项目经理的领导。

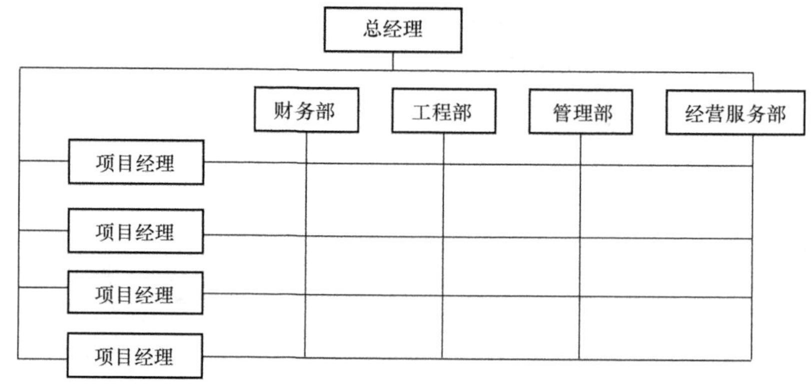

图 2-4　矩阵制的组织机构形式

（1）矩阵制的优点。

1）分工明确、专业化强，有利于发挥优势；

2）有利于各部门之间的相互协调和配合；

3）减少中间阶层，传递信息快，而且及时准确；

4）各项目组可以根据特定的任务和目标灵活变化，适应性强。

（2）矩阵制的缺点。

1）组织结构稳定性差，人员经常变动；

2）需增加项目管理，人员较多，机构臃肿；

3）双重领导，部门关系复杂，职责不清。

矩阵制适用于规模较大，物业管理种类较繁多，综合经营较强，专业服务组较多的物业管理公司。矩阵制的组织结构在国外的物业服务企业中用得较多，在我国多用在新的小区（大厦）物业管理处或在异地新组建的分公司筹建阶段。

上面介绍的4种组织机构类型只是较为典型的形式，实践中所设置的组织机构并不完全是这几种典型类型，这是因为企业要根据具体情况作适当调整。另外，组织的规模往往与组织的发展阶段相联系，伴随着组织的发展，组织的活动内容会日趋复杂，人数会逐渐增多，活动的规模会越来越大，组织的结构也需随之调整。

第三节　物业服务企业的制度建设和队伍建设

物业服务企业的制度可以分成两类：一类对内，一类对外。对内的制度是物业管理公司为提高管理服务的质量和工作效率，对企业内部的各部门、各岗位的责任加以明确，并对全体员工的行为进行规范的制度。企业内部的制度大致可以分为：领导管理制度、职能管理制度、岗位责任制度、综合管理制度和管理程序制度。对外的制度是用于界定物业管理参与者权利与义务、规范物业管理过程中各方的行为、协调相关各方关系的规定。对外的制度一般有以下几类：物业接管验收制度、入伙手续、搬迁装修规定、房屋使用管理制度、治安消防制度和电梯（设备）运行制度等。

一、物业服务企业内部管理制度的分类

物业服务企业内部管理制度主要有以下几类：

（1）领导管理制度。主要指确立企业的领导体制。一般有董事会制度、总经理制度。

（2）综合管理制度。这是指企业各个部门和全体员工都必须遵守、执行的制度。如员工守则，专业制度（如财务报销制度、保安消防制度等），劳动制度，人事制度，培训制度，学习制度，工作计划总结制度和考核奖励制度等。

（3）职能管理制度。主要指企业各部门责任的制度，如办公室职责、财务部门职责、工程维修部门职责、多种经营部门职责、安保部门职责、清洁环境部门职责、产业部门职责、监察部门职责。

（4）岗位责任制度。主要指企业各个不同岗位责职的制度。

（5）管理程序制度。管理程序制度是企业在管理各环节运作过程中所作的步骤和标准的规定。如工程立项审报程序制度，企业管理人员任免审报程序制度，机电设备保养维修程序制度，各类计划、总结、报告、表格送报程序，企业部门费用申报程序，对外文件、表格送审程序，交接班程序，安全操作规程。

二、物业服务企业制度建立的基本原则

物业服务企业制度是关于物业管理服务活动的行为规范和行为准则。物业服务企业制度

的建立是物业服务企业自身建设的一项十分重要的基础性工作。一般而言，建立物业服务企业制度建立应当遵循以下基本原则：

（1）合法性原则。任何一项物业管理制度，首先必须符合我国的有关法律法规。合法性原则不仅要求物业管理制度的内容合法，而且要求物业管理制度的制订程序和执行程序合法。不合法的物业管理制度，应该坚决修改或废除。

（2）市场化原则。物业管理是市场经济的产物，物业管理制度的制订，也必须遵循市场化的原则，即制订的物业管理制度必须与市场经济的价值规律、供求规律和竞争规律相一致。

（3）实事求是原则。实事求是原则是指公司根据企业的实际情况，包括企业目标、业主要求、物业情况、员工现状以及政府对本企业的要求等，制订通过努力确实能执行的制度。在这方面过高或过低的要求均会影响公司制度的有效实施。

（4）责、权、利相结合原则。这是充分调动员工积极性，充分显示企业活力的重要原则。每一位员工只有明确自己的职责、权利以及相应的报酬，才能充分发挥自己的积极性、主动性、创造性和最大的潜能。

（5）定性与定量相结合原则。规章制度的制订，如果只有定性要求而无定量要求，则检查考核缺乏令人信服的尺度和依据；只有定量要求而无定性要求，会使检查考核无法准确定位。只有两者真正有机结合，才能确立一个完整的制度。

（6）简明扼要原则。规章制度是给人看了要执行的，因此其表述一定要简单扼要，通俗易懂。

三、物业服务企业制度制订的注意事项

在制订物业服务企业制度时应注意以下几个方面：

（1）规范化。规章制度对于物业服务企业来说就是企业内部的法规。因此，它的制订、颁布、执行、检查、修改、废除都应当规范化，要履行必要的手续和程序。就如质量管理体系 ISO 9000 标准中所要求的，在任何部门、任何时刻都要保证现场执行的全是有效文件。

（2）相对稳定性。规章制度不能随意变动，要保持相对的稳定性。制订时必须慎重，使之能够得到有效的执行。变动时同样要慎重，即使在实施过程中发现一些问题，也要仔细研究是否需要修改。修改方案必须要经企业最高领导层讨论通过。

（3）执行的关键在考核。规章制度要达到预计的效果，必须结合考核，并与员工的工资、职级、奖金等实际利益挂钩。考核必须规范化，应有考核细则，考核的标准、方式、人员、时间等必须明确规定。

四、物业服务企业制度制订的意义

在当前形势下，以国家及政府有关部门颁行的房地产业政策为指导，总结和借鉴国内外物业管理实践经验，结合物业服务企业的宗旨、经营范围和承担的责任义务，加强物业服务企业的制度建设，具有以下重要的意义：

（1）制订物业服务企业制度，是明确物业管理主体法律关系的需要；

（2）制订物业服务企业制度，是明确物业服务企业向规范化方向发展的需要；

（3）制订物业服务企业制度，是促进物业管理行业健康发展的需要；

（4）制订物业服务企业制度，也是推动房地产业持续发展的重要保证。

五、物业服务企业队伍建设的重要性

企业最大的财富是什么？是员工。新时期高水平的物业管理靠什么？靠资金、靠健全的法制、靠硬件设施、靠良好的服务手段、靠健全的制度和严格的规章，但最重要的还是要靠人、靠高素质的物业管理人才。因此，建立一支素质优良、管理方法和手段先进、具有良好的服务意识和较高服务水准的员工队伍，是搞好物业管理的重要条件，是物业服务企业自身建设的首要任务。

企业管理，无非是人、财、物 3 个方面。这其中，人是最重要的方面。一个物业服务企业只有资金没有人不行，只有楼盘和设备没有人不行，只有决策者没有执行者更不行。物业管理是涉及面很广、专业性技术很强的服务工作，没有优秀的管理人员，没有具有良好责任感的人员，没有具备专业知识和技能的人员，是不可能搞好这一工作的。尤其在我国物业管理起步时间还不长，物业管理的理论还不完备，实践经验还不多，加之旧的计划经济体制、观念的影响，优秀人才在物业管理中的作用和地位就更为重要。物业服务企业更需要一大批具有凝聚力和向心力的人。有了这样的人，认定一个目标，齐心协力，共同奋斗，才能获得成功。因此，物业服务企业更应始终把员工队伍建设当作一项基础工作来抓。

六、物业管理人员的知识结构、素质和能力

1. 物业管理人员的基本素质与要求

物业服务企业的工作人员通常可分高级管理人员、中级管理人员和一般员工。其中，高级管理人员是指物业服务企业的正、副总经理，总经理助理和“三总师”（总会计师、总经济师和总工程师），他们是企业的决策层；中级管理人员是指企业的各部门经理、各项目的主要负责人，他们是物业企业的管理层和组织者；而一般员工则是物业服务企业管理服务的具体操作者。上述三个层次的物业管理人员应具备的基本素质和要求如下：

（1）政治素质。物业管理人员要有良好的政治素养，能自重、自省、自警、自励。要具有正确的经营思想、强烈的事业心，能深入实践，深入现场，时刻把业主或使用人“急、难、愁”的问题放在心上。全心全意为业主或使用人服务，不断超越员工与业主或使用人日益增长的需求，坚持百分之百业主第一，能正确处理企业、业主和员工三者关系，诚心诚意为其谋利益，有很强的法制观念。

（2）品德素质。物业管理人员要有良好的思想品德，特别是要有较高层次的职业道德修养，也就是要有爱岗敬业、诚实守信、办事公道、服务群众和奉献社会的精神。物业管理人员应当任劳任怨，埋头苦干，扎实工作，敢于到矛盾尖锐，问题较多的地方解决问题。

（3）业务素质。一名合格的物业管理人员，首先应该具有较高的业务素质，也就是说，要有所从事的专业岗位的必备知识和相应的工作能力，尤其是物业服务企业中、高级管理人员，更应该会充分运用新时期现代物业服务企业的体制资源、人力资源、自然资源、资本资源、技术资源、环境资源等方面的有利条件和有利因素，不断推动物业服务企业迈上新台阶，是企业复合型的人才。

（4）文化素质。物业管理人员应接受良好的教育，知识面要宽，接受信息的能力要强，要精通经济学、系统工程学、美学、法学等学科知识。这样在工作中才能与业主或使用人沟通思想、交流感情、相互理解、相互尊重。

（5）审美素质。物业管理人员的审美素质，是较高层次的素质。审美素质能够帮助物业

管理人员更好地为业主或使用人服务，最大限度地满足业主或使用人的精神需求。

（6）身心素质。身心素质是指生理素质与心理素质。良好的身心素质，具体表现为物业管理人员的健康体魄、旺盛的精力；仪表端正、热情大方；知难而进，不怕挫折。无论生理和心理，都有较强的适应社会的能力。

2. 物业服务企业经理的必备知识与领导艺术

（1）物业服务企业经理的必备知识。

建设部人事教育司和房地产公司联合颁发的《关于实行物业管理企业经理、部门经理、管理员岗位培训持证上岗制度的通知》中规定，物业服务企业经理岗位必备知识包括以下内容。

1）了解房屋结构、设备、园林、绿化等修缮的基本知识；

2）了解房地产的有关理论和开发、经营、管理、估价等基本知识；

3）了解《公司法》、《经济合同法》、《税法》、《民事诉讼法》等法律知识；

4）熟悉计算机应用的知识；

5）熟悉房屋完损等级标准和安全管理基本知识；

6）熟悉国家和本地区的物业管理法律法规、政策；

7）掌握企业经营管理知识。

（2）物业服务企业经理的领导艺术。

1）及时制订企业的经营目标与发展规划。物业服务企业的经营目标和发展规划是企业前进的方向和动力，没有目标和规划的企业，就像是一艘在茫茫大海中漫无目的的航行船只。同时，经理还要看准市场形势的瞬时变化，及时调整企业的经营目标和发展规划，否则，时机稍纵即逝，也就很难提高其市场竞争力。

2）善于发现人才，使用人才。物业管理市场的竞争，是管理服务的竞争，说到底也就是人才的竞争。人才是企业生死存亡的关键，有了人才，就有了物业服务企业发展的实力；没有人才，物业服务企业将失去竞争的条件。因此，物业服务企业经理一定要重视发现、培养、选拔和真心使用人才。知其所长，用其所长。做到“人尽其才，地尽其利，物尽其用，货畅其流”。要让人才以企业为家，以物业管理为终身事业。对选用的人才要放心、放权，对属于其职权范围内的事，要大胆放手地让他去干，真正做到责、权、利充分到位。不会发现人才、不会使用人才的企业经理，不可能把物业服务企业带好。

3）组织制订并执行一套科学的规章制度。没有规矩，不成方圆。没有一套健全的规章制度，物业服务企业就难以处理在经营管理中出现的问题和纠纷，也很难奖勤罚懒，激发员工的积极性和创造性。所以，物业服务企业经理一定要注意抓好制度建设，特别是要注意抓好分配制度、奖惩制度、责任制度。形成“事事有人管、人人都管事、事事有考核、考核有依据”的人才管理模式，使企业的每一位员工都充满责任感、事业感、危机感、紧迫感，充分调动员工的积极性和潜在能力。要通过这些制度，把企业中的一切工作落实到人，并把工作业绩与各项物质利益相挂钩。

4）积极协调对内、对外关系。目前，我国社会主义市场经济还处在建设和完善阶段，物业管理中国开始的时间也不长，加之受几千年传统价值观念与礼仪观念的影响，物业服务企业要想顺利开展物业管理经营活动，没有地方政府及相关部门的领导和支持，没有广大业主或使用人的充分理解，没有企业内部员工的积极配合，显然是不可能的。作为物业服务企业的经理，要充分认识到协调对内、对外关系同企业生存与发展的密切关系，并积极创造条件，亲自带领企业各级干部开展和加强各种公关活动，努力营造一个良好的物业管理环境。

5）抓关键工作。物业管理工作内容比较繁杂，大到房屋及其设备的维修养护，小到业主的日常琐事，每一件工作，物业服务企业都要做细、做好。但作为物业服务企业的经理，要抓住细节，抓住关键。就不能事无巨细，亲力亲为，而要学会“弹钢琴”，充分发挥企业的团队作用，一级抓一级，一级对一级负责，充分发挥团队每个成员的聪明才智和潜在能力。集中精力去抓那些影响物业服务企业生存和发展，以及关系到企业在社会上的声誉等大事。只有把这些大事做好，抓好企业的经营决策，才能保证物业服务企业健康、稳定的发展。

6）关心职工利益。作为物业企业的经理，其作用在于经营决策、驾驭企业全局、指挥与领导等，而经理决策的贯彻执行需要广大员工的艰苦工作与努力，没有广大员工的具体劳动，再好的决策也只能是空想。从这个角度看，员工提供管理服务的积极性直接关系到经理决策贯彻执行的程度与效果，甚至关系到企业的市场竞争力。所以，物业服务企业经理一定要时刻关心员工的利益，把提高员工素质视为一切工作的重中之重，从打造企业品牌和强化员工队伍建设着手，狠抓员工再教育和培训，以防止员工能力退化，知识老化和观念僵化，把培训作为员工的最大福利，让员工有知识，有能力的安全感。同时，千方百计满足员工各种合理的要求，要让员工感到自己是企业中的重要一员，是企业的主人，从而增强责任感和事业心。

3. 物业服务企业部门经理必备知识与必备能力

（1）物业服务企业部门经理岗位必备知识。必备知识如下：

1）了解房地产有关理论和开发经营、管理等基本知识；

2）熟悉物业管理的基本理论和有关政策法规，掌握本地区有关物业管理要求，计费规定等；

3）掌握房屋完损标准、质量检测方法和安全管理的基本知识；

4）掌握物业管理的有关技术标准、维缮标准和管理标准；

5）掌握房屋结构、设备、设施等修缮（维护）的基本知识；

6）掌握计算机应用知识。

（2）物业服务企业部门经理岗位必备能力。必备能力如下：

1）具有建立、健全部门岗位责任制和部门管理规章制度的能力；

2）具有制订工作计划，并组织实施的能力；

3）具有及时处理危、漏房和房屋设备、设施的抢修排险及火警、匪警、救护等突发事件的能力；

4）具有宣传教育、组织各类活动及处理一般矛盾的能力；

5）具有处理专项业务并能与相关机构协调的能力；

6）具有熟练应用计算机进行管理的能力。

4. 物业管理员应具备物业管理的基本知识及技能

物业管理员应具备的物业管理基本知识和技能如下：

（1）能看懂房屋平面图，会丈量面积，会计算房屋建筑、使用和居住面积。

（2）懂房屋结构，会住房验收方法和质量标准。

（3）会编制单位维修计划和维修、保养工程产量计算。

（4）懂房产档案资料的整理、归类、编目、存档以及档案资料保管常识和变更修改技术。

（5）会定房产管理合同，包括租赁合同、买卖合同、清洁合同、园林保养合同、维修养护合同、装修合同等，要熟悉经济和行政法律制度，能参与诉讼。

（6）看懂电表、水表，能发现电线路、供水管一般故障。

（7）懂园林绿化的基本知识，会美化环境，懂得树木、花草养护知识。

（8）懂得发生火警、台风、盗窃等紧急事故的应急措施。

（9）会处理来信来访和写工作总结。

（10）要会调查研究，会拟调查、访问提纲，会作调查访问笔记，会写简单的调查报告。

（11）具有一定的组织能力，会宣传、发动、组织住户参与住宅区管理和开展住宅区内各项公益活动，会合理组织管理各种技术工人进行房屋维修、养护，园林绿化的种植和养护，卫生、环境的清洁，基础设施的维修，消防设施的保养，还要会组织搞好住宅区治安，违章清理。

针对以上要求，如何进行物业管理公司员工培训？物业管理围绕“提高管理服务水平”的方针，着重从职业道德、思想建设、作风建设和业务建设等方面作为员工培训的主要内容。

七、物业管理人员的职业道德

1. 职业道德含义

所谓职业，就是指一定社会的人们，为了满足社会生产和生活的需要，所从事的具有一定社会职责的专门业务。从现象上看，是个人谋生的手段；从本质上看，是社会分工的产物，是以社会分工为纽带的社会关系，表现为对社会承担一定的责任、使命或职责。

所谓道德，一般是指合理的行为，利于人的行为。那种同人们的职业生活和职业交往相联系的、在职业范围内形成的比较稳定的道德观念、行为规范和习俗，就是职业道德。

2. 物业管理人员的职业道德规范

物业管理人员应该遵循以下职业道德规范：

（1）爱岗敬业。爱岗就是热爱本职工作，敬业是爱岗的升华。有学者曾提出“五爱”思想，即爱行业——热爱物业管理行业；爱业主——对业主和使用人充满爱心；爱岗位——岗位只有分工的不同，没有贵贱之分；爱服务——热心为用户排忧解难；爱信誉——爱护物业管理行业和本企业的声誉，在用户中树立起良好的企业形象。也有学者提出所谓的“五业”精神，即责业——对其所从事的物业管理职业有较强的责任心，工作认真负责；廉业——为保证本职业的根本利益，做到廉洁自律，杜绝不正之风和腐败活动；勤业——勤奋努力地工作；敬业——对自身职业的崇敬，即将自己的人生价值、名誉与职业的价值、名誉结合在一起；爱业——对物业管理这个职业有深厚的热爱之情。

当然，人们的素质各不相同，所处的层次、境界也不会相同。目前，对一般的物业管理人员要求做到“责业”、“廉业”、“爱岗位”和“爱服务”。对部门经理以上的管理人员则应该倡导要求做到“勤业”、“敬业”和“爱业”。

（2）诚实守信。诚实即态度诚恳，不说假话；守信就是有信用。具体来说，包括三个方面：

第一，要实事求是。在参与物业管理投标时，对自己企业的实际情况，要实事求是，不能为了中标夸大事实，弄虚作假。

第二，要坚守承诺。有些物业服务企业投标时这也承诺，那也承诺，可是到中标后在实际管理过程中，就把这些承诺抛之脑后；有的物业管理人员把承诺当做缓兵之计。比如房屋维修，该今天做的事，说明天一定做，可到了明天，又说后天一定做，结果在业主或使用人的心目中丧失了信誉，也丧失了信任。所以，物业管理人员一定要“言必信、行必果”。一旦承诺，就一定要坚守承诺，实现承诺。

第三，要恪守合同。物业服务企业中标获取物业管理业务后，要与招标单位签订物业管理服务合同。物业管理人员要严格按照合同向住户或客户提供质价相符的管理服务，根据委托合同处理一切物业管理纠纷。

(3) 办事公道。公道即公平合理，合理就是既坚持原则又考虑他人利益。物业管理人员是物业管理工作的执行者，代表物业管理公司同业主、用户及各单位接触与联系。要做到办事公道，首先，必须记住自己的职责范围，不能超越本人的职责范围滥用职权，一切都要根据相关的物业管理法律法规、政策制度办事。同时，管理人员还必须坚持原则，客观地处理各项工作，包括用户和用户之间纠纷和需求，不能因为个人关系或私人利益而厚此薄彼或产生偏差。

(4) 真诚服务。物业管理行业本质上就是服务性行业，物业管理公司也就是服务性的企业。所以，物业管理人员必须牢记“百分之百业主第一”，牢记服务群众、服务业主或使用人这个宗旨。始终不要忘记自己是服务者的角色，要淡化或消除管理者的角色和意识。服务业主或使用人，尊重业主或使用人。要按照物业管理的相关程序，按规定的时间完成物业管理服务工作。

(5) 奉献社会。社区是社会的细胞，建设和谐社会，首先要建设和谐社区。物业服务企业作为社区硬件建设的管理者和业主或使用人的服务者，在构建社会主义和谐社会中，如何奉献社会？如何发挥物业管理队伍特种部队的作用，正确把握社区建设与物业管理的唇齿关系，推动和形成良好的社区建设和物业管理服务秩序，营造温馨和睦的社区氛围，十分关键的一点，就是物业管理人员在服务过程中，要把社会效益放在经济效益、行业利益以及个人利益之上，把奉献社会与自己的人生价值联系起来。要把别人的幸福、整个社区的和谐、城市的繁荣与优美看成是自己价值的实现。那种把从事物业管理看作是浪费了时间、牺牲了青春的无聊工作的想法和看法是极端错误的，也是缺乏奉献社会的职业道德的一种表现。

八、物业管理人员的沟通艺术

物业管理需要有人际交往的沟通艺术。对物业管理人员来说，其成功的关键是要掌握人际交往的基本原则和技巧。

1. 人际交往的基本原则

在人际交往中，要了解他人的欲望、改变他人的认知、把握他人的情感，决非是一件容易的事情，它需要有满腔的热情，更要遵循必要的原则。

(1) 诚实守信的原则。人际交往中最可贵的是“诚”和“信”两个字。物业管理人员只有以诚待人，才能赢得业主或使用人及其他交往对象的信赖。“诚招天下客，信得万人心”。

失诚失信就会失去业主和其他交往对象。

(2) 情深义重的原则。物业管理人员在人际交往中要注意与业主或使用人及其他交往对象建立深厚的感情。只要有了深厚的感情，才会有协调一致的行动。

(3) 双向沟通的原则。物业管理相关人员在与业主或使用人及其他交往对象交往时，不仅要有意识地让业主或使用人及其他交往对象了解企业的基本情况、经营方针和服务特色等，而且也应该有意识地了解业主或使用人及其他交往对象对企业有什么需求和建议。这种双向沟通有利于相互之间和谐关系的建立。

(4) 双重利益的原则。物业管理相关人员在与业主或使用人及其他交往对象交往时，不能时时处处都只考虑企业的利益，而忽视或侵害业主或使用人及其他交往对象的利益。正确的做法是，应该既考虑企业自身利益，也要考虑业主或使用人及其他交往对象的利益。只有当双方利益一致了，关系才会和谐。

(5) 尊重对方的原则。受尊重是人的基本需要之一，物业管理人员在与业主或使用人及其他交往对象交往时，要尊重对方的思想、感情、风俗习惯、兴趣爱好，特别要注意尊重对方的人格，不要有意无意地去刺伤对方的自尊心。你尊重对方，对方就会对你产生好感，双方关系就会融洽。

(6) 广结人缘的原则。物业管理人员应该广结朋友，无论是各行各业、各个层次的人都应该接近，应该利用各种时机，通过各种渠道，利用各种关系去多认识人、多结交人。俗话说："多一个朋友多一条路。"只有广交、广结人缘，才能打通条条通往成功的道路。

(7) 招人喜欢的原则。物业管理人员在人际交往中，要注意完善自身的形象，使自己的言行为业主或使用人及其他交往对象所喜爱，使自己在业主或使用人及其他交往对象的心目中是个令人喜欢的人。无论在什么场合，无论出现什么情况，也不要做出让别人讨厌的事，说别人讨厌听的话。

(8) 天长日久的原则。俗话说："疾风知劲草，日久见人心。"它告诉我们，人际之间的真正认识和沟通是一个长期的过程。物业管理人员在人际交往中，不要急功近利，应通过与业主或使用人及其他交往对象的长期交往建立起彼此的依赖和相互间的真诚合作。

2. 人际交往的基本技巧

为了取得良好的沟通效果，物业管理人员在人际交往中除了要遵循人际交往的基本原则外，还应掌握人际交往的基本技巧。

(1) 交往前先了解对方。除了偶然相遇，在与人交往前应先对方有所了解。之所以要这样做，是因为和一个陌生人打交道，很难沟通。

物业管理人员要了解对方的内容包括：对方的基本情况（性别、年龄、籍贯、文化程度、职业、社会地位、语言等）；对方的兴趣、爱好和性格；对方的心理状态；对方的社交圈子和要好的朋友。

了解对方的方法，可以是查阅有关的书面资料、向对方熟悉的朋友了解等。

(2) 人际交往要注意时间的选择。物业管理人员应在合适的时间去会见你的交往对象。最好用事先约定会见的时间的办法，并且可请对方提前出以他认为最合适的时间会见。最合适的是选择对方情绪最好、精力最好和最想和人交谈，又没有别的人或事干扰时去会见。这时的交往容易取得好的效果。

人际交往还应注意空间的选择。在选择交往的场所时，要注意尊重对方的意愿，要方便对方，要创造和利用富有人情味的空间以促进感情的交融。

（3）注意第一印象。年轻人谈恋爱，初次见面总要穿着整齐，仪表修饰高雅文静，说话语调彬彬有礼。为什么？就是为了给对方留下一个好的印象。物业管理人员在和各类业主或使用人及其他交往对象进行初次交往时，要取得对方的好感。也要穿着整齐、仪表修饰高雅、语音、声调、手势表达准确，表情优雅得体，富有分寸感。这样就会给业主或使用人及其他交往对象留下一个良好的印象，这样的第一次交往就必然会得心应手，取得圆满成功。

（4）善于“推销”自己。物业管理人员无论与哪个层次的业主或使用人及其他交往对象进行交往，都必须善于通过各种办法，让对方了解自己。物业管理人员在与公众初次见面时，或是用口语向对方通报自己的姓名、工作单位以及职务，或是用递送名片的办法，或是通过在场的第三者的介绍，应让对方很快知道并且记得你是谁，叫什么名字，在什么单位担任什么工作。

（5）记住别人的姓名。在人际交往中，物业管理人员要尽量把对方的姓名记住，并且把姓名与该人的模样挂起钩来。如果你第二次与该人相遇，就能很有礼貌地呼出对方的姓名：“××先生，您好！”那么会使对方感到他在你心目中有很高的地位，他会非常愉快；反之，如果见面已经几次了，你仍然记不住对方的姓名，见面不打招呼，人家会说你“贵人多忘事”，而对你敬而远之。

（6）选择对方最感兴趣的话题进行交谈。物业管理人员与业主或使用人及其他交往对象第一次见面时，为了避免冷场，可以事先了解对方最感兴趣的问题是什么，然后就此问题展开话题，一般会收到较好效果。

（7）注意倾听别人的谈话。物业管理人员在与业主或使用人及其他交往对象交往中，不仅要亮明自己的观点，而且要注意倾听对方的谈话，从中弄清对方的看法，以及对方对自己谈话的反应。

（8）不要轻易向别人许诺。物业管理人员在与业主或使用人及其他交往对象谈话时，不要对对方提出所有要求都轻易许诺。对对方提出的要求，属于马上可办到的，可以当场许诺；需要研究，不能马上办到的，应说明情况，以后再作答复；对根本办不到的，要明确拒绝，并讲明理由，请对方谅解。

人际交往技巧还有许多，这里讲的只是其中的主要方面。

第四节　物业服务企业的资质等级

资质是衡量企业的实力、规模和经营服务能力的标志。资质等级管理是指政府对认为有必要加强监控行业的某类企业的经营服务能力的认定管理。物业管理行业由于其特殊性，是属于实施资质等级管理的行业。物业服务企业的资质等级管理，是指政府主管部门根据物业服务企业的技术、规模和业绩，将物业服务企业划分为一、二、三级等若干不同的级别，规定物业服务企业的资质标准必须与所管理的物业档次相符合，并对物业服务企业的资质等级进行评审、年检、监督检查等活动。对物业服务企业的资质等级管理的目的就是通过对这类企业的资金数量、专业人员素质以及经营规模的查验，确定该企业的综合实力，从而加强对不同规模、不同经营能力的物业服务企业的管理，促进物业管理有序发展，提高物业管理的整体水平。

一、物业服务企业的资质等级和标准

物业服务企业资质的等级和标准，建设部2004年3月17日颁布了《物业管理企业资质管理办法》（以下简称《办法》），要求从2004年5月1日起实施。《办法》规定，物业服务企业资质等级为一、二、三级。一级、二级、三级企业的资质标准如下：

（1）一级资质。

1）注册资本500万元以上。

2）物业管理专业人员以及工程、管理、经济等相关专业类的专职管理和技术人员不少于30人。其中，具有中级以上职称的人员不少于20人，工程、财务等业务负责人具有相应专业中级以上职称。

3）物业管理专业人员按照国家有关规定取得职业资格证书。

4）管理两种类型以上物业，并且管理各类物业的房屋建设面积分别占下列相应计算基数的百分比之和不低于100%：①多层住宅200万m^2；②高层住宅100万m^2；③独立式住宅（别墅）15万m^2；④办公楼、工业厂房及其他物业50万m^2。

5）建立并严格执行服务质量、服务收费等企业管理制度和标准，建立企业信用档案系统，有优良的经营管理业绩。

（2）二级资质。

1）注册资本人民币300万元以上。

2）物业管理专业人员以及工程、管理、经济等相关专业类的专职管理和技术人员不少于20人。其中，具有中级以上职称的人员不少于10人，工程、财务等业务负责人具有相应专业中级以上职称。

3）物业管理专业人员按照国家有关规定取得职业资格证书。

4）管理两种类型以上物业，并且管理各类物业的房屋建筑面积分别占下列相应计算基数的百分比之和不低于100%：①多层住宅100万m^2；②高层住宅50万m^2；③独立式住宅（别墅）8万m^2；④办公楼、工业厂房及其他物业20万m^2。

5）建立并严格执行服务质量、服务收费等企业管理制度和标准，建立企业信用档案系统，有良好的经营管理业绩。

（3）三级资质。

1）注册资本人民币50万元以上。

2）物业管理专业人员以及工程、管理、经济等相关专业类的专职管理和技术人员不少于10人。其中，具有中级以上职称的人员不少于5人，工程、财务等业务负责人具有相应专业中级以上职称。

3）物业管理专业人员按照国家有关规定取得职业资格证书。

4）有委托的物业管理项目。

5）建立并严格执行服务质量、服务收费等企业管理制度和标准，建立企业信用档案系统。

由于新设立的企业尚未从事物业管理业务，没有物业管理业绩，不能满足物业服务企业的资质条件，其资质等级按照最低等级核定，并设一年的暂定期。《物业服务企业资质管理办法》规定，新设立企业的资质等级按照最低等级核定，并设一年的暂定期。暂定期内，如果企业未能承接到物业管理项目，则其资质失效；如果企业承接了物业管理项目，则可以按照《物业服务企业资质管理办法》的规定申请核定三级及三级以上资质。

二、物业服务企业的资质等级管理

1. 资质等级管理部门

根据《物业服务企业资质管理办法》，国务院建设主管部门负责一级物业服务企业资质证书的颁发和管理；省、自治区人民政府建设主管部门负责二级物业服务企业资质证书的颁发和管理，直辖市人民政府房地产主管部门负责二级和三级物业服务企业资质证书的颁发和管理，并接受国务院建设主管部门的指导和监督；设区的市级人民政府房地产主管部门负责三级物业服务企业资质证书的颁发和管理，并接受省、自治区人民政府建设主管部门的指导和监督。

2. 资质等级申请时需提供的材料

（1）新设立的物业服务企业申请资质时需提供的材料。根据《物业服务企业资质管理办法》，物业服务企业应当自领取营业执照之日起 30 日内，持下列文件向工商注册所在地直辖市、设区的市级人民政府房地产主管部门申请资质：

1）营业执照；

2）企业章程；

3）验资证明；

4）企业法定代表人的身份证明；

5）物业管理专业人员的职业资格证书和劳动合同，管理和技术人员的职称证书和劳动合同。

（2）物业服务企业申请核定资质等级时需提供的材料。根据《物业服务企业资质管理办法》，申请资质等级应采用书面形式，并须提交机构设置、人员编制、专业人员情况、资金证明、经营场地、管理制度等有关材料，填写《物业服务企业审批申请表》。须提供材料包括：

1）企业资质等级申请表；

2）营业执照；

3）企业资质证书正、副本；

4）物业管理人员的职业资格证书和劳动合同，管理和技术人员的职称证书和劳动合同，工程、财务负责人的职称证书和劳动合同；

5）物业服务合同复印件；

6）物业管理业绩材料。

3. 资质等级管理的审批

（1）资质等级管理的审批制度。物业服务企业的资质管理实行分级审批制度。资质审批部门收到申请审批物业服务企业资质报告和准备齐全的资料后，应当自受理申请之日起 20 个工作日内，对符合相应资质等级条件的企业核发资质证书。一级资质审批前，应当由省、自治区人民政府建设主管部门或者直辖市人民政府房地产主管部门审查，审查期限为 20 个工作日。

资质证书分为正本和副本，由国务院建设主管部门统一印刷。正、副本具有同等法律效力。

一级资质物业服务企业可以承接各种物业管理项目；二级资质物业服务企业可以承接

30 万 m^2 以下的住宅项目和 8 万 m^2 以下非住宅项目的物业管理业务；三级资质物业服务企业可以承接 20 万 m^2 以下住宅项目和 5 万 m^2 以下的非住宅项目的物业管理业务。

（2）不予资质审批的情况。物业服务企业申请核定资质等级，在申请之日前一年内有下列行为之一的，资质审批部门不予批准。

1）聘用未取得物业管理职业资格证书的人员从事物业管理活动的。

2）将一个物业管理区域内的全部物业管理业务一并委托给他人的。

3）挪用专项维修资金的。

4）擅自改变物业管理用房用途的。

5）擅自改变物业管理区域内按照规划建设的公共建筑和共用设施用途的。

6）擅自占用、挖掘物业管理区域内道路、场地，损害业主共同利益的。

7）擅自利用物业共用部位、共用设施设备进行经营的。

8）物业服务合同终止时，不按规定移交物业管理用房和有关资料的。

9）与物业管理招标人或者其他物业管理投标人相互串通，以不正当手段谋取中标的。

10）履行物业服务合同，业主投诉较多，经查证属实的。

11）超越资质等级承接物业管理业务的。

12）出租、出借、转让资质证书的。

13）发生重大责任事故的。

4. 资质等级管理的年检

物业服务企业资质实行年检制度。各资质等级物业服务企业中的年检由相应资质审批部门负责。符合原定资质等级条件的，物业服务企业的资质年检结论为合格；不符合原定资质等级条件的，物业服务企业的资质年检结论为不合格，原资质审批部门应当注销其资质证书，由相应资质审批部门重新核定其资质等级。资质审批部门应当将物业服务企业资质年检结果向社会公布。

物业服务企业超越资质等级承接物业管理业务的，由县级以上地方人民政府房地产主管部门予以警告，责令限期改正，并处 1 万元以上 3 万元以下的罚款。

物业服务企业无正当理由不参加资质年检的，由资质审批部门责令其限期改正，可处 1 万元以上 3 万元以下的罚款。

物业服务企业出租、出借、转让资质证书的，由县级以上地方人民政府房地产主管部门予以警告，责令限期改正，并处 1 万元以上 3 万元以下的罚款。

物业服务企业不按照《物业服务企业资质管理办法》的规定及时办理资质变更手续的，由县级以上地方人民政府房地产主管部门责令限期改正，可处 2 万元以下的罚款。

5. 资质证书的补领、重新核定、变更和注销

物业服务企业遗失资质证书，应当在新闻媒体上声明后，方可申请补领。

企业发生分立、合并的，应当向工商行政管理部门办理变更手续后 30 日内，到原资质审批部门申请办理资质证书注销手续，并重新核定资质等级。

企业的名称、法定代表人等事项发生变更的，应当在办理变更手续后 30 日内，到原资质审批部门办理资质证书变更手续，并重新核定资质等级。

企业的名称、法定代表人等事项发生变更的，应当在办理变更手续后 30 日内，到原资质审批部门办理资质证书变更手续。

企业破产、歇业或者因其他原因终止业务活动的，应当在办理营业执照注销手续后 15 日内，到原资质审批部门办理资质证书注销手续。

三、物业服务企业的资质等级管理意义

设立物业管理资质审批制度，有利于树立物业管理的执业规范。对于资质审批部门，可以规范物业服务企业的经营范围；对于物业管理行业，有利于加强行业管理；对于物业服务企业来说，有利于提高企业的管理、经营和服务，在物业服务企业建立之初就要规范其管理服务行为。

加强对物业服务企业资质等级管理，具有以下意义：

(1) 有利于提高物业管理水平，促进我国物业管理行业的健康发展。目前，我国物业管理行业存在众多不同规模、不同经营能力、不同性质、不同隶属关系、不同所有制形式的物业服务企业。为了加强对它们的管理，促进和扶植物业管理行业健康有序发展，提高物业管理的整体水平，需要对这些物业服务企业进行资质管理。物业服务企业必须接受并按照资质管理的规定从事物业管理服务。

(2) 有利于规范我国的物业管理市场秩序。众多的物业服务企业在市场中竞争，如果没有资质管理规定，就容易造成鱼龙混杂的混乱局面，影响物业管理市场的正常秩序。从这个角度来说，严格进行物业服务企业的资质认定和管理，对规范我国的物业管理市场秩序是极为重要的。同时，这也有利于物业服务企业自身的发展。

(3) 能够更好地保护业主或使用人的合法权益。主管部门对物业服务企业进行分等定级，可以最大限度地减少物业服务企业与业主或使用人之间的信息不对称，为业主大会根据自身物业和业主的情况，选聘不同资质的物业服务企业提供了方便。同时，可避免物业服务企业资质低、服务质量差与高收费等现象，有利于业主或使用人权益的保护。

(4) 有利于开拓市场。我国已成为世贸组织（WTO）成员，资质等级管理既有利于我国物业管理行业与世界接轨，也有利于我国物业服务企业走向世界物业管理市场。

第五节　业　　主

一、业主的定义

在物业管理中，“业主”是一个从香港传入中国大陆的概念，顾名思义就是“物业的主人”。《物业管理条例》第一章第二条的规定中可以看出，“物业”实际上指的是“房屋及与之相配套的设备、设施和相关场地”，可以看出，物业的外延比房屋要广泛。但由于我国实行房屋所有权与土地使用权归属同一主体的原则，拥有了房屋的所有权在事实上就拥有了与房屋相配套的设备、设施和相关场地的相关权利。因此，将业主定义为“房屋的所有权人”，并没有排除业主对与房屋相配套的设备、设施和相关场地拥有的相关权利。本章所讲的业主，按照《物业管理条例》和《上海市住宅物业管理规定》所称业主，是指房屋的所有权人。在法律上，只有办理了产权过户手续，被登记为产权人的买受人才可称为业主。依据现行我国各地地方法规，享有使用权的公有房屋使用权人不能称为业主，业主为国家或者单位。

二、业主的权利和义务

在物业管理活动中，业主基于对房屋的所有权享有对物业和相关共同事务进行管理的权利。这些权利有些由单个业主享有和行使，有些只能通过业主大会来实现。业主在物业管理活动中，因其处于主体地位、核心地位，故其他权利的产生，都源自于业主的权利。

1. 业主的权利

（1）按照物业服务合同的约定，接受物业服务企业提供的服务。物业服务合同是业主与物业服务企业之间约定双方权利与义务的协议。物业服务合同签订后，物业服务企业负有向业主提供合同所约定服务的义务，业主在支付了合同所约定的物业服务费用后，享有接受物业服务企业提供服务的权利。

（2）提议召开业主大会会议，并就物业管理的有关事项提出建议。业主大会会议是业主大会开展工作的基本形式。业主大会由物业管理区域内的全体业主组成。作为业主大会的成员，业主享有提议召开业主大会的权利。《物业管理条例》第十三条规定，经20%以上的业主提议，业主委员会应当组织召开业主大会临时会议。

（3）提出制订和修改管理规约、业主大会议事规则的建议。管理规约、业主大会议事规则是规范业主之间权利与义务关系和业主大会内部运作机制的基础性规约。这些规约在生效以后对物业管理区域内全体业主都有约束力，而且这些规约的规定事关全体业主的共同利益，因此每一位业主都有参与制订和修改这些规约的权利。当业主认为有必要制订管理规约、业主大会议事规则，或者认为现有管理规约、业主大会议事规则有不完善的地方，可以提出自己有关制订和修改管理规约、业主大会议事规则的建议。

（4）参加业主大会会议，行使投票权。业主对物业管理区域内重大事项的决定权，是通过参加业主大会会议，在会议上行使表决权的方式来行使的。只要具有业主身份，就具有参加业主大会会议的权利。在业主大会会议上，业主按照省、自治区、直辖市制订的确定业主在首次业主大会会议上投票权的具体办法，或者业主大会议事规则约定的业主投票权确定办法，对列入会议议程的各项物业管理事项进行投票，作出体现全体业主共同意志的决定。

（5）选举业主委员会，并享有被选举权。业主委员会是业主大会的执行机构，具体执行业主大会决定的事项，并就物业管理区域内的一般性日常事务作出决定。它由一定数量的业主代表，即业主委员会委员组成。业主委员会委员从业主中选举产生，作为业主的代言人履行具体职责，为全体业主服务。每一位业主都有选举符合自己意愿的业主委员会委员的权利，同时业主作为业主大会的成员也都享有被选举为业主委员会委员的权利。《上海市住宅物业管理规定》还规定，业主除享有国务院《物业管理条例》规定的权利外，还“有权推选业主代表，并享有被推选权”。

（6）监督业主委员会的工作。业主委员会是业主大会的执行机构，它的工作直接关系到每一位业主的切身利益。由于业主委员会委员也具有个人利益，可能会怠于行使业主大会赋予他的职责，有些素质不高的业主委员会委员甚至可能会作出损害业主利益的行为。为了防止这种业主委员会委员侵害业主权益情况的发生，督促业主委员会委员更好地履行职责，保护业主的合法权益，应当保证业主对业主委员会委员享有监督权。如业主有权对业主委员会的工作提出批评和建议；有权知晓业主委员会的运作情况；有权了解业主委员会所作出的各项决定的理由；有权查询业主委员会保存的各项档案文件；有权制止并要求业主委员会纠正其不符合法律或者规约的行为等。业主对业主委员会的工作行使监督权有利于业主委员会规范、健康地运作。

（7）监督物业服务企业履行物业服务合同。物业服务企业是基于和业主之间的物业服务合同，为业主提供服务的经营主体，与业主处于物业管理法律关系的相对方。业主有权对物业服务企业履行物业服务合同的情况进行监督。如业主有权对物业服务企业履行合同的情况提出批评与建议；有权查询物业服务企业在履行合同中形成的有关物业管理事项的各项档案材料；有权监督物业服务企业的收费情况；有权要求物业服务企业对违反合同的行为进行改正等。业主对物业服务企业的监督权有利于物业服务企业更好地履行物业管理服务。

（8）对物业共用部位、共用设施设备和相关场地使用情况享有知情权和监督权。物业共用部位、共用设施设备和相关场地，与业主所拥有的物业不可分割，业主对拥有的物业进行占有、使用、收益和处分，不可避免地要牵涉到对物业共用部位、共用设施设备的使用。业主和物业服务企业可以在不损害业主共同利益的情况下，依法对物业共用部位、共用设施设备和相关场地进行使用。但这种使用不能侵害全体业主的合法权益，因此，每一个业主对物业共用部位、共用设施设备和相关场地使用的情况享有知情与监督的权利。

（9）监督物业共用部位、共用设施设备专项维修资金的管理和使用。物业共用部位、共用设施设备专项维修资金是在物业产权多元化的情况下，为了保证房屋的维修和正常使用，依照国家规定建立的专门性资金。专项维修资金属于业主所有，其是否完好，运行是否正常，不仅关系到相邻物业，整幢楼，甚至整个物业管理区域物业的正常维护和使用，关系到全体业主的共同利益。因此，专项维修资金的使用和管理，必须受到业主严格的监督，以防止专项维修资金被挪用使其得到合理的使用。业主在专项维修资金的收取、使用、续筹、代管等各个环节都享有监督权。

（10）法律法规规定的其他权利。除以上权利外，业主还享有法律法规规定的其他方面权利。如在物业受到侵害时，有请求停止侵害、排除妨碍、消除危险、赔偿损失的权利；有对物业维护、使用等方面的规章制度、各项报告、提案进行审议的权利；有为维护业主合法权益进行投诉和控告的权利等。

2. 业主的义务

业主在享有一定权利的同时，也必须履行应尽的义务，如下：

（1）遵守管理规约、业主大会议事规则。管理规约是业主依法订立的一种自我管理规约，管理规约应当对有关物业的使用、维护、管理，业主的共同利益，业主应当履行的义务，违反规约应当承担的责任等事项依法作出约定。每一位业主都应当依照管理规约的规定行使权利、履行义务。业主大会议事规则是业主大会运行应当遵循的原则，它应当就业主大会的议事方式、表决程序、业主投票权确定办法、业主委员会的组成和委员任期等事项作出约定。业主通过缔结管理规约和业主大会议事规则来进行自我管理和自我约束，有利于形成良好的物业管理秩序。管理规约、业主大会议事规则对全体业主具有约束力，每位业主都要自觉遵守管理规约和业主大会议事规则的规定。

（2）遵守物业管理区域内物业共用部位和共用设施设备的使用、公共秩序和环境卫生的维护等方面的规章制度。物业共用部位和共用设施设备的使用、公共秩序和环境卫生的维护等事项，事关物业管理区域内全体业主的共同利益。为了维护这种共同利益，业主大会可能制订或者授权物业服务企业制订一系列的规章制度，要求全体业主共同遵守。每一位业主都有遵守这些规章制度的义务。

（3）执行业主大会的决定和业主大会授权业主委员会作出的决定。业主大会的决定是全体业主共同作出的，代表了全体业主的共同意志，符合业主的共同利益，理应得到全体业主的共同遵守。业主委员会是业主大会的执行机构，具体实施业主大会所作出的决定，同时经业主大会的授权也可以自行作出对一定物业管理事项的决定，它所作出的决定业主同样应该执行。

（4）按照国家有关规定缴纳专项维修资金。专项维修资金是保障物业得以正常维修改造的必要条件，业主应承担缴纳专项维修资金的义务。实际生活中，有的物业管理区域内业主不缴纳或者不及时缴纳专项维修资金导致了物业的加速老化和毁损，使物业贬值，并危及广大业主的生命财产安全，这种情况必须得到改变。

（5）按时缴纳物业服务费用。物业服务费用是服务合同约定的重要内容之一，它是确保物业管理正常运行的必要前提，是物业服务企业按合同约定对房屋建筑及其设施设备、绿化、卫生、交通、治安和环境卫生等项目开展日常维护、修缮、整治服务及提供其他与业主生活相关服务所收取的费用。物业管理服务行为是一种市场行为，应当遵循等价有偿的市场原则。业主在享受物业服务企业提供服务的同时，必须按照合同的约定按时支付一定的代价，即缴纳物业服务费，不得无故拖延和拒交，否则物业服务企业有权依法要求其承担违约责任。

（6）法律法规规定的其他义务。除以上义务外，业主还应承担法律法规规定的其他义务。如有配合物业服务企业开展服务的义务；有装饰装修房屋时向物业服务企业告知的义务；有按照物业本来的用途和目的使用物业的义务；有维护物业的使用安全和美观的义务；有遵守物业管理区域内公共秩序、维护物业管理区域内的环境整洁的义务；《上海市住宅物业管理规定》还规定，业主应当通过建设单位、物业服务企业或者直接向业主委员会提供联系地址、通信方式的义务等。

三、业主在业主大会会议上投票

按照《物业管理条例》规定，业主在业主大会会议上投票，是根据业主专有部分占建筑物总面积的比例和业主总人数的比例等因素来确定的。业主享有参加业主大会会议并在会议上进行表决的权利。至于业主在首次会议召开以后的业主大会会议上的投票权，应当按照首次业主大会会议上通过的业主大会议事规则中约定的投票权确定的办法来确定以保证业主在这个问题上也拥有充分的自主权。而具体办法，《物业管理条例》规定，由省、自治区、直辖市制定。以下以上海为例介绍：《上海市住宅物业管理规定》中对业主在首次业主大会会议上的投票权，按其拥有的住宅套数计算，每套计一票。住宅区内的非住宅物业业主在首次业主大会会议上的投票权，按其拥有的物业建筑面积计算，每满一百平方米计一票；不足一百平方米有单独房地产权证书的，可与其他业主合并计算，每满一百平方米计一票。单个业主在首次业主大会会议上所持的投票权，最高不超过全部投票权的百分之三十。上海在“关于实施《上海市住宅物业管理规定》的若干意见”中还特别指出，单个业主在首次业主大会会议上的投票权超过投票权百分之三十的部分，应分摊给其他业主。停车场（库）以及依法归全体业主所有的物业，不计投票权。

四、产权的界定

产权的界定，一般是指对不动产财产如土地、矿山、厂房设备、房屋等所有权的限隔与确定。在物业管理活动中，主要是指房屋产权的界定。

房屋由实物到权限的界定，为要对房屋财产所有权限隔与确定。首先，要对该房屋的范围加以确定。也就是说，不管该房屋财产是谁的，要确定下来该房屋的四至范围和上下空间以及它的衍生部分。其次，要明确房屋的范围是立体的而不是平面的。一般往往只注意房屋的建筑面积、使用面积，共用部位等，而忽视房屋的上与下，把房屋产权理解为平面的东西，这是误解，也是现实生活中围绕房屋而引起诸多产权纠纷的原因。最后，房屋归谁所有，谁就拥有房屋财产的所有权，谁就可以在限隔与确定的范围行使他的所有权。由此可见，产权的界定，就是对拥有可支配的房屋财产限隔在哪里的确定。

房屋产权的界定。有人认为是对房屋的墙、楼面内侧面围筑而成包括非承重内隔墙、内设门窗等的一个空间，即相当于房屋使用面积以上的空间的确定。可是，房屋除单体别墅之外，是按“套”或“单元”建筑面积出售的。以上海为例，根据上海市房屋建筑面积计算及共用建筑面积分摊规则，其中房屋套（单元）内建筑面积一般由以下三部分组成：

（1）套（单元）内的使用面积。

（2）套（单元）内墙体面积。

（3）阳台建筑面积。

其中住宅各套（单元）之间的分隔墙、套（单元与公用建筑空间）之间的分隔墙以及外墙（包括山墙）均为共用墙，共用墙墙体按水平投影面积的一半计入套内墙体面积；而非共用墙墙体水平投影面积则全部计入套内墙体面积。阳台建筑面积，如原设计的封闭式阳台，按其外围水平投影面积计算建筑面积；如挑阳台（底阳台）按其底板水平投影面积的一半计算建筑面积；如凹阳台按其净面积（含女儿墙墙体面积）的一半计算建筑面积；如半挑半凹阳台，挑出部分按其底板水平面积的一半计算建筑面积，凹进部分按其净面积的一半计算建筑面积。由此可见，房屋套（单元）内产权的界定，应该是套内（单元）建筑面积以及空间上下的共用的楼板产权权限；从物质形态来看，应该包括计入套（单元）内的墙体本身与共用上下楼板。至此，可以作出结论：房屋套（单元）内的产权只是界定为使用面积以上的空间，显然是不对的。

房屋共用部分产权的界定。假如一个物业管理区域内的建筑物都是由全体业主买下来的话，其共用部分可以由以下三部分组成：

（1）共用部位，包括房屋主体结构承重部位如基础、内外承重墙体、柱、梁、楼板、屋顶等，户外墙面、楼梯间、走廊等。

（2）共用设施，包括上下水管道、落水管、水箱、加压水泵、电梯、天线、供电线路、照明、锅炉、暖气线路、煤气线路、消防设施、绿地、道路、路灯、非营业性车场车库、公益性文体设施和共用设施设备使用的房屋等。

（3）共用基地，即对房屋共用的土地享有的使用权的共有。

对上述三部分建筑物的所有权，一般认为权利主体对同一财产的所有权属于按份共有而不能单独占有。由于是“共有”，在使用上只能是共同使用而不能单独使用。也只有在这个意义上，我们说权利主体对上述共用部分的财产具有共有权。

产权的界定并不是对产权性质的判定。一个物业管理区域的全体业主共同买下来的房屋，就其所有制性质来说是私有财产。但是产权的界定并不是对产权性质的判定，是公有的还是私有的？而是对产权限隔的确定。如果我们对产权的界定理解为房屋财产公有与私有的判定，很容易把房屋衍生的共有部分归属到公有的集体产权性质中去，要知道，“共有”不等于“公有”。如果我们把“共有共用 ”的私有产权理解为“公有”的集体产权性质，这就大错特错了。无论是房屋套（单元）内部分还是共用部分，从所有制性质上来讲，都是私有产权，但不是产权界定的内容。

第六节 业 主 大 会

一、业主大会的组成与宗旨

业主大会由一个物业管理区域内的全体业主组成。一个物业管理区域，如新建住宅区，包括分期建设或者两个以上单位开发建设的且配套设施设备共用的住宅区，称为“一个物业管理区域”。但如果该住宅区已经分割成多个自然街坊或者是封闭小区的，可以分别划分为独立的物业管理区域。对于尚未划分或者需要调整物业管理区域的，区、县房地产管理部门会同街道办事处（乡人民政府），按照上述划分方法，结合当地居（村）民委员会的布局划分物业管理区域。业主大会是基于物业管理区域内物业在构成、权利归属及使用上不可分离的共同关系而产生的。只是物业管理区域内的合法的物业所有人均享有参加业主大会，对物业共同事项进行管理的权利。因此业主大会应由物业管理区域内的全体业主组成。业主大会成立后入住的业主将自动成为业主大会的成员。

“业主大会应当代表和维护物业管理区域内全体业主在物业管理活动中的合法权益。”这是业主大会的宗旨。业主大会是业主为实现自己对物业的自我管理，为对物业管理区域内的共同事项作出决定而组成的。业主大会成立后，业主将主要通过业主大会这一机制实现对全体业主共同利益事项作出决定和管理。不仅如此，更重要的是应当代表和维护物业管理区域内全体业主在物业管理活动中的合法权益，这是业主大会成立的宗旨所在。业主通过一定程序成立业主大会，其目的就是要通过它代表自己行使有关共有和共同管理物业的权利，就是要通过它维护自己在物业管理活动中的合法权益。广大业主通过业主大会的集体决策，以主人公的身份参加管理，集中全体业主的智慧，共同创造整洁优美、安全舒适、文明健康的物业环境。另外，业主大会只能代表本物业管理区域内的全体业主，而不能代表该物业管理区域以外的业主。业主大会不得从事与本物业管理区域无关的物业管理事项。

二、业主大会成立的条件

《上海市住宅物业管理规定》中规定，“一个物业管理区域内，房屋出售并交付使用的建筑面积达到百分之五十以上，或者首套房屋出售并交付使用已满两年的，应当召开首次业主大会会议，成立业主大会”。

符合业主大会成立条件的物业管理区域，建设单位应当书面报告区县房地产管理部门，并提供业主清册、物业建筑面积、物业出售并交付使用时间、已筹集的专项维修资金清册等文件资料，要求成立业主大会；如果建设单位未及时书面报告区、县房地产管理部门的，业主可以向区、县房地产管理部门提出成立业主大会的书面要求。对于建设单位违反上述规定，未将物业区域符合业主大会成立条件的情况书面报告区、县房地产管理部门，或者未按照规定提供有关资料的，由区、县房地产管理部门责令限期改正，可处一万元以上十万元以下的罚款。

但是，成立业主大会也并非业主唯一可选择的自我管理的形式，在只有一个业主，或者业主人数较少的情况下，业主完全可以自行或者通过全体协商的方式对共同事项作出决定，没有必要成立业主大会。《物业管理条例》允许业主根据自身的实际情况，决定是否采用业主大会这种管理形成。

三、业主大会筹备组建

在区、县房地产管理部门接到建设单位或者业主关于召开业主大会的书面报告后，应当和街道办事处（乡镇人民政府）组织业主推荐产生业主大会筹备组成员。根据建设部《业主大会规程》规定，由业主代表、建设单位（包括公有住房出售单位）组成业主大会筹备组，负责业主大会筹备工作。

筹备组成员名单应当自成立之日起 7 日内在物业管理区域内书面公告。

筹备组自成立之日起 30 日内，在区、县房地产管理部门和街道办事处（乡镇人民政府）指导下，应当召开首次业主大会会议，并选举产生业主委员会。为此，筹备组应当做好下列筹备工作：

（1）确定首次业主大会会议召开的时间、地点、形式和内容。

（2）参照政府主管部门制定的示范文本，拟订《业主大会议事规则》（草案）和《管理规约》（草案）。

（3）确认业主身份，确定业主在首次业主大会会议上的投票权数。

（4）确定业主委员会候选人产生办法及名单。

（5）做好召开首次业主大会会议的其他准备工作。

上述前 4 项工作的内容应当在首次业主大会会议召开 15 日前以书面形式在物业管理区域内公告。

四、业主大会的形式

召开业主大会一般采用召集全体业主开会集体讨论的形式。但是，在业主人数较多的情况下，受时间、场地等因素的限制，全体业主亲自参加会议缺乏现实的可操作性。这时业主大会可考虑其他的召开形式，如发放会议材料和选票等书面征求意见的形式，不一定是开会集体讨论，这样会更有利于业主行使参加业主大会会议的权利。

业主大会作出的决定要代表全体业主的共同利益，如果参加业主大会会议的业主所代表的物权份额太少，就体现不出广大业主的意志，达不到召开业主大会会议的效果。因此要求，不管业主大会会议采取何种形式召开，应当有物业管理区域内专有部分占建筑物总面积过半数的业主且占总人数过半数的业主参加，业主大会才可召开。

五、业主大会的职责

业主大会的职责是业主大会对其所管辖的物业管理区域内物业管理事项行使权利和承担义务的范围。除了业主能够单独享有的权利之外，多数业主的权利只能通过业主大会的形式才能实现的。明确业主大会的职责有利于业主大会在其权限范围内规范、健康地从事活动。业主大会在物业管理活动中应履行下列职责：

（1）制订和修改业主大会议事规则。业主大会议事规则是业主大会组织、运作的规程，是对业主大会宗旨、组织体制、活动方式、成员的权利义务等内容进行记载的业主自律性文件。涉及每一个业主在物业管理中的利益，理应由全体业主共同制订和修改。业主大会议事规则由业主在首次业主大会上制订通过，议事规则应当就业主大会的议事方式、表决程序、业主委员会的组成和成员任期等事项作出明确约定，规范业主大会和业主委员会的运作。业主大会在不违反法律法规的前提下，有权根据本物业管理区域内的实际情况对业主大会议事规则进行修改和补充，使得业主大会议事规则的内容真正能够体现广大业主的利益。

（2）制订和修改管理规约。管理规约是业主自我约束的最基础的规约。它应当对有关物业的使用、维护、管理，业主的共同利益、业主应当履行的义务、违反管理规约应当承担的责任等事项依法作出约定。在召开首次业主大会会议以前，规范业主在物业管理中权利和义务的是建设单位制订的临时管理规约。首次业主大会会议召开，业主大会成立之后，通过业主大会制订正式的管理规约。

（3）选举业主委员会或者更换业主委员会成员。业主委员会作为业主大会的执行机构，由业主大会产生，对业主大会负责。业主委员会委员思想道德素质和管理水平的高低，直接关系到业主委员会能否顺利或者优质地完成业主大会交办的各项任务，应当在业主委员会委员的任职资格上做一定的要求，因此规定业主委员会委员由物业管理区域内热心公益事业、责任心强、具备一定组织能力的业主担任。业主通过业主大会会议选举能代表和维护自己利益的业主委员会委员。对不符合法规和业主公约规定条件的业主委员会委员，业主大会可以更换，重新选举出符合条件的业主委员会委员。对于业主委员会的工作，业主大会有权代表业主实施监督，保证其以符合广大业主利益的方式运行，这种监督一般采取听取业主委员会工作报告的方式进行。作为业主大会成员的业主，在平时也可以监督业主委员会的工作，在业主大会中提出自己对业主委员会工作的监督意见。

（4）选聘、解聘物业服务企业。物业服务企业按照与业主签订的物业服务合同的约定，为业主提供服务。由于物业管理涉及物业共用部位、共用设施设备的使用、公共秩序和环境卫生的维护等方面的事务，单个业主无法选聘、解聘物业服务企业，业主只有通过业主大会集体决策，才能作出选聘、解聘物业服务企业的决定。这种聘用制有助于建立良好的物业管理市场机制。物业服务企业必须依靠良好的经营、优质服务、合理的收费才能挤进和占领市场，从根本上促进其服务态度的改变、服务水平的提高。

（5）筹集和使用专项维修资金。专项维修资金专项用于物业共用部位、共用设施设备保修期满后的维修和更新、改造，其所有权属于业主。由于物业共用部位、共用设施设备的使用和维护涉及业主的共同利益，因此专项维修资金的续筹与使用方案要经过业主大会的同意。至于首次住房专项维修资金的缴存，将在有关规章制度中作详细的规定，业主大会主要是对住房专项维修资金的使用和续筹方案进行决定。资金的续筹是专项维修资金制度长期运行的必要保障。当住房的共用部位和共用设施设备遭到老化、陈旧、损坏，为了保障住房正常的使用功能需要动用专项维修资金来进行修缮时，有关业主、业主委员会或者物业服务企业可以提出专项维修资金使用方案，经过业主大会审议同意之后可以支取专项维修资金进行相关修缮活动。为了保证专项维修资金的使用安全，业主大会应当对专项维修资金使用、续筹方案的实施情况予以监督。

（6）改建、重建建筑物及其附属设施。

（7）有关共有和共同管理权利的其他重大事项。除了以上职责外，业主大会还应当履行法律法规或者业主大会议事规则规定的其他有关物业管理的职责。如监督共用设施设备、公共场地的使用和维护；对业主或使用人违反管理规约的行为，依照公约的规定进行处理；听取和审议业主委员会和物业服务企业的工作报告，并监督其实施；配合公安机关，与居民委员会相互协作，共同做好维护物业管理区域内的社会治安等相关工作等。

六、业主大会的决定

为了保障业主大会有关决定能够真正地代表全体业主的整体利益，避免少数业主滥用权利侵犯多数业主利益的情况发生，《物业管理条例》对业主大会决定的通过作出了最低投票权数的限制。根据业主大会作出决定的事项性质的不同，表现为两种不同的作出决定的方式：

(1) 普通多数决定方式，即业主大会作出的决定，应当经物业管理区域内专有部分占建筑物总面积过半数的业主且占总人数过半数的业主同意。对于一般常规性的物业管理事项决定的通过可以采取此方法。

(2) 特别多数决定方式，即业主大会作出筹集和使用专项维修资金，改建、重建建筑物及其附属设施的，应当经专有部分占建筑物总面积2/3以上的业主且占总人数2/3以上的业主同意。因为以上特别议事关系到全体业主重大的共同利益，为了保证决策的慎重和决策的执行能获得绝大多数业主的支持，会议的决定应当经专有部分占建筑物总面积2/3以上的业主且占总人数2/3以上的业主同意。

“业主大会的决定对物业管理区域内的全体业主具有约束力。”这就规定了业主大会决定的法律效力。业主大会代表和维护物业管理区域内全体业主在物业管理活动中的合法权益，它通过合法程序作出的决定，全体业主都应当遵守。

《上海市住宅物业管理规定》还规定，业主大会可以决定业主委员会的工作经费和撤销业主小组不适当的决定。

七、业主大会与物业服务企业的关系

业主大会与物业服务企业的关系如下：

(1) 业主大会与物业服务企业是选聘与受聘的关系，也可以说是委托与受委托的关系，在法律地位是平等的。业主大会有选聘和解聘物业服务企业的权利，物业服务企业也有受聘和拒聘的权利。

(2) 业主大会与物业服务企业是物业服务合同关系。《物业管理条例》规定，业主委员会应当与业主大会选聘的物业服务企业订立书面的物业服务合同。物业服务合同应当对物业管理事项、服务质量、服务费用、双方的权利义务、专项维修资金的管理与使用、物业管理用房、合同期限、违约责任等内容进行约定。物业服务合同是以书面形式明确双方权利义务关系的协议。

(3) 目标一致，确保物业管理区域和谐的合作关系。业主大会和物业服务企业虽然各司其职，然而目标是一致的。业主大会除了自身的组织建设之外，还有听取和审议物业服务的工作报告，决定物业管理的重大事项，并通过业主委员会，对物业服务企业的经营活动进行监督、检查和协助等；物业服务企业是具体作业单位，要实施好日常的管理工作，为业主或使用人提供全天候和全方位的优质服务，并及时通报有关情况和定期向业主大会报告物业管理工作。目标一致，确保物业管理区域内物业（包括共用设施设备）的完好、安全、使用和维护，环境的安谧、整洁和优美，创造一个和谐的住宅区。

八、管理规约

管理规约是指物业管理区域内全体业主就物业管理、使用、维护，业主的共同利益、履行义务与违约责任等事项，对全体业主或物业使用人具有普遍约束力的自律性规范，以书面形式订立，作为业主对物业管理区域内一些重大事物的共同性约定和允诺，实现业主自我管理的一种重要形式和手段，要求全体业主共同遵守。管理规约也是物业管理法律、法规和政策的一种有益补充，是有效调整业主之间权利与义务关系的基础性文件，要形成和谐有序的物业管理秩序，必须充分认识到管理规约的重要作用。

管理规约的内容，一般包括：

（1）管理区域物业的名称、地点、面积、户数等基本情况。

（2）共用部分的持份比例、全体共用部分和局部共用部分的范围等共用部分的分摊和使用情况。

（3）业主大会及其管理机构的设置、人数、权限、运作方式，业主投票权的计算；管理人员的选举、任期、解任及职责；业主会议和管理人员会议的召开；管理费用的缴纳等业主共同事务的管理情况。

（4）不得改变物业的使用目的，禁止堆放危险物品及影响环境卫生的物品，禁止饲养妨碍他人的动物或宠物等住宅专有部分使用的限制情况。

（5）规定共用部分设施设备及其他附属设施的使用方法等共有共用部分的使用情况。

（6）规定业主违反业主公约的责任等。

按照《业主大会规程》规定，管理规约由业主大会筹备组拟订草案，由业主大会制订和修改，应当经物业管理区域内专有部分占建筑物总面积过半数的业主且占总人数过半数的业主通过。

对于违反管理规约的，有损坏房屋承重结构、擅自改变物业使用性质等行为，损害其他业主或使用人合法权利的，业主委员会应当予以劝阻、制止；相关业主、使用人也可以依法向人民法院提起民事诉讼。

九、业主大会议事规则

业主大会议事规则是业主大会组织、运作的规程，是对业主大会宗旨、组织体制、活动方式、成员的权利义务等内容进行记载的业主自律性文件。业主大会通过业主大会议事规则来建立大会内正常工作秩序，保证大会内业主集体意志和行动的统一。业主大会议事规则是全体业主意志的集中体现，是业主大会运作的基本的准则和依据。业主大会、业主委员会和所属的成员都必须严格遵守。《物业管理条例》对业主大会议事规则的内容作了列举规定：

（1）业主大会的议事方式。包括业主大会会议是采用集体讨论还是书面征求意见的形式。

（2）业主大会的表决程序。包括业主大会会议的基本议程、业主大会的表决形式等。

（3）业主投票权确定办法。如何来确定业主在业主大会会议上的投票权。

（4）业主委员会的组成和成员任期。包括业主委员会委员的资格、人数任期、正副主任的配置等。

业主大会议事规则还可以对其他有关业主大会活动的事项作出规定，如业主大会的宗旨、权利与义务、活动范围、经费来源、业主委员会的权利和义务，《上海市住宅物业管理规定》的业主大会议事规则还包括对业主小组设立作出约定等。

十、业主小组

《上海市住宅物业管理规定》对于业主小组作了如下规定，同一物业管理区域内有两幢以上房屋的，可以以幢、单元、楼层为单位成立业主小组。业主由该幢、单元、楼层的全体业主组成。业主小组要履行下列职责：

（1）讨论业主大会拟讨论的事项；

（2）推选业主代表出席业主大会会议，表达本小组业主的意愿。

业主小组会议可以采用集体讨论的形式，也可以采用书面征求意见的形式。业主小组会议所作出的决定必须符合《物业管理条例》和《上海市住宅物业管理规定》的规定，业主大会有权决定撤销业主小组不适当的决定。

第七节　业主委员会和业主委员会联席会议

一、业主委员会

1. 业主委员会的组成及其性质

业主委员会在首次业主大会会议中选举产生，自选举产生之日起 3 日内召开首次业主委员会会议，推选产生业主委员会主任 1 人，副主任 1～2 人。

业主委员会任期为 3～5 年，委员可以连选连任。

业主委员会任期届满的 2 个月前，应当书面报告区、县房地产管理部门。区、县房地产管理部门和街道办事处（乡镇人民政府）应当按照地方住宅管理的有关规定，成立换届改选小组，指导召开业主大会会议，选举产生新一届业主委员会。逾期未换届的，房地产行政主管部门可以指派工作人员指导其换届工作。

业主委员会应当在其任期届满之日起 10 日内，将其保管的档案资料印章及其属于业主大会所有的财物移交新一届业主委员会，并做好交接手续。

2. 业主委员会的备案

业主委员会自选举产生之日起 30 日内，向所在地的区、县房地产管理部门办理备案。在办理备案时需提交下列文件：

（1）业主大会会议记录和会议决定。

（2）业主大会议事规则。

（3）业主公约。

（4）业主委员会成员的名单和基本情况。

区、县房地产管理部门对依法选举产生的业主委员会出具业主大会、业主委员会备案证明和印章刻制证明。业主委员会应当依法刻制和使用印章。

如果业主委员会备案的有关内容发生变更，应当重新备案。

3. 业主委员会的组织及其职责

业主委员会由全体业主通过业主大会选举产生，是业主大会的常设性执行机构，对业主大会负责，具体负责执行业主大会交办的各项物业管理事宜。它的权利基础是业主对物业的所有权，在物业管理区域内代表和维护全体业主合法权益。

业主委员会是业主大会的执行机构，要依法履行以下职责：

（1）召集业主大会会议，报告物业管理的实施情况。除了首次业主大会会议外，业主委员会是业主大会会议的法定召集人。首次业主大会会议以后的定期会议和临时会议均由业主委员会负责筹备和召集。业主委员会作为业主大会的执行机构具体负责物业管理区域内的各项物业管理事项的实施与管理，因此，业主委员会应当定期召集业主大会会议，将有关物业管理事项的实施情况向业主大会报告并接受业主大会的监督。

（2）代表业主与业主大会选聘的物业服务企业签订物业服务合同。业主大会有选聘物业服务企业的权利，但业主大会的成员是全体业主，不可能由业主大会与物业服务企业签订物业服务合同。客观上，物业服务合同的签订只能由业主委员会来具体进行。业主大会通过会议决定的方式选聘某一物业服务管理企业后，应由业主委员会代表业主与业主大会选聘的物业服务企业正式签订物业服务合同。

（3）及时了解业主或使用人的意见和建议，监督和协助物业服务企业履行物业服务合同。业主对业主委员会的工作享有监督权，并有就物业管理的有关事项提出意见和建议的权利。物业使用人是指物业的承租人和其他实际使用物业的非业主。物业使用人基于其对物业实际上的使用，不可避免地会参与到物业管理活动中来。业主委员会作为联系广大业主和物业管理企业的桥梁，应当及时了解并听取业主或物业使用人的意见与建议，并把业主的这些建议、意见反映给物业服务企业，以提高物业管理水平。业主委员会与物业服务企业签订了物业服务合同之后，作为合同一方当事人享有对物业服务企业履行物业服务合同的情况进行监督的权利。如监督物业服务企业是否严格履行物业服务合同的职责等。在履行职责的同时，业主委员会有义务协助物业服务企业的工作，尽可能地为其工作提供方便，协调物业服务企业和业主之间的关系，帮助物业服务企业更好地履行物业服务合同。

（4）监督管理规约的实施。管理规约在管理区域内的实施是否到位直接影响到物业品质、公共秩序和环境卫生状况的好坏。业主委员会有权对业主公约的实施情况进行监督，一旦有业主不遵守管理规约的规定，影响到其他业主的合法权益或者物业管理区域内的公共利益时，业主委员会有权予以制止、批评教育、责令限期改正，并依照管理规约的规定进行处理。

（5）业主大会赋予的其他职责。除了以上法定职责外，业主委员会还应当履行业主大会赋予的其他职责。如业主委员会对各类物业管理档案资料、会议记录的保管；对管理规约、业主大会议事规则修订文本的起草；对有关印章、财产的保管；对业主之间和业主与物业服务企业之间纠纷的调解等。

4．业主委员会在物业管理过程中的作用与自身建设

业主委员会是业主大会的执行机构，从而建立了一种业主大会和业主委员会并存，业主决策机构与执行机构分离的管理模式。它在物业管理过程中可以发挥以下几方面的作用：

（1）贯彻落实业主大会决议，并负责决议的执行，使之付诸实施。根据业主委员会的职责范围，做好自己的日常工作，拟订有关文件，组织开好业主大会，向业主大会及有关部门通报有关情况，对共用设施的兴建、更改、扩建、改善以及房屋的维修等与业主有关的事宜作出决议。更重要的是行胜于言，通过业主委员会对业主大会决议的执行，把决议付诸实施，使全体业主的意志和利益在物业管理区域内得到充分的体现。

（2）承担业主大会赋予的权利和义务，维护物业管理区域内业主的利益。业主委员会是经过房地产行政主管部门备案，并接受其指导、监督和管理的常设的业主大会的执行机构。基于本身的机制，负有对外联系和组织业主的任务，业主委员会应该能独立行使民事诉讼权利，独立承担民事诉讼义务。

（3）支持、配合、监督物业服务企业的运作及提供意见，搞好住宅区物业管理。认真审定物业服务企业提出的物业服务的年度计划、财务预算和决算，认真负责本物业管理区域维修基金的筹集、使用和管理，监督共有、共用设施设备的合理使用，认真听取业主、使用人的意见和建议，监督物业服务企业的管理服务活动，坚决制止发生在住宅区内违反、违规和不文明的行为，督促违反物业服务合同约定逾期不缴纳物业服务费用的业主，限期缴纳物业

服务费用，积极协同物业服务企业和其他有关部门，搞好物业管理。

(4) 引导居民开展各种活动，建设"和谐"住宅区。业主委员会为了丰富全体业主的精神生活，还可以开展各种宣传活动、兴趣活动、文体活动、科普活动、培训教育等，培养住宅区居民的情操，增强居民对自己家园的感情，提高住宅区居民的文化素质和文明程度，协同有关部门与居民一起，共同建设一个美丽、舒适、安全、和谐的住宅区。

业主委员会在物业管理过程中发挥应有作用的同时，也要加强自身建设。

1) 树立为业主服务的思想。业主委员会工作是贯彻"以人为本"的物业管理中的业主大会工作，接受全体业主的委托代表业主行使自己的职权，首先要树立为业主服务的思想，少私心，多付出，公开、公平、公正地对待每一件事，以维护住宅区业主的利益。

2) 加强国家法律和有关政策法规的学习。物业管理是个政策性很强的工作，业主委员会要提高自己工作，必须要以国家和地方政府的法律法规为依据。因此，加强法律、法规的学习，提高自己的政策水平，增强自己的法制观念，为搞好自己的工作和维护业主利益提供法律依据。

3) 组织业务学习，提高实际工作和解决问题的能力。物业管理工作纷繁复杂，业主委员会除了要掌握一定的法律、法规之外，还要掌握基本的业务知识，这样，在遇到实际问题要进行处理时，不至于再说外行话，做外行事。要知道，公正合理地解决物业管理中发生的各种矛盾，是以扎实的业务功底为基础的。

5. 业主委员会的会议形式

业主委员会会议由主任定期召开，经 1/3 以上业主委员会委员提议或者业主委员会主任认为有必要的，应当及时召开业主委员会会议。

业主委员会会议应当有过半数委员出席，作出决定必须经全体委员人数半数以上同意。业主委员会的决定应当以书面形式在物业管理区域内及时公告。

业主委员会会议应当做好书面记录，由出席会议的委员签字后存档。

二、业主委员会委员

1. 业主委员会委员的产生及其条件

业主委员会委员的产生应当符合《物业管理条例》规定的条件，其基本内容是热心公益事业、责任心强、具有一定组织能力的业主。为贯彻《物业管理条例》，国家建设部制定了《业主大会规程》，关于业主委员会委员的条件作了详细的规定：

(1) 本物业管理区域内具有完全民事行为能力的业主。

(2) 遵守国家有关法律法规。

(3) 遵守业主大会议事规则、管理规约，规范履行业主义务。

(4) 热心公益事业，责任心强，公正廉洁，具有社会公信力。

(5) 具有一定的组织能力。

(6) 具备必要的工作时间。

业主委员会委员资格的变更与终止。经业主委员会或者百分之二十以上业主提议，认为有必要变更业主委员会委员的，由业主大会会议作出决定，并以书面形式在物业管理区域内公告。

业主委员会委员有下列情形之一的，经业主大会会议通过，其业主委员会委员资格终止：

（1）因物业转让、灭失等原因不再是业主的。

（2）无故缺席业主委员会会议连续 3 次以上的。

（3）因疾病等原因丧失履行职责能力的。

（4）有犯罪行为的。

（5）以书面形式向业主大会提出辞呈的。

（6）拒不履行业主义务的。

（7）其他原因不宜担任业主委员会委员的。

业主委员会委员资格终止的，应当自终止之日起 3 日内将其保管的档案资料、印章及其他属于业主大会的财物移交给业主委员会。

2. 业主委员会委员的权利与义务

业主委员会委员的权利与义务，是由业主委员会拟订并经业主大会通过的作为规范业主委员会的组织和活动的基本规则之一，业主委员会委员要充分运用业主赋予权利，履行好自己的义务，更好地为业主服务。

关于业主委员会委员的权利和义务，归纳起来，具体内容表述如下：

（1）业主委员会委员的权利：

1）有权参加本会组织的有关活动；

2）有权参与本会有关事项的决策；

3）具有对本会的建议和批评权。

（2）业主委员会委员的义务：

1）遵守本会议事规则；

2）执行本会的决议，完成本会交办的工作；

3）参加本会组织的会议、活动和公益事业；

4）向本会的工作提供有关资料和建议。

三、业主委员会联席会议

1. 业主委员会联席会议的基本概念及其性质

业主委员会联席会议是由两个或者两个以上物业管理区域共用非市政道路或者其他配套设施设备为沟通需要而建立的制度。两个或两个以上物业管理区一般是相邻相近住宅区，各物业管理区域的居民经常会因为使用、维修、管理共用的非市政道路或共用的或部分共用的设施设备而发生矛盾，联席会议制度的建立，将为上述矛盾的解决提供方便。业主委员会把各自区域内意见和建议，带到联席会议上，在街道办事处、房地产管理部门等有关方面指导监督下进行沟通、协商，取得共识，形成决议，然后去化解矛盾，共创“和谐”。

业主委员会联席会议具有议事、协调、指导性质的制度。它是解决矛盾共建文明的平台，在实践可以逐步形成定期议事制度，并使之经常化。

2. 业主委员会联席会议的组成成员

业主委员会联席会议由以下几方面派员组成：

1）街道办事处（乡镇人民政府）；

2）区（县）房地产管理部门；

3）相关物业管理区域的业主委员会；

4）居（村）民委员会；

5）物业服务企业。

业主委员会联席会议由街道办事处（乡镇人民政府）和区（县）房地产管理部门组织召开。这就从法规上明确了街道办事处（乡人民政府）和区（县）房地产管理部门的职责，作为牵头人，应当担起这个责任，要有所作为，及时有效地组织各方成员就物业管理活动中发生的跨域矛盾进行议事、协调和指导。

第八节　物业管理的行政及业务主管部门

在物业管理的实施过程中，涉及许多部门、组织和机构。这些部门、组织和机构的强有力的领导监督和相互配合，将对物业管理工作起到重要的支持和保障作用。

一、物业管理的行政主管部门

物业管理的行政主管部门按其所处地位和作用，分为三个层次，实行分级管理：①国务院建设行政主管部门负责全国物业管理活动的监督管理工作；②县级以上地方人民政府房地产行政主管部门负责在行政区域内物业管理活动的监督管理工作；③区（县）房地产管理部门负责在辖区内物业管理的监督管理工作。

房地产行政主管部门负责物业管理的行业归口管理工作，主要职能是依法行政，它具体包括：

（1）规划、组织和推动全国及各个地区物业管理工作的实施。

1）各级房地产行政主管部门负责制定全国性或地方性的有关物业管理的法规、政策及实施细则，并贯彻执行。

2）制定和贯彻落实全国性的物业管理的各种标准文本或示范文本，如业主公约、业主委员会章程，物业服务合同，物业中各项专业性技术标准及评比标准等。

（2）指导和监督物业服务企业、业主大会和业主委员会的具体工作，并实行行业归口管理。具体包括审查物业管理方案，物业服务合同的备案管理，物业服务企业的资质审查和物业管理专业人员的业务培训、考核与注册，检查、监督物业维修资金的管理与使用，指导业主大会和业主委员会的成立与日常工作，开展对物业管理的评比等。

（3）协调物业管理涉及的政府各相关部门与机构的关系，创造有利于物业管理运作和发展的良好的外部环境。

二、物业管理其他业务主管部门

1. 工商行政管理部门

物业服务企业必须向工商行政管理部门申请注册登记，领取营业执照并接受工商行政管理部门对企业进行的工商管理。

2. 税务管理部门

虽然物业服务企业可享受国家对第三产业的优惠政策，但必要的税收是不能免掉的，应照章纳税。税务管理部门有权对物业服务企业的纳税情况进行检查和指导。

3. 物价管理部门

物业管理的收费应按有关部门规定的收费标准收取，不准随意增加收费项目和提高标准。对政府尚未制定收费标准的服务项目，物业服务企业应同业主协商，协商一致的收费标准应上报物价部门核准。

4. 相关的业务主管部门

（1）公安部门。物业管理中的保安工作，应接受当地公安局或派出所的监督与指导，配合综合治理办公室搞好公共秩序的维护。

（2）环卫部门。物业管理中的保洁工作，应接受环卫局的监督和指导，努力搞好清洁卫生和环境保洁。

（3）环保部门。物业管理中的环保工作，要在环保部门指导下开展工作，努力搞好环境工作，为业主或使用人创造良好的生活、工作、学习环境。

（4）园林和绿化部门。物业管理中的绿化工作，应在园林和绿化等有关部门的指导下，努力搞好绿化等工作。

三、物业管理协会

随着物业管理行业的逐渐形成与发展，自 1993 年深圳市成立了全国首家物业管理协会以来，全国各地许多地方也相继成立了物业管理协会。这也是物业管理行业形成的一个标志。

1. 物业管理协会的性质和宗旨

物业管理协会是物业服务企业、行业主管部门和专业人士依法自愿组成的行业性社会团体，是社会团体法人，其合法权益受国家法律保护。

物业管理协会遵循国家有关法律法规和政策，以促进国内外同行业交流，培育发展物业管理市场，维护企业合法权益，为行业内各企业服务，推动行业健康发展为宗旨。

2. 物业管理协会的作用

（1）在政府主管部门领导下，宣传关于本行业的政策、法规、协助制定行业的经济技术标准、政策和规划，推动物业管理发展；向政府有关部门反映行业的建议和要求，在政府和企业之间起桥梁作用。

（2）了解掌握行业内物业服务企业的基本情况，开展行业调研、研讨，解决行业管理中出现的新问题。

（3）为会员企业的管理和发展提供多种服务，收集整理国内外管理信息，提供管理业务咨询，组织参加国内外研讨会，促进技术，举办各类业务技术培训。

（4）推动行业内外的横向联合，加强行业与国内及境外物业管理界的联系和合作，为本行业开拓广阔的市场创造条件。

（5）协助政府主管部门开展对物业服务企业进行年检、资质复审、等级评定以及物业管理评优等工作。

（6）为社会提供咨询服务等。

小　　结

本章着重介绍了物业服务企业的概念和性质，物业服务企业的组织类型，物业服务企业的权利和义务，物业服务企业的设立和设立登记，以及物业服务企业的内部机构设置和基本职能。介绍了物业服务企业的制度建设和队伍建设，物业管理人员的知识能力和职业道德规范，物业服务企业的一、二、三级资质等级分类及其管理。并介绍直线制、直线职能制、事业部制、矩阵制等 4 种组织形式的物业服务企业构成。

本章还对业主、业主大会及业主大会与物业服务企业的关系、业主委员会及业主委员会联席会议制度、物业管理的行业行政归口管理等内容作了介绍，并且阐述了工商管理、物价管理、税务管理等其他业务主管部门与物业管理的关系，以及公安、环卫、环保、绿化等相关的业务主管部门与物业管理的关系，并对物业管理协会的性质和作用作了简单的介绍。

复习思考题

1. 物业服务企业的概念包括哪些含义？
2. 物业服务企业的权利和义务有哪些？
3. 物业服务企业机构设置的一般原则是什么？
4. 物业服务企业内部管理制度一般可以分哪几类？
5. 什么是物业服务企业的资质等级管理？
6. 物业管理人员的基本素质与要求有哪些？
7. 物业管理人员应遵循的职业道德规范是什么？
8. 什么叫业主？他有哪些权利和义务？
9. 业主大会成立必须具备哪些条件？
10. 业主大会的职责有哪些？
11. 业主委员会的性质及其职责是什么？

第三章 前期物业管理及物业管理的招投标

在物业管理的整个运作过程中，物业服务企业的作用贯穿始终。因为对于一项物业来说，一般存在着开发—经营—管理三个阶段，物业服务企业在这三个阶段都分别扮演着不同的角色，起着至关重要的作用。开发设计是使物业辖区能否形成完整、舒适、便利的功能区域的先天制约因素；市场经营却又始终体现了物业开发后的实际价值；而良好的物业管理不仅有利于树立开发商的形象，加快物业市场销售的进度，推动整个市场的发展，还有利于维护房屋购买者或投资者的利益，达到保值、增值的目的。要搞好物业管理，前期的物业管理又起着十分重要的作用。

在首次业主大会召开之前，物业区域内的物业管理工作一般是由开发商选聘的物业服务企业来实施的，它涉及的工作面很广，包括物业管理的提前介入，物业的验收和接管，进户管理，装修搬迁管理及物业的日常管理和服务等。在物业管理的整个运作过程中，搞好首次业主大会之前的物业管理，对开发商和广大业主来说，都是很重要的。

本章将较系统地介绍前期物业管理的相关知识，包括物业管理早期介入，物业的验收、接管、交付，物业管理的招标投标，物业装饰装修管理等。

第一节 物业管理早期介入

在整个房地产开发建设的过程中，房地产开发项目设计与建造质量及环境的优劣，直接影响着日后物业管理的开展。多年的实践证明，要确保和提高房地产开发建设的质量，防患于未然，其首要环节就是要做好物业管理的早期介入工作。

一、物业管理的早期介入

1. 含义

所谓物业管理早期介入，是指物业服务企业在接管物业之前，受房地产开发商的邀请或委托，从物业管理服务的角度，在物业的规划、设计和施工建设等阶段对物业的环境布局、功能规划、楼宇设计、材料选用、设备选型、配套设施、管线布置、房屋租赁经营、施工质量、竣工验收等多方面提供有益的建设性意见，协助开发商把好规划设计关、建设配套关、工程质量关和使用功能关，以确保物业的设计和建造质量，为物业投入使用后业户的使用创造条件、规避服务风险的全过程。

2. 早期介入的时间

长期以来，物业管理一直滞后于房地产的规划设计和施工建设。在规划设计中，设计人员尽管考虑了房屋和配套设施的技术标准、建设成本以及方便等问题，却往往忽略了从日后使用管理的角度来进行统一规划，不利于业户的使用和物业长远的发展。如现在常见的车位拥挤、物业管理办公用房较少、住房使用功能设计不合理，部分设备设施落后于现代科技发展速度，以及水、电、煤、通风、交通等配套方面存在的问题。这种整体布局上的"先天不足"，不仅会引起业主的抱怨，同时又阻碍了物业管理工作的顺利进行，给日后的管理增加了很大的难题，甚至带来无法弥补的遗憾。因此，必须十分重视物业管理的早期介入。根据物业发展的顺序，把物业管理早期介入的时间划分为六个阶段，即项目立项、规划设计、施工建设、设备安装、竣工验收和预销售阶段，而最佳介入的时间是规划设计阶段。

当然，对于物业管理早期介入的人员，并不是越多越好。实践证明：早期介入并不需要物业服务企业的整体介入，而只是要求物业服务企业的主要负责人、主要技术人员的参与即可，或者邀请社会上物业管理专家参加，倾听他们的意见。

3. 早期介入的作用

早期介入是保证物业管理顺利起步与开展的重要条件，是实施物业管理的首要环节。根据介入阶段的不同，物业管理早期介入又可以分为初期介入、中期介入、晚期介入三类。因而它的作用也随着阶段内容的不同而不同，具体体现在以下几个方面：

（1）初期介入阶段，是指在物业的立项决策阶段、设计规划阶段的介入。它的主要功能是当好参谋、顾问，从而有利于优化设计，完善细节，减少使用中的后遗症，提高房屋的建造品质。

（2）中期介入阶段，是指在物业的施工阶段和物业设备安装阶段的介入。它主要是对隐蔽工程的督导和掌握设备、设施的使用功能，有利于物业服务企业对所管物业的全面了解。

（3）晚期介入阶段，是指在物业的竣工验收阶段和预销售阶段的介入。它的主要功能是起到一个“管家”的作用，并为物业服务企业承接物业做好准备，有利于后期的管理与服务。

4. 早期介入的工作内容与实施

早期介入的工作内容按照物业发展的不同阶段来组织实施。

（1）项目立项阶段。房地产开发的第一阶段是立项决策阶段。在此期间，主要解决的问题是“开发什么？能否开发”，而这个问题的关键首先离不开的就是对市场进行调查与分析。因而在此期间，物业管理人员所提供的关于该项目的市场定位，潜在业主的构成、需求以及消费水平，周边物业管理概况及日后的物业管理内容、管理标准及成本、利润预算等方面的意见有着极为重要的参考价值，对正确进行项目的可行性分析、降低决策的风险起着决定性的作用。

（2）规划设计阶段。一个产品要有竞争力必须要全面满足各种需求，对于房地产来说，不仅要重视房屋本身的质量问题，更应该考虑服务的使用功能、小区的合理布局、建筑的造型、建材的选用、室外的环境、居住的安全舒适、生活的方便等。这就要求在规划设计阶段，物业服务企业根据以往的管理经验和日后实施物业管理的需要，针对规划设计中的种种问题和缺陷提出自己的看法和建议。主要包括以下六个方面。

1）配套设施。目前，对于现代房地产而言，具备了统一规划、综合开发，规模大、功能全，结构整体化、配套设施系统化，产权多元化、管理复杂化的多样性特点，故要求对现代物业进行综合性开发。因此，在开发期间，只满足住的需求是不够的，还需要充分考虑享受和发展的需求。然而能否充分发挥其整体功能，关键是要看各类配套设施是否完善。那么，如何完善、怎样配置？在规划设计中都必须给予充分考虑。例如：对于大多数住宅小区，小区内外道路交通的布置，环境的和谐与美化，尤其是人们休息、交往、运动的场所与场地的布置等都应该给予充分考虑，但这些设施的规模和档次如何设置，以及是否需要幼儿园、托儿所、学校等公益设施，是否需要各类商业服务网点、娱乐健身设备等都需要根据不同的物业、不同的业主，区别对待。

2）水、电、气等的供应容量。水、电、气的供应容量是项目规划设计时的基本参数，设计人员在设计时，通常参照国家的标准设计，而国家标准仅规定了最低限额，只要高于此限就算达到设计要求。但在实际生活中，南北气候的差异必然会造成实际用量的差异，并且随着人们生活水平的不断提高，对其中能源的需求也会不断增大。因此，在规划设计时，要有一定的超前性或留有余地。

3）安全保卫系统。大部分消费者在购买物业时，都把小区的安全摆在首位。因此，做好小区的安全保卫工作，给业主创造一个安全的居家环境，是规划设计的又一个重要环节。目前，大部分小区都是采用现代化的自动报警系统，如消防联动控制柜、远红外自动报警系统等。但采用的设备越多、越先进，物业的建造成本就会越高，所以这就要求在规划设计时除充分考虑实用、科学、便利以外，还应考虑节约成本，尽可能设计经济有效的报警系统。

4）垃圾处理方式。垃圾处理是每一项物业每天都要面对的问题，处理不好将直接影响小区的环境卫生和业主的日常生活。因此，开发商应在方便业主的前提下，要合理地设置垃圾房的位置及垃圾的处理方式，以保持小区公共区域的环境卫生。

5）建筑材料的选择。建筑材料的选择直接影响着工程的质量、造价，在这个阶段介入物业，服务企业应根据自己以往的管理经验，提供一份常用建材使用情况的资料，以便设计单位择优选择，减少日后的维修管理工作，同时也能帮助开发商更好地控制物业的建造成本。

6）其他。在规划设计时，还有一些细节性的问题容易被设计人员忽略。如室内各种管线的布局、位置是否适用，电路接口的数量、位置是否方便日后检修，插座开关的高度、数目及具体的位置是否适当、方便使用等。这些问题一旦出现，会给日后业户的使用和提供服务带来极大的不便，早期介入中应及时提出，尽量减少类似的缺陷。

总之，物业管理的工作特点，造成了从业人员对物业在使用和管理工作中细节问题的敏感性，物业管理人员的改进意见或建议更贴近业主的实际需要，并为以后的物业管理工作打好基础。由此可见，在此阶段介入是必不可少的。

（3）施工建设阶段。在这个阶段，物业管理人员的介入一方面加强了工程监理的力量，使工程质量又多了一份保障；另一方面，保证了物业移交和日后管理的连续性。因为物业管理人员对房屋在使用工程中常见的质量问题了解得较多，他们能清楚地知道：卫生间哪里最容易漏水、什么样的墙面会渗水，而这些问题一旦产生又会带来什么样的麻烦等，所以在施工期间，如果有物业管理人员在现场指导和监督，就会在施工中予以很好解决，减少“先天不足”问题的产生，为日后的物业管理工作打下基础。

（4）设备安装阶段。物业管理行为的实质是服务。然而服务得好，使业主满意，就必须对物业有全面的了解。如果物业服务企业在物业交付使用时才介入管理，就无法对诸如管线走向、隐蔽工程建设、设备安装等物业的情况了如指掌。所以在此阶段，物业管理人员需要熟悉机电设备的安装调试，各类管道线路的铺设及走向，尽可能全面收集物业的各种资料，熟悉各个部分，为日后的管理工作做好准备。

（5）竣工验收阶段。竣工验收是建筑产品生产的最后一个环节。一个建筑工程项目经过建筑施工和设备安装以后，达到该工程项目设计文件所规定的要求，具备了使用的条件，称之为竣工。工程项目竣工之后，施工单位需向建设单位办理交付手续，把产品移交给建设单位，如果此时物业管理人员参与介入，就应该注意充分发挥自己的作用，全面进行检验，严格把好成品质量关。

（6）预销售阶段。在这个阶段，物业管理的介入主要是为前期物业管理做好管家准备，其主要工作有：

1）制定物业管理方案并公示物业服务内容、服务标准和收费标准。

2）为未来业主作物业管理咨询。

3）配合开发商将物业管理重要事项约定在售房合同中，或签订专门的物业管理前期合同。

4）配合开发商制订好《临时管理规约》和《房屋使用说明书》，作为房屋销售合同的附件。

二、前期物业管理

1. 定义

建设部《前期物业管理招标投标管理暂行办法》（建住房【2003】130号）中第二条明确指出，“前期物业管理”是指在业主、业主大会选聘物业服务企业之前，由建设单位选聘物业服务企业实施的物业管理。换句话说，国家法律法规已经把“谁”选聘物业服务企业作为前期和后期日常运作管理的划分界线。建设单位选聘物业服务企业从事物业管理活动的，划定为前期物业管理，双方因此而签订的合同，称之为前期物业服务合同；而把业主、业主大会选聘物业服务企业从事物业管理活动的，划定为后期日常运作物业管理，双方因此而签订的合同，称之为物业服务合同。

2. 前期物业管理工作内容

（1）签订前期物业服务合同。根据《物业管理条例》的规定，在业主、业主大会选聘物业服务企业之前，建设单位选聘物业服务企业的，应当签订书面的前期物业服务合同。因此，一旦进入前期管理阶段，建设单位应及时组织选聘物业服务企业，并与其签订好书面的前期物业服务合同。前期物业服务合同可以约定期限，但是期限未满、业主委员会与物业服务企业签订的物业服务合同生效的，前期物业服务合同终止。另外要注意的是，建设单位与物业买受人签订的买卖合同应当包含前期物业服务合同约定的内容。

（2）建设单位还应当完成以下工作内容：

1）在销售物业之前，制订临时管理规约；

2）在销售物业之前，制订房屋使用说明书；

3）在物业管理区域内配置物业管理用房；

4）把物业管理区域内归全体业主所有的公共配套设施设备办理登记申请；

5）与被聘的物业服务企业办理物业承接手续；

6）在保修范围内，承担保修责任。

3. 前期物业管理与物业管理早期介入的区别

在很多地方，人们常把前期物业管理和物业管理早期介入混为一谈，或者把物业管理早期介入纳入到前期物业管理的范畴。实则不然，前期物业管理与物业管理早期介入在本质上有着很大的区别，具体体现在以下四个方面。

（1）两者参与管理的身份不同。物业管理早期介入一般是指物业服务企业受房地产开发企业的邀请或委托，以“咨询”或“顾问”的身份参与房地产开发过程，并提出相关意见和建议，完善整个物业开发。虽然说此阶段物业服务企业与房地产开发企业之间存在着邀请或被邀请，委托或被委托的关系，但彼此之间并没有建立真正的合同关系；而前期物业管理期间，物业服务企业必须通过参加招投标或者其他形式与房地产开发商确立正式的委托合同关系后方可进行，并以一个“管家”的身份管理物业，为业主提供服务，此时双方的关系是合同关系。

（2）发挥的作用不同。物业管理早期介入是物业服务企业站在日后使用和管理的立场上，对房地产的开发过程提出具体的意见和建议，至于这些意见和建议是否被接受并付诸实施，决定权在开发商，并且能否进行物业管理早期介入，介入的时间及程度如何也完全取决于开发商。物业管理早期介入起到的仅是一个辅助功能，不承担相应的法律责任，处于被动状态。而前期物业管理是物业服务企业被开发商正式通过合同形式全权委托，并按照合同的约定行使管理权，承担相应的民事法律责任，起到一个主导的作用。

（3）参与人员不同。在物业管理早期介入中，物业公司仅派几个专业技术人员或单位负责人参加即可，而前期物业管理是要求物业服务企业整套人员的参与，各司其职，各尽所能。

（4）与业主的关系不同。物业管理早期介入期间一般还未确定物业与业主等具体的管理、服务对象，物业服务企业并未能为业主提供直接服务，而前期物业管理期间已经有了明确的管理、服务对象，物业服务企业直接为其提供服务。

第二节 物业的验收与接管

一、物业的竣工验收

物业的竣工验收是指该物业所属的工程项目经过建筑施工和设备安装以后，达到该工程项目设计文件所规定的要求，具备了使用或投产的条件，然后，由开发商提出，由建设行政主管部门负责对竣工项目进行查验，确认工程是否合格的法定程序。它是一项物业建筑生产的最后一个阶段，属于质量的验收，也是建筑商与开发商之间明确责任、履行义务的一个必然的法定手续。

二、物业的接管验收

（一）物业接管验收的定义

物业接管验收也就是物业的承接验收。它是物业服务企业代表未来业主对将要承接的物业进行承接验收的过程。根据《物业管理条例》规定，物业服务企业承接物业时，应当对物业共用部位、共用设施设备进行查验。因此它不仅包括主体建筑、附属设备、配套设施，而且还包括道路、场地和环境绿化等多方面的综合验收。

（二）物业接管验收的类型

分为新建房屋的验收和原有房屋的验收，两者是有区别的。

1. 新建房屋的验收

（1）验收的条件。

1）建设工程全部施工完毕，并经有关部门验收，取得竣工验收合格报告；

2）供电、采暖、给水、排水、卫生、道路等设备和设施能正常使用；

3）房屋幢、户编号经有关部门确认。

(2) 验收时应提供的资料。

1) 产权资料：①项目批准文件；②用地批准文件；③建筑执照；④拆迁安置资料。

2) 技术资料：①竣工图，包括总平面、单体建筑、结构、设备、附属工程及隐蔽管线的全套图纸；②地址勘察报告；③工程合同及开、竣工报告；④工程预决算；⑤图纸会审记录；⑥工程设计变更通知及技术核定单（包括质量事故处理记录）；⑦隐蔽工程验收签证；⑧沉降观察记录；⑨竣工验收证明书；⑩钢材、水泥等主要材料的质量保证书；⑪新材料、构配件的鉴定合格证书；⑫水、电、采暖、卫生器具、电梯等设备的检验合格证书；⑬砂浆、混凝土试块试压报告；⑭供水、供暖的试验报告。

2. 原有房屋的验收

(1) 验收的条件。

1) 房屋所有权、使用权清楚；

2) 土地使用范围明确；

3) 原管理单位关系已解除。

(2) 验收时应提供的资料。

1) 产权资料：①房屋所有权证；②土地使用权证；③有关司法、公证文书和协议；④房屋分户使用清册；⑤房屋设备及定、附着物清册。

2) 技术资料：①建筑竣工图纸资料全套；②设备设施图纸资料全套；③环境绿化竣工资料全套。

三、竣工验收与接管验收的区别

1. 验收目的不同

竣工验收是为了检验房屋工程是否达到设计文件所规定的要求，也是开发商为了使物业取得进入市场的资格，对物业是否合格所进行的质量验收，而接管验收是在竣工验收合格的基础上，以满足使用功能和物业现状条件为主要内容的再检验，是为了分清管理责任，对即将管理的物业质量和物业现状进行验收。

2. 验收条件不同

竣工验收的首要条件是工程按设计要求全部施工完毕，达到规定的质量标准，能满足住用功能等，而接管验收的首要条件是竣工验收合格，并且供电、采暖、给水、排水、卫生、道路等设备和设施能正常使用，房屋幢、户编号已经被有关部门确认。

3. 交接对象不同

竣工验收是由开发商验收建筑商移交的物业。竣工验收合格后，标志着物业可以交付使用了，而接管验收是由物业服务企业承接开发商或业主委员会移交的物业，接管验收一旦完成，则标志着物业正式进入使用阶段或新的管理阶段。

4. 物业服务企业参与的职责不同

竣工验收时，物业服务企业只是参加者，无直接的责任关系，而在接管验收中，物业服务企业与开发商是直接的责任关系。

四、物业交接双方的责任

1. 建设单位的责任

(1) 提前做好房屋交接验收准备。房屋竣工后要及时提出承接验收申请，未经承接验收的新建房屋一律不得分配使用。

（2）在承接验收时，应严格按照承接验收标准进行验收，验收不合格的负责返修。

（3）房屋承接交付使用后，如发生重大质量事故，应由承接单位会同建设、设计、施工等单位，共同分析研究，查明原因。如属设计、施工、材料的原因由建设单位负责处理。如属使用不当、管理不善的原因，则应由接管单位负责处理。

（4）按规定负责保修，并应向承接单位预付保修保证金和保修费。

（5）新建房屋承接后，应负责在3个月内组织办理承租手续，逾期不办应承担因房屋空置而产生的经济损失和事故责任。

2. 接管单位的责任

（1）对建设单位提出的承接验收申请，应在15日内审核完毕、及时签发验收通知并约定时间验收。

（2）经检验、复验符合要求，应在7日内签署验收合格凭证，并应及时签发承接验收文件。

（3）承接验收时，应严格按照承接验收条件进行验收，对在验收中发现的问题应明确记录在案，并会同建设单位共同协议处理办法，商定复验时间，督促施工单位限期改正。

（4）房屋承接交付使用后，如发生重大质量事故，应会同建设、设计、施工等单位，共同分析研究，查明原因。如属管理不善的原因，应负责处理。

（5）根据协议，可负责代修、保修。

承接验收时如有争议，交接双方应尽可能协商解决，如不能协商解决时双方均应申请市、县房地产管理机关进行协调或解决。

第三节 物业的交付及入住

一、物业的交付

物业的交付简单来说就是“交房入住”，也就是当房地产开发企业会同物业服务企业在完成承接验收之后，按照程序将物业的产权交付给购房者的过程。所谓“入住”就是业主或使用人接房后进入实际使用状态。

二、物业入住的程序与工作

交付是物业服务企业与服务对象的首次接触，它标志着物业管理工作将以人为中心而逐步展开。这一阶段除了大量的接待工作和烦琐的交房手续外，各种管理与被管理的矛盾也会在短时期内集中地暴露出来，为此，这一阶段通常也是物业管理问题最集中的阶段。为了交房手续及日后管理工作的顺利进行，物业服务企业需要做大量的工作。首先应及时将交房通知书、收楼须知等交给业主，方便业主顺利办好交房手续；其次还应向业主或使用人发放《用户须知》和《用户手册》，向用户提供必要帮助；最后要加强对业主或使用人装修的管理。所以，物业服务企业应充分利用这一机会，既做好物业管理的宣传、讲解工作，又要切实为业主着想，以便树立起物业服务企业良好的“第一印象”，取得广大业主的信赖。按照先后顺序，物业入住的程序和工作内容分为以下几个方面。

1. 交房前的准备

交房前必不可少的一项准备工作就是“清洁卫生”，也就是物业服务企业在完成了对物业的承接验收之后，对物业内外进行全面、彻底的清洁。具体内容包括建筑垃圾的清理，对玻璃、地面、墙面等处所有灰尘、污垢的清除，对各种设备的清洁等。做好清洁卫生，一方面可以为日后的日常保洁工作打下良好的基础；另一方面可以使物业以崭新的面貌迎接业主的入住，同时也是物业服务企业树立其良好形象和信誉的开始。

2. 向业主寄发入住手续文件

交房前物业服务企业还需要设计及准备好各种入住手续文件。入住手续文件是指业主在办理入住手续时，所要知晓、参照、签订的有关文件，主要内容包括入住通知书、入住手续书、收楼须知、缴款通知书。这些文件都由物业服务企业负责拟定，并以开发商和物业服务企业的名义，在业主办理入住手续前寄发给他们，以便业主按时顺利地办好入住手续。在实际操作中，有些物业服务企业还准备了验楼情况一览表、楼宇交接书等，供业主在验楼时使用。

3. 配合用户搬迁

用户搬迁是指业主或使用人实际使用该物业的开始，因此对于物业服务企业而言，此时是十分关键的时刻，既要热情服务，又要让用户自觉地配合物业服务企业的工作，遵守物业管理的有关规定，共同维护舒适的工作环境和生活环境。为了能有一个良好的开端，物业服务企业需要做好下列工作。

（1）做好宣传工作。采用多种宣传手段和方法，向用户进行宣传，使用户了解物业管理的有关规定，主动配合物业服务企业日后的管理工作。通常，物业服务企业都向用户发放《用户须知》和《用户手册》。《用户手册》全面详尽地反映出用户应遵守的管理规定，同时也告知用户，物业服务企业所能提供的服务项目。

（2）指挥交通。设立专人指挥搬迁车辆出入，维护交通秩序，避免发生交通事故。

（3）加强安全防范。用户搬迁一般时间比较集中，人员进出复杂，此时的人身安全、财产安全应引起特别关注。这一时期物业服务企业应提高警惕，加强治安管理，安排较多的保安人员值班，以此杜绝火灾、偷盗、安全事故的发生。

（4）加强用户装修管理。无论是住宅物业还是非住宅物业，迁入新居的住户和单位，一般都要对房屋进行不同程度的装修。对此，物业服务企业除给予积极的协助外，还要特别注意加强对房屋装修的管理，包括建立对房屋的装修尤其是房屋结构的变动和室内原有设备、管线的改动的申报审批制度，也包括对装修施工过程中的垃圾、噪声、用火、用电安全的管理，对装饰装修材料的管理等。

三、物业入住手续文件及常用表式

1. 入住通知书

入住通知书是指物业服务企业在物业验收合格后通知业主可以来办理入住手续的文件。在制订入住通知书时应注意以下几个问题。

（1）一般来说，楼宇的入住不是一家或几家业主，而是几百家甚至几千家。如果集中在同一时间办理，必然要给入住手续办理带来许多困难。所以，应在通知书上注明各楼宇或各层办理的时间，分期分批办理。

（2）业主因故不能按期前来办理，可在规定办理时间以后，留有机动时间予以补办。

（3）考虑到有少部分业主仍不能如期在机动时间内前来办理，则应在通知书上注明处理的办法。下面是一份入住通知书的常用格式，仅供参考。

入 住 通 知 书

________女士/先生：

您好！欢迎您入住××花园！

您所认购的____区____栋____单元____室楼宇，经市有关部门验收，测量合格，现已交付使用准予入住。

1）请您按入住通知书及收楼须知办理入住手续，办理地点在____楼____室。在规定的日期内，地产部，财务部，物业服务企业等有关部门和单位将到场集中办公。

2）为了您在办理过程中能顺利而快捷地办理好入住手续，请以下表时间为准前来办理入住手续。

各楼各层办理入住手续时间分配表（略）。

阁下如届时不能前来办理入住手续，请您及时与我公司联系，落实补办的办法，联系电话____。

特此通知

××房地产开发公司

××物业管理公司

____年____月____日

2. 收楼须知

收楼须知是告知业主在办理收楼过程中应注意的事项及应携带的各种证件、合同和费用，从而避免遗漏、往返、给业主增添不便。下面是一份收楼须知的常用格式，仅供参考。

收 楼 须 知

________女士/先生：

欢迎您成为××大厦的新业主！

我公司将为您提供良好的管理服务。兹先介绍有关收楼事项和有关收楼程序，避免您在接收新楼时，产生遗漏而导致不便。望您能认真阅读，切勿遗忘。

(1) 您应在接到《入住通知书》之日（以邮戳为准）起3个月内前来办理产权登记和入住手续。逾期办理者，每逾期一天应缴纳人民币×元的逾期金。超过半年不来办理的房产，将由本大楼物业管理公司代管，代管期间的管理费用仍由购楼业主承担。超过3年不来办理手续，视为无主房产，交由有关部门依法处理。

(2) 您来办理入住手续时请带齐以下物件：

1）购房合同（协议）；

2）业主身份证或护照及图章；

3）公司购买的还应带公司法人证件和公章；

4）《入住通知书》；

5）《入住手续书》；

6）已缴款项的收据（调换正式发票）；

7）未缴的购房款和物业管理应缴的款项。

注意，如您委托他人前来办理，还应带上以下资料和证件：

1）您（业主）的委托书，应由律师签证；

2）您（业主）的身份证或护照的影印件；

3）代理人的身份证或护照。

（3）您在办理手续时请按以下程序进行。

1）到房地产开发公司财务部缴付购房余款，并缴上原预付款收据以换取正式发票。购楼余款缴清后，财务部将在您的《入住手续书》上盖章。

2）至房地产开发公司地产部审核入伙资格，当您缴验各种证件通过后，地产部将在您的《入住手续书》上盖章。

3）至物业服务企业财务部缴付物业管理各项费用；费用缴清后物业管理公司财务部将在《入住手续书》上盖章。

4）至物业服务企业办公室办理其他手续，主要有验收房屋、签订《管理公约》、领取《住户手册》、领取钥匙等。当以上事项办好后，您（业主）在《入住手续书》上签章，并交由物业管理公司保存。

（4）您收楼时，请认真检查室内设备、土建、装修是否有缺少、损坏等质量问题。如有投诉，请在收楼时书面告知，物业管理公司将代表业主利益向承建商协商解决。

（5）根据大厦承建合同，大厦维护保养期为 1 年，1 年内如有工程质量所导致的问题，承建单位将为业主免费修理。但是，如因使用不当所导致的问题，则由业主自行支付修理费用。

（6）您（业主）可以对所购的房间进行室内装修，但应保证绝对不影响大厦结构和公共设施。装修前，需向物业服务企业提出书面的申请，获准后方可进行。

祝您顺利入住！

××房地产开发公司

××物业管理公司

____年____月____日

3. 入住手续书

入住手续书是物业服务企业为方便业主，让其知晓办理入住手续的具体程序而制定的文件。一般在入住手续书上都留有各部门的确认证明，业主每办完一项手续，有关职能部门在上面盖章证明。下面是一份入住手续书的常用格式，仅供参考。

入 住 手 续 书

________女士/先生：

您认购的____区____栋____单元____室楼宇，现已交付使用具备入住条件，请阅读收楼须知，按下列顺序办理入住手续：

1）至房地产公司财务部缴付购房余款。	2）至房地产公司地产部审核入住资格。
购房款项已全部付清。 特此证明 财务部盖章 年　月　日	入住资格审查合格。 特此证明 地产部盖章 年　月　日

3）至物业服务企业财务部交付管理费用。

各项管理费用已全部付清。 特此证明 物业管理公司财务部 年　月　日

4）至物业服务企业办公室办理收楼事宜。

入住收楼事宜已办理完毕。 特此证明 物业管理公司办公室 年　月　日

××房地产开发公司　××物业管理公司

______年______月______日

4. 缴款通知书

缴款通知书是物业服务企业通知业主在办理入住手续时应该缴纳的款项即具体金额的文件。下面是一份缴款通知书的常用格式，仅供参考。

缴款通知书

________女士/先生：

您好，您所购买的____区____栋____单元____室房屋已经竣工。按购房合同规定，您来办理入住手续时，请同时缴清以下款项：

1）购房余款，计人民币________元。

2）预收×个月的管理费，计人民币________元。

3）专项维修资金，计人民币________元。

4）建筑垃圾清运费，用于清理业主入住装修时产生的建筑垃圾所预收的管理费，装修完毕后，按规定清退，计人民币________元。（政府规定应按户一次性计费）

5）其他费用（具体列出项目及金额供业主选择）。

××房地产开发公司

××物业管理公司

____年____月____日

5. 验楼情况一览表

验楼情况一览表是物业管理公司为方便业主对房屋进行验收，督促开发商及时整改相关问题，以避免相互扯皮，使问题能得到及时解决而制定的文件。下面是一份验楼情况表的常用格式，仅供参考。

验楼情况表

××大厦×屋×室业主于×年×月×在物业管理公司××部×××的陪同下入住验收，检查了所购房屋的建筑质量和初装修情况，认为

（1）无任何异议；

（2）发现有以下质量问题：

1）

2）

3）

请开发商予以解决！

业主签字：________

物业管理公司（代表）签字：________

____年____月____日

6. 楼宇交接书

楼宇交接书是业主在确认可以接受所购楼宇后，与开发商签订的一份协议。下面是一份楼宇交接书的常用格式，仅供参考。

楼 宇 交 接 书

甲方：××开发商

乙方：××业主

鉴于甲方所开发的物业"××大厦"已竣工，并且经××市有关部门鉴定合格。业主购买的×楼×层××室已经具备入住条件，可以入住。开发商和业主双方均同意签署本楼宇交接书，以便开发商将业主所购买的该单元房屋通过本楼宇交接书正式移交给业主。

现在业主已检查了该单元的建筑质量和初装修情况，双方一致认为，该单元可以交付给业主，业主可以接受该单元。因此，双方签订本交接书，并确认下列条款：

1）双方确认，自×年×月×日起，该单元由开发商交付给业主；

2）业主在此确认，确已收到该单元钥匙；

3）开发商确认，尽管该单元已交付给业主，但仍负有"楼宇销售（预售）合同中"规定的保修义务；

4）业主同时确认，该单元的建筑质量和初装修质量符合双方所签的"楼宇销售（预售）合同"的规定，业主并无异议；

5）双方一致同意，有关业主购买的该单元产权登记事宜，均委托×律师事务所办理，开发商予以协助。有关税费按国家规定分别由双方各自承担；

6）本交接书自双方签字之日起生效；

7）本交接书一式两份，双方各持一份。

开发商（代表）签字：________

业主签字：________

____年____月____日

第四节　物业管理的招标投标

物业管理是现代化城市管理和房地产经营管理的重要组成部分。在社会主义市场经济条件下，物业管理的服务是通过具有独立法人资格的物业管理企业来实施的。物业管理企业具有自主经营、自负盈亏、自我约束、自我发展的特点，因此，物业管理企业在实施管理和提供服务时，必须遵循市场经济的规律，实行物业管理的招投标应该是今后物业管理市场的方向。从物业管理发展初期国家鼓励"谁开发，谁管理"的运作模式，到现在的逐步走向招标投标的运作模式，说明了我国的物业管理事业正在不断地向前发展。当然，目前国家仅规定住宅物业前期物业管理必须实行招标投标，而其他物业前期物业管理则提倡实行招标投标。对业主大会成立后的物业管理，业主大会在选聘物业管理企业时，可以通过招标投标的方式，也可以通过协议的方式。从长远的发展角度来看，引入市场竞争机制，采用公开招标投标的方式选择物业服务企业应该是物业管理市场发展的必然趋势。

一、物业管理招标投标的意义和特点

1. 物业管理招标投标的含义

物业管理招标投标包括招标和投标两个部分，是指由招标人发出招标公告的通知，由若干个投标人同时投标，最后由招标人通过对各投标人所提交的价格、质量、交割期限以及投标人的技术水平、信誉程度和财务状况等因素进行综合比较，确定其中条件最佳的投标人为中标人，并与之最终订立合同的全过程。

2. 物业管理招标投标的意义

随着我国房地产改革的深化，大力推广和完善物业管理招标投标制度，现已成为培育和发展我国物业管理市场的迫切需要，有着极为深远的意义，主要体现在以下几方面。

（1）物业管理招标投标是市场经济发展的需要。随着社会主义市场经济的发展，物业管理作为一种服务性商品，也应当进入市场进行等价交换。而通过物业管理招标投标，评定其价值和价格在现行物业管理的市场价格水平下能否被接受，则是保证等价交换顺利进行的前提，从而也体现了价值规律的客观要求。

（2）物业管理招标投标是房地产管理体制改革的需要。随着我国经济体制改革的不断深化，必须要变原来的行政性管理终身制为企业经营型的聘用制。在这种新的体制下，开发商和业主大会都有权选择物业服务企业，此时，通过物业管理招标投标可以解决开发商或业主与物业服务企业之间信息不相通的问题，使得开发商或业主可以自主选择符合自己管理服务要求和标准的物业服务企业。

（3）物业管理招标投标是促进物业管理行业发展的需要。由于物业管理招标投标导致物业服务企业与开发商或业主之间的双向选择，由此形成的竞争局面必将使物业服务企业为了在激烈的市场竞争中求得生存发展，就需要努力提高自己的服务质量和服务水平，从而推动整个物业管理行业的健康发展。

3. 物业管理招标投标的特点

由于物业管理的特殊性，与其他招投标相比，物业管理招标投标有着自身的特点，概括起来可以归纳为超前性、长期性和阶段性、严肃性及法律的约束性等。

（1）超前性。物业管理招标投标的超前性是由物业服务企业早期介入的因素决定的。由于物业价值高昂和空间的不可移动性，决定了物业一经建成，便很难改变。因此，物业的开发、设计和施工阶段都至关重要。物业管理提早介入到房地产开发项目中去，可以从日后管理的角度提出合理化的建议，而物业管理早期介入以后，对施工、设备安装，以及管道走向比较了解，便于日后管理和维护。

（2）长期性和阶段性。由于物业本身的使用年限较长，因而使物业管理工作具备了长期性和阶段性的特点，同时也导致了物业管理招标投标的长期性和阶段性。

例如，在前期物业管理期间，建设单位通过招投标选聘物业服务企业进行前期管理，并通过合同形式建立了一种委托与被委托的关系。自合同生效之日起，建设单位就会按照法律的有关要求申请和筹备成立业主大会。当业主大会成立以后，新成立的业主大会就会根据小区的实际情况、物业服务企业的服务质量和住户的满意率，通过决议形式来决定是否续聘原物业服务企业。若续聘，则要重新与其签订物业服务合同；若不续聘，则业主大会可能会通过向社会公开招标投标的形式，重新选择理想的物业服务企业。此外，当前期委托管理期限未满或经营管理不善，造成业主强烈不满时，物业服务企业就会提前遭到解聘，此时业主大会也可能会根据业主们的意愿，通过向社会公开招标投标的形式，重新选聘物业服务企业。因此，针对不同的阶段和不同的服务内容，物业管理招标的内容要求和方式选择也有所不同。首先，由于开发商或业主在不同时期对物业管理有不同要求，招标文件中的各种管理要求、价格的制订都具有阶段性，每个阶段都不一样，需要进行调整。其次，物业服务企业即使中标，也不意味着可以高枕无忧，可以长期占据这一市场份额。因为，一方面，还会有更好、更先进的物业服务企业参与竞争；另一方面，也可能由于自身管理不善而遭淘汰。所以说物业管理招标投标具有长期性和阶段性的特点。

(3) 严肃性。当物业服务企业获得招标信息或接到投标邀请书后，应慎重考虑是否参与投标。如果参与投标，就要对所投标的项目以及有关问题进行调查研究，并作可行性分析。一经作出参与投标的决定，就要掌握详尽的材料对投标的策略和技巧作科学的抉择。然后按照招标书要求制作投标书并提交给招标人，一旦提交，不得随意更改；一旦中标，不得悔标，如要悔标，必定追究其相关的法律责任，可见物业管理招标投标具有很强的严肃性。

(4) 法律约束性。这种约束对招标投标双方都一样。但作为投标方，已向招标方递交了标书和报价，标书和报价在法律上即视为有效。国际惯例中，为保证投标报价的严肃性和招标投标的顺利进行，投标者须在递交标书的同时缴纳一定数量的投标保证金。此外，如果一旦被确定为中标人，根据有关规定，招标人和中标人应当自中标通知书发出之日起30日内，按照招标文件、中标人的投标文件和现场答辩记录订立书面的物业服务合同。中标通知书对招标人和中标人具有法律效力。中标通知书发出后，招标人改变中标结果，或中标人放弃中标项目的，应承担赔偿责任，可见招标投标具有一定的法律约束性。

二、物业管理招标的方式和程序

1. 物业管理招标的方式

目前国际市场上通用的物业管理招标方式可分为三种，即公开招标、邀请招标和协议招标。但在我国，建设部《前期物业管理招标投标管理暂行办法》中规定只有两种，即公开招标和邀请招标。

(1) 公开招标。公开招标是指招标人通过新闻媒体向全社会公开发布招标通知，邀请所有愿意参加投标的物业服务企业参加投标的招标方式。这种招标方式最大限度地体现了招标的公开、公平和公正的原则，是我国极力提倡的一种招标形式。

(2) 邀请招标。邀请招标简称邀标，是指招标人不公开刊登招标公告而是以投标邀请书的方式邀请三个以上具备相应物业管理资质的物业服务企业参与投标的一种招标方式，主要适用于标的规模较小（即工作量不大，总管理费报价不高）的物业管理项目。这种招标方式虽然比起公开招标，有招标成本低和招标时间短的优势，但由于邀标是招标人预先选择了投标人，因此可选择的范围缩小，可能会遗漏一些合格的、有竞争力的物业服务企业，也可能会歧视某些投标人，还容易诱使投标人之间产生不合理竞争，造成招标人和投标人的作弊现象。

2. 物业管理招标的程序

物业管理招标的程序分为三个阶段，即招标的准备、实施和结束阶段。

（1）招标准备阶段。招标准备阶段是指从决定招标到正式发布招标公告之前这一阶段。在这个阶段主要完成以下工作。

1）成立招标机构。招标机构的职责是拟订招标章程和招标文件；组织投标、开标、评标和定标；组织签订合同等。

2）编制招标文件。招标文件既是投标人编制投标文件的依据，又是招标人与中标人商定合同的基础。一般招标文件应包含以下内容：告知投标人递交投标书的程序；阐明所需招标的标的情况；告知投标评定准则以及订立合同的条件等。

3）制订标底。标底是招标人为准备招标的内容计算出的一个合理的基本价格，即一种预算价格。其主要作用是作为招标人审核报价、评标和定标的重要依据。一般以标底上下的一个区间作为判断投标是否合格的条件。因此，标底是招标单位的“绝密”资料，不能向任何无关人员泄露。

（2）招标实施阶段。招标的实施阶段主要包括以下几个具体步骤：发布招标公告或投标邀请书，出售招标文件；组织资格预审（粗筛）；召开标前会议；开标、评标和定标。

（3）招标结束阶段。招标结束阶段最大的特点是招标人与投标人由“一对多”的选拔和被选拔关系逐渐转移为“一对一”的合同关系，具体内容包括合同的签订与履行，以及资料的整理与归档等。

三、物业管理投标的方式和程序

1. 物业管理投标的方式

物业管理投标的方式通俗地说就是投标人把编制好的投标书递送给招标人的一种方式。目前市面上流行的方式主要有三种，即专人送达、邮递、电子网络传递等。

2. 物业管理投标的程序

物业管理投标的程序也分为三个阶段，即投标的前期阶段、投标的实施阶段和投标的结束阶段。

（1）投标的前期阶段。投标的前期阶段包括取得投标资格、筹措资金、收集招标物业相关资料、进行投标可行性分析和申请资格预审 5 方面工作。

1）取得投标资格。按照国际和国内的不同管理规定，物业服务企业要取得投标资格所需履行的手续也有所不同。

①从事国内投标的资格要求。物业服务企业在国内从事投标业务，必须取得《企业法人营业执照》和政府颁发的《物业服务企业资质证书》。

②参与国际投标应履行的手续。物业服务企业参与国际投标，应根据招标物业所在国的规定，履行必要的手续；在招标物业所在国注册和选择代理人。

2）筹措资金。投标企业应根据自身财务状况及招标物业管理所需资金，做好资金筹措准备，以使自己有足够资金通过投标资格预审。

3）收集招标物业相关资料。招标物业的相关资料是物业管理公司进行投标可行性研究必不可少的重要因素。因此物业服务企业在投标前应多渠道多方位全面搜寻包括招标公司和招标物业的具体情况以及投标竞争对手的情况等资料。

4）进行投标可行性分析。一项物业管理投标从购买招标文件到送出投标书，涉及大量的人力、物力支出，一旦投标失败，所有的前期投入都将付之东流。因此，投标公司在提出投标申请前一定要做好投标可行性分析。

①招标物业条件分析。包括物业性质分析、特殊服务要求分析、物业招标背景分析和物业开发商状况分析。

②本公司投标条件分析。包括以往类似的物业管理经验分析、人力资源优势分析、技术优势分析、财务管理优势分析和劣势分析。

③竞争者分析。包括潜在竞争者、同类物业服务企业的规模及其现接管物业的数量与质量、当地竞争者的地域优势和经营方式差异分析。

④风险分析。在国内从事物业管理投标，通常可能面临的风险有通货膨胀风险、经营风险、自然条件风险和其他风险；国际投标时，还可能面临政治风险。这些因素都可能导致物业管理公司即使竞标成功也会发生亏损，因此必须在决定投标前认真考虑这些风险因素，并从自身条件出发，制订出最佳方案以规避风险，将其可能发生的概率或造成的损失尽量减小。

5）申请资格预审。在考察了以上条件后，可初步确定是否参与投标。若决定参与投标，则可提请资格预审。企业在申请进行资格预审时，要按要求提交相应的申请文件。

（2）投标的实施阶段。通过资格预审之后，物业服务企业便可按以下步骤实施投标：取得并熟悉招标文件，考察物业现场并参加标前会议，制订管理服务方法和工作量，制订资金计划，标价试算，标价评估与调整，办理投标保函，编制标书，封送标书与保函现场答辩等。

1）取得并熟悉招标文件。获得招标广告通知信息并通过经营资质预审的物业服务企业必须按规定程序购买招标文件；收到招标邀请信的物业服务企业，可直接到发出邀请信的开发商或业主委员会处去购买招标文件。

取得招标文件后，领会招标书的精神，应仔细阅读并尽可能找出文件上前后不一致、内容不清晰等错误，再按重要性，将这些错误与遗漏划分为“招标前由业主明确答复”和“计入索赔项目”两类。此外，应仔细研究招标文件中的各项规定，如开标时间、定标时间、投标保证书等，尤其是图纸、设计说明书和管理服务标准、要求和范围。

2）考察物业现场并参加标前会议。熟悉了招标文件后，投标物业服务企业司要对物业现场进行实地考察。通常，招标人要组织参与投标的物业服务企业统一参观现场，并召开标前会议。标前会议的记录和各种问题的统一解释或答复，应被视为招标文件的组成部分，均应整理成书面文件分发给所有投标人。如与原招标文件不一致时，应以会议文件为准。但口头答疑并不具备法律效力。因此，考察现场与参加标前会议非常重要，一定要仔细了解。

3）制订管理服务方法和工作量。投标企业根据招标文件中的物业情况、管理服务范围与要求，制订管理服务内容与工作量。

4）制订资金计划。制订资金计划的目的主要有两个：①复核投标可行性研究结果；②做好议标阶段向招标人作承包答辩的准备。资金计划应以资金流量为根据进行测算，应保证资金流入大于流出。

5）标价试算。试算前，投标者应确保做到以下几点：明确领会招标文件中的各项服务要求、经济条件；计算或复核服务工作量；掌握物业现场基础信息；掌握标价计算所需要的各种单价、费率、费用；拥有分析所需的、适合当地条件的经验数据。通常，可用服务单价乘以工作量，得出管理服务费用。但对于单价的确定，不可套用统一收费标准（国家规定了管理服务单价的除外），因为不同物业情况不同，因此必须具体问题具体分析。同时，确定单价时还必须根据竞争对手的状况从战略战术上进行研究分析。

6）标价评估与调整。对于试算结果，投标者应该经过评估才能最后确定标价。现行标价的评估内容主要包括两方面：①价格类比；②竞争形式分析。分析之后便可以进行标价调整，确定最终标价。

7）办理投标保函。由于投标者一旦中标就必须履行受标的义务，为防止投标人违约给招标单位带来经济上的损失，在投递投标书时，招标单位通常要求投标单位出具一定金额和期限的保证函，以确保在投标单位中标后不能履约时，招标单位可通过为投标单位出具保函的银行，用保证金为投标单位赔偿给招标单位的经济损失。投标保函通常由投标单位银行或其主管部门出具。投标保函所承担的主要担保责任有：

①投标人在投标有效期内不得撤回标书及投标保函。

②投标人被通知中标后必须按通知书规定的时间前往物业所在地签约。

③在签约后的一段时间内，投标人必须提供履约保函或履约保证金。

如果投标人违反上述任何一条，招标人就有权没收投标保函，并向银行索赔其担保金额。若投标人没有中标或没有任何违约行为，招标人就应在通知投标无效或未中标或投标单位履约之后，及时将投标保函退还给投标人，并相应解除银行的担保责任。

投标保函的主要内容包括：担保人、被担保人、受益人、担保事宜、担保金额、担保货币、担保责任、索赔条件等。除办理投标保函外，投标单位还可以保证金的形式提供违约担保。此时，投标方保证金将作为投标文件的组成部分之一。投标方应将保证金于投标截止之日前交至招标机构指定处。投标保证金可以银行支票或现金形式提交。未按规定提交投标保证金的投标，将被视为无效投标。中标的投标方的保证金，在中标方签订合同并履约后 5 日内予以退还；未中标的投标方的保证金，在定标后 5 日内予以退还，均不用支付利息。

8）编制标书。投标人在作出投标报价决策之后，就应按照招标文件的要求正确编制标书，即“投标人须知”中规定的投标人必须提交的全部文件。编制标书时应注意以下几个问题：

a. 投标文件中的每一空白都须填写，如有空缺，则被认为放弃意见；重要数据未填写，可能被作为废标处理。

b. 递交的全部文件每页应签字，若填写中有错误而不得不修改，则应在修改处签字。

c. 不得不改变标书的格式时（如原有格式不能表达投标意图），可另附补充说明。

d. 最好用打字方式填写标书，或用墨水笔正楷字填写。

e. 投标文件应字迹清楚、整洁，纸张统一，装帧美观大方。

f. 计算数字要准确无误，无论单价、合计、分部合计、总标价及其大写数字均应仔细核对。

一份好的投标书必须符合 3 个要求，符合招标书的要求、符合本物业管理的实际需求、充分反映本企业的管理特点与长处。通常投标书中应包括以下内容：

a. 本企业情况介绍。目的是使招标方对本企业产生深刻印象，应该文字生动、事实过硬，一般包括企业管理理念、光荣历史、规模实力、取得的荣誉等。

b. 管理质量目标和承诺。承接后能够达到的质量目标，一般表现在两个方面；①总体达到某种水平，一般指有关部门给予评定的优秀称号，如建设部评定的示范小区（大厦）等；②管理达到具体质量指标，如设备完好率、保修回访率等。

c. 管理运作机构设置。可用图表说明的形式。

d. 人员配置和编制。强调编制的合理性，不要超出自己实力压低编制。因为过低的编制肯定对今后的管理产生不好的影响。

e. 管理费用。最重要的内容就是提出合理的、有依据的价格。

f. 管理规章制度。包括岗位职责、运行操作规定及管理制度等。

g. 中标后工作计划等。

9）封送标书与保函。全部投标文件编制好以后，投标人就可派专人或通过邮寄将标书投送给招标人。封送标书的一般惯例是，投标人应将投标文件按照招标文件的要求，准备正本和副本（通常正本 1 份，副本 2 份）。标书的正本和每一份副本应分别包装，而且都必须用内外 2 层封套分别包装与密封，密封后打上“正本”或“副本”的印记，2 层封套上均应按投标邀请书的规定写明投递地址及收件人，并注明投标文件的编号、物业名称、在某日某时（指开标日期）之前不要启封等。内层封套是用于原封退还投标文件的，因此应写明投标人的地址和名称。若是外层信封上未按上述规定密封及作标记，则招标方对于把投标文件放错地方或过早启封概不负责。由于上述原因被过早启封的标书，招标人将予以拒绝并直接退还给投标人。

10）现场答辩。现场答辩是投标实施阶段的最后环节，必须高度重视。它分为公开招标现场答辩会和邀请招标答辩会两种。公开招标的现场答辩会一般来说比较隆重，先后通过评委现场提问，现场记分等当场确定中标单位。邀请招标的答辩会的气氛相对轻松一些，既有提问，也有讨论，可以相互交叉发言，答辩的结果往往在事后通知。针对以上情况，参加答辩的企业应当注意以下几点：①组织好答辩班子；②答辩人员应熟悉业务，口才好，善于临场应变；③准备好答辩会上的企业介绍和应答准备；④参加答辩人员应当服装统一，按照规则进行答辩，注意礼貌、礼仪，用词恰当，相互之间注意互相保护等。

（3）投标的结束阶段。投标的结束阶段工作也就是定标后的工作，主要包括中标后的合同签订与履行，或未中标的总结和资料整理与归档等工作。

1）中标后的合同签订与履行。经过评标与定标后，招标方将及时发函通知中标企业。中标企业则可自接到通知之时做好准备，进入合同的签订阶段。通常，物业管理服务合同的签订需经过签订前谈判、签订谅解备忘录、发送中标函、签订合同协议书几个步骤。

2）未中标的总结。未中标的企业在收到竞标失利的通知后应及时分析本次失利的原因，如准备工作不充分、估价不准或报价策略失误等，以免重蹈覆辙。

3）资料整理与归档。无论是否中标，在竞标结束后都应将投标过程中的一些重要文件进行分类归档保存，这样既可以为中标企业在合同履行中解决争议提供原始依据，也可为竞标失利的企业分析失败原因提供资料。通常这些文档资料主要有招标文件，招标文件附件及相关图纸，对招标文件进行澄清和修改的会议记录与书面文件，投标文件及标书，同招标方的来往信件和其他重要文件资料等。

四、物业管理的开标、评标和中标

1. 开标

（1）定义。所谓开标，是指招标机构或招标代理机构，在预先规定的时间将各投标人的投标文件正式启封揭晓。开标时，招标人应邀请所有的投标人参加。

（2）开标的时间。《招标投标法》规定，开标应当在招标文件确定的提交投标文件截止时间的同一时间公开进行。这里需要注意以下几点：

1）开标时间应当在提供给每一个投标人的招标文件中事先确定，以使每一投标人都能事先知道开标的准确时间，届时参加，确保开标过程的公开性和透明度。

2）开标时间应与投标文件的截止时间相一致。招标人应按规定时间开标，不得拖延。以免发生“暗箱操作”等不法行为。如遇特殊情况，必须以书面形式通知各投标单位。

3）开标应当公开进行。所谓公开进行，就是开标活动都应当向所有提交投标文件的投标人公开。招标人应当邀请所有提交投标文件的投标人到现场参加开标。开标时，投标方必须有其法人代表或委托代理人（具有授权书）参加，并签名以证明其出席过开标会议。

（3）开标地点。《招标投标法》规定，开标地点为招标文件中预先确定的地点。

《招标投标法》中关于开标地点的规定，是为了使所有投标人都能事先知道开标地点，事先为参加开标活动做好充分准备，如根据情况选择适当的交通工具，以便准时到达。一般来说，投标人送达标书的地点应与开标的地点一致。

（4）开标程序。

1）开标会。举行开标会，按照《招标投标法》的要求，应由招标人主持，并邀请所有投标人参加。如果招标人委托招标代理机构办理招标事宜的，按照委托招标合同的约定，由招标方或代理机构代表招标方主持开标事宜。开标，应当严格按照法定程序和招标文件约定的规定进行，包括按照规定的开标时间开标，以维护开标活动的公正性。因此，招标人应邀请所有投标人参加开标，以确保开标在所有投标人的参与、监督下，按照公开、透明的原则进行，避免在开标过程中可能发生的“暗箱操作”漏洞，有利于保障投标人的正当权益。参加开标是每一个投标人的法定权利，招标人不得以任何理由排斥、限制任何投标人参加开标。

2）开标过程。

a. 招标人代表讲话，说明介绍此次投标情况。

b. 招标人宣布开标纪律、注意事项和评标原则。

c. 宣布因投标文件迟到或没有收到而被取消资格的投标单位名称，并将此情况记录在案，必要时由公证人签字。

d. 由投标人选派代表检查投标文件的密封情况，并确认。

e. 确认后，由工作人员当众拆封、宣读，也可由投标人自己宣读，宣读的主要内容为投标人名称、投标价格等。

f. 如果由公证机构参加开标，应宣读公证词，表明本次开标经公证有效。

g. 开标结束后，招标方案应编写开标会议纪要。会议纪要的主要内容包括开标时间、地点、参加单位、人员、开标内容、是否经过公证等。该纪要应作为档案予以保存，以便查询。任何投标人要求查询时，均不应拒绝。

3）注意事项。

a. 招标方应注意的问题。

(a) 招标人在招标文件要求提交投标文件的截止时间前收到的所有投标文件，开标时都应当当众予以拆封，不能遗漏，否则，就是构成对投标人的不公正对待。

(b) 招标方应根据以往经验和国际管理，制订严格的开标会场纪律，并对工作人员予以培训。

(c) 招标方制订的开标程序和时间安排应尽可能合理，既能满足投标单位介绍投标价格和主要内容，又能控制时间不至于冗长拖沓。

(d) 不得徇私舞弊，严禁招标人员和评定人员与投标单位之间私下接触；严禁开标工作人员泄露有关信息。

(e) 在公开开标情况下，必要时，招标方可将开标日期、时间、地点刊登在报刊上，并再次通知各投标单位。

b. 投标方应注意的问题。

(a) 遵守开标纪律，准时出席开标会议。投标方应按规定要求宣读投标内容。投标方在宣读标书时对于评标委员会委员的提问应及时说明，但对投标标价和期限等实质性内容不得改动，其他人员在投标单位宣读标书时不能提出任何疑问。

(b) 严肃开标会场纪律，保证开标顺利进行。各投标单位旁听人员不得中途离开会场，所有人员（包括评委、列席嘉宾、旁听人员、工作人员、记者等）不许使用手机和寻呼机等。工作人员有权制止影响开标会场纪律的行为。

(c) 公开评标纪律，评标人员不得与投标单位私下接触。

(d) 剔除无效投标书。

另外，视为无效投标书的情况如下：①未密封；②未加盖法定代表人印章的；③未按招标文件进行编制的投标书；④逾期送到。

2. 评标

所谓评标，是指按照规定的评标标准和方法，对各投标人的投标文件进行评价、比较和分析，从中选出最佳投标人的过程。

(1) 评标原则。评标时，评标委员会应以公开、公平、公正为原则，对所有投标方的投标文件进行内部独立的评定。具体评标原则是质量优良、报价合理、行为规范、信誉良好。

为了确保评标的公平性和公正性，《招标投标法》第四十四条规定：“评标委员会成员应当客观、公正地履行职务，遵守职业道德，对所提出的评审意见承担个人责任。评标委员会成员不得私下接触投标人，不得收受投标人的财物或者其他好处。评标委员会成员和参与评标的有关工作人员不得透露对投标文件的评审和比较、中标候选人的推荐情况以及与评标有关的其他情况。”

评标委员会应当在严格保密的情况下，结合投标文件，公开答辩。投标人企业实绩及企业综合情况等方面以百分制逐项计分，综合评定，设有标底的，应当参考标底。评标结束后，应向招标人提交经密封的评标报告，并推荐经评审得分最高的中标候选人。此外，评标委员会成员及参与评标的有关工作人员不得透露投标文件的评审情况。

从实际情况看，招标人应当采取的必要保密措施通常有以下两个方面：

1) 评标委员会成员名单。对评标委员会成员名单予以保密，可防止某些人采取不正当手段对评标委员会成员施加影响，以免造成评标结果的不公正。

2）在可能情况下，为评标委员会进行评标工作提供比较安静，不易受外界干扰的评标地点，并对该评标地点保密。

（2）评标依据。评标委员会在严格保密的情况下，根据投标文件，公开答辩，投标人物业管理业务实绩及企业综合情况等方面，对投标文件进行评审和比较，综合评定。招标文件规定以外的评标标准和方法不能作为评标的依据。

评标委员会对投标文件的审查，主要是对投标文件是否符合招标文件的要求进行审查。投标文件应在实质上响应招标文件的要求。

对投标文件的评估：指对投标报价和投标方案等方面进行评估。

对投标文件的比较：指评标委员会依据评标原则、评标方案，对投标人管理物业的业绩、企业综合情况等方面进行综合评价与比较。企业综合情况，包括企业资质等级、经营状况、财务状况及经察看的物业管理现场情况等。

评标委员会在对投标文件进行评审和比较时，如果招标人设有标底的，应当参考标底。标底价格由成本、利润、税金等组成，一般应控制在批准的总概算及投资包干的限额内。对于超过标底过多的投标一般不应考虑。

评标委员会完成评标后，应向招标人提交经密封的评标报告。评标报告，是指评审阶段的综合性结论报告。评标委员会经过认真的评选之后，应按照分数的高低依次推荐 1～3 个符合招标文件要求的中标候选人。

招标人根据评标委员会提出的书面报告和推荐的中标候选人确定中标人。也就是说，招标人应当以评标委员会提供的评标报告为依据，将得分最高的中标候选人确定为中标人。

3. 中标

招标人根据评标委员会提出的书面报告和推荐的中标候选人确定中标人。招标人也可以授权评标委员会直接确定中标人。根据《招标投标法》规定，中标人确定后，招标人应当向中标人发出中标通知书。

（1）中标人的投标应当符合下列条件之一：

1）能够最大限度地满足招标文件中规定的各项要求；

2）经评审得分最高。

（2）中标通知书。一般情况下，中标通知书可以按下列格式书写。

中 标 通 知 书

________公司：

按照《招标投标法》和省（市）有关居住物业管理招标投标相关法规的文件精神，你公司参加________住宅小区物业管理招标投标，现经公正开标，评标委员会评审，确定你公司为中标单位。

特此通知

招标单位：________（盖章）

年 月 日

（3）备案。根据《招标投标法》的有关要求，招标人应当自确定中标人之后予以备案。招标人应当自确定中标人之日起的规定时间内，向物业所在地的区、县房地产管理部门备案。备案资料应当包括中标通知书、中标人的投标文件等资料。委托代理招标的，还应当附招标代理委托合同。

（4）合同签订。根据《招标投标法》和建设部关于《前期物业管理招投标管理暂行办法》中的规定，招标人和中标人应当自中标通知书发出之日起 15 日内，按照招标文件、中标人的投标文件和现场答辩记录订立书面的物业服务合同。

（5）悔标的责任。所谓“悔标”，是指中标通知发出后，招标人改变中标结果，或中标人放弃中标项目的，均视为“悔标”。

对于“悔标”的处理，《中华人民共和国招标投标法》中明确指出，中标通知书对招标人和中标人具有法律效力。中标通知书发出后，招标人改变中标结果，或中标人放弃中标项目的，应承担赔偿责任。

4. 招投标时限

物业管理招投标在什么时候进行最为合适？建设部关于《前期物业管理招投标管理暂行办法》第十九条规定：“通过招投标方式选择物业服务企业的，招标人应当按照以下规定时限完成物业管理招投标工作：

（一）新建现售商品房项目应当在现售前 30 日完成；

（二）预售商品房项目应当在取得《商品房预售许可证》之前完成；

（三）非出售的新建物业项目应当在交付使用前 90 日完成。”

另外，新建商品房需预售的，其物业管理招投标活动应在申领预售许可证前完成；新建商品房出售的，应在物业交付使用前 6 个月完成。已交付使用的物业招投标活动，应在原物业管理服务合同终止前 2 个月完成。除此之外，物业管理招标文件发出之日至投标人提交投标文件的截止时间，一般不得少于 20 日。

第五节　物业的装饰装修管理

一、物业装饰装修的概念

业主在验收楼宇后，根据自己的审美要求、生活情趣和经济实力，对所购物业进行的修饰和装扮，就是物业的装饰装修。

二、物业装饰装修管理的内容

根据《物业管理条例》规定，业主在装修前必须向物业服务企业进行申请登记，包括填写业主装修申请表、领取《装修管理规定》，根据约定在申请表上签字，并且提供施工人员名单给物业服务企业予以登记，经批准后方可动工。业主在装修完成以后，物业服务企业应及时组织验收。

1. 业主装修申请（住宅）

业主在装修前向物业服务企业申请登记时，需如实填写装修施工内容，并注明委托施工单位及进场人数，业主、施工队及物业服务企业三方应在申请书上签字盖章。

下面是一份“装修申请表”的样张：

装 修 申 请 表

<table>
<tr><td>业主名称</td><td></td><td>住址</td><td></td><td>联系电话</td><td></td></tr>
<tr><td>施工单位</td><td></td><td>负责人</td><td></td><td>联系电话</td><td></td></tr>
<tr><td>开工时间</td><td></td><td>完工时间</td><td></td><td></td><td></td></tr>
<tr><td>装修内容</td><td colspan="5"></td></tr>
<tr><td>管理处意见</td><td colspan="5">出入证工本费　　元，装修垃圾清运费　　元，合计　　元。
审核人签字：
年　月　日</td></tr>
<tr><td>说　明</td><td colspan="5">1）凡申请装修的项目要有图纸说明；
2）本申请表超过申请装修完成日期后自动失效，若需要继续装修要重新申请；
3）本表一式两份，业主和物业服务企业公司各执一份</td></tr>
</table>

2. 装修报批

根据政府有关法规，为加强物业辖区管理，保证物业的完好和安全，保持物业辖区的整洁美观，维护全体业主的合法权益，一般物业服务企业均按以下程序进行装修审批：

（1）业主或使用人在装修前，应事先将施工单位、施工期限、装修内容（包括住宅装修设计图、施工方案）等向物业辖区管理处申报。与此同时，物业服务企业应当全面告知业主或使用人住宅装修的禁止行为和注意事项。

（2）业主或使用人详细、如实地填写“装修申请表”，并经管理处审核同意。

（3）装修施工队进入现场施工，首先应到物业辖区管理处签订《装修施工队治安责任书》及《装修施工保证书》。

（4）装修施工队领取装修许可证、办理装修工人临时出入证后，方可进行装修施工。

3. 装修管理要求

（1）不得损坏房屋承重结构和破坏房屋外貌。

（2）不得随意占用、损坏住宅的共用部位、共用设备或者移装共用设备。

（3）不得在天井、庭园、平台、屋顶以及道路或其他场地搭建建筑物、构筑物。

（4）不得侵占绿地、毁坏绿化。

（5）不得乱倒垃圾、杂物；严禁向窗外、阳台外、楼梯、过道、天台等公共场所抛散堆放。

（6）不得在建筑物、构筑物上乱张贴、乱涂写、乱刻画。

（7）不得排放有毒、有害物质或发出超过规定标准的噪声。

（8）不得凿穿地面和房顶的水泥层。

（9）不得随意增加落地面的静荷载。

（10）不得在晚间 18：00 至次日上午 8：00 和节假日期间，从事敲、凿、钻、锯等产生严重噪声的施工活动。

三、物业装饰装修管理的规定

为了进一步加强对物业的装修管理，规范物业管理装修行为，创造和保障安全、舒适、整洁的工作环境和居住环境，维护全体业主的合法权益。根据法律的有关规定，对业主或使用人，物业服务企业分别作出规定。

1. 业主或使用人应当遵守的有关规定

(1) 按书面告知物业服务企业的有关装修内容施工，做好房屋装修隐蔽工程记录，若需调整装修项目，应及时通知物业服务企业。

(2) 严格执行住宅装修的有关施工规范和标准，遵守施工作业时限。

(3) 搬运装修建材时不得妨碍其他业主或使用人的正常通行，不得造成公共部位的损坏和污染，住宅装修施工废弃物，应装袋清运到指定的地点堆放，确保沿途清洁。

(4) 装修施工时，应做到文明规范施工，现场应配备消防灭火设备，不得造成下水道堵塞和损坏以及墙面、露面等渗漏水。

(5) 施工人员在从事住宅装修施工期间应接受物业管理部门的检查和监督。

2. 物业服务企业应当遵守的有关规定

(1) 配备相关的专业人员加强规范装修行为的宣传和指导，并及时告知业主或使用人住宅装修的禁止行为，禁止敲凿的部位及相应的注意事项。

(2) 及时对业主或使用人提供的住宅装修设计图、施工方案中有违反住宅装修禁止行为的提出整改意见。

(3) 配备专人负责装修活动的日常巡视和监督。

(4) 发现违规行为，应当及时采取有效措施进行劝阻、制止并督促改正。

(5) 对于拒不整改的违法装修行为，应当及时告知业主委员会并报告给相关行政管理部门依法处理。同时，物业服务企业应当责成违规装修的施工人员停止施工。

(6) 在住宅装修施工完毕后，应当及时收回小区临时出入证；对造成房屋和实施设备损坏的，物业服务企业应当责成责任人及时进行修赔。

3. 装修报批程序

根据《物业管理条例》的规定，“业主在物业装饰装修之前，应当事先告知物业服务企业”。

为加强物业辖区管理，保证物业的完好和安全，保持物业辖区的整洁美观，维护全体业主的合法权益，一般物业服务企业均对装修制订如下规定。

(1) 业主应事先向物业辖区管理处申报。

(2) 详细、如实地填写装修申请表，并经管理处审核同意。

(3) 装修施工队应到管理处签订《装修工程队治安责任书》及《装修施工保证书》。

(4) 在领取装修许可证、办理装修工人临时出入证后，方可进行装修施工。

4. 建筑垃圾清运费

小区内建筑垃圾清运费应按物业所在区县物价部门核定的建筑垃圾清运费标准，向准备装修居室的业主或使用人收取。业主或使用人表示不装修并作出书面承诺的，物业或环卫部门不得收取该项费用。

5. 其他

目前，许多物业服务企业为了规范各住户和装修施工队的装修管理行为，杜绝禁止行为的产生，保障第三方的合法权益，要求业主和装修施工队在装修前必须向管理处交纳相关费用，即押金和保证金。但是，根据有关文件规定，物业服务企业不得向业主或使用人或施工队伍收取装修保证金、押金。因此，在物业管理过程中，物业服务企业只能加强宣传、监督与管理，以此来杜绝装修中的违法违规行为，确保第三方的合法权益。

小　　结

前期物业管理是指首次业主大会之前由开发商选聘的物业服务企业来实施的物业管理，它在整个物业管理中起着十分重要的作用。它涉及的工作面很广，包括物业管理的提前介入、物业的验收和接管、进户管理、装修搬迁管理及物业的日常管理和服务等。良好的前期物业管理将为进入正常运作期的物业管理打下扎实的基础。

而实行物业管理的招投标应该是今后物业管理市场的方向。尽管目前我国仅规定住宅物业前期物业管理必须实行招标投标，而其他物业前期物业管理则提倡实行招标投标。对业主大会成立后的物业管理，我国没有强制规定必须通过招标投标，但从长远的发展角度来看，引入市场竞争机制，采用公开招投标的方式选择物业服务企业将是必然的趋势。为此，本章对物业管理招投标的基本概念的含义、物业管理招投标的意义、物业管理招投标的特点和物业管理招投标的方式和程序均作了详细的介绍。

复习思考题

1. 物业管理早期介入的重要作用体现在哪几个方面?
2. 物业管理早期介入可分为哪几个阶段? 它的主要工作内容有哪些?
3. 什么是前期物业管理? 它的工作内容有哪些?
4. 建设单位在前期物业管理期间的工作内容有哪些?
5. 请简单概括前期物业管理与早期介入的区别。
6. 物业入住的程序和工作内容分为哪几个方面?
7. 为什么国家规定前期物业管理必须实行招投标?
8. 招标的程序分为哪几个阶段?
9. 一份好的投标书必须符合哪几个要求?

第四章　物业管理与社区建设

物业管理区域建设是以物业服务企业为主导的行为，企业和业主共同参与，主要是以完善物业及其配套设备、设施的质量，为业主提供各种专业服务，使业主或使用人的需求得到满足；而社区建设则是以地方政府街道办事处出面组织的政府行为，它着眼于调节人际关系，塑造社区文化氛围，使之成为管理有序、服务完善、环节优美、生活便利、人际关系和谐的现代文明社区。两者是你中有我、我中有你、互相依赖、互相支持、相互促进。社区建设依赖于物业管理区域建设，而物业管理区域建设需要社区指导，社区建设应当尊重物业管理区域建设的自主权，物业管理区域建设要自觉配合社区建设。本章主要介绍社区，社区建设，物业管理与社区建设的关系，物业管理与街道办事处、居委会的关系等相关知识。

第一节　社区建设与社区管理

一、社区

1. 社区的概念

"社区"的概念是从国外引入的，英文表示为Community，一般理解为聚居在一定地域范围内的人们所组成的社会生活共同体。社区主要具有以下几个特征：

(1) 共同性，主要指共同利益、共同文化、共同意识或价值观等。

(2) 非正式组织性。

(3) 社区内居民相互之间互动较多，对社区内的日常生活比较熟悉。

(4) 具有一些基本社会功能和一定规律。

(5) 地域性在多数情况下还是一个必须考虑的因素，但非地域性会越来越重要；在今后很长的一段时间内，社区将包括地域性社区和非地域性社区两种类型。而本书所提到的社区，则主要是指地域性的社区。

在我国，习惯上把街道办事处和居民委员会辖区统称为"城市社区"。根据形势发展，今后我国将按照便于服务管理、便于开发社区资源、便于社区居民自治的原则，并考虑地域性、认同感等社区构成要素，逐步对原有街道办事处、居民委员会辖区作适当调整，以调整后的居委会辖区作为社区地域，并冠名"社区"。中华人民共和国民政部关于在全国推进城市社区建设的一份文件中明确规定，城市社区的范围，一般是指经过规模调整后的居民委员会辖区。

社区是一种比较疏松的社会实体，一般由以下要素构成：

(1) 社区人口。社区的存在总离不开一定的人群，人是社区活动的主体，没有一定数量的人，则不能构成社区。

(2) 地域空间。社区总要占有一定的地域，是区域性的社会，它必有一定的社会活动场所。因此，占有一定的地域是社区不可缺少的要素。

(3) 社区设施。社区公共设施是社区构成的硬件，是维护社区居民正常生活和工作秩序，保障基本生活需求的物质前提，它包括房屋、商店、文化、教育、娱乐、医疗卫生、交通等基本生活设施和其他诸如机器、仓库、原料等生产设施。社区设施的完善程度是衡量物业环境好差的标准之一。

（4）社区文化。从狭义上说，社区文化是社区居民在长期的社区公共生活中积淀而成的精神生活的结晶，它包括价值观念、生活习俗、行为规范、社区心理意识。每一个社区中的居民对自己所属的社区都有一个情感和心理上的认同感、归属感和参与感。如民间流传的“乡土情深”、“落叶归根”、“谁不说俺家乡好”等乡土观念，就是认同感、归属感的具体体现。

（5）社区组织。每个社区都存在着处理社区公共事务、维护社区共同利益、保证社区生活正常运行的问题，从而使得或大或小、或多或少的服务机构成为不可缺少的要素。在我国，目前存在的服务机构，有的属于社区范围内的企业事业单位，有的属于政党组织，有的属于政权组织，有的属于基层群众自治组织，有的属于消费者维权组织，这样不同类型的社区组织在社区活动中优势互补，各自发挥着不可替代的作用，从而使社区各种力量形成有机整体，促进社区与社会的协调发展。

在上述要素中，人群是社区的主体，地域和生活服务设施是社区的物质基础，制度和管理机构是协调社区生活各种关系的调节器。

2. 社区的类型

社区一般可划分为农村社区、城市社区和集镇社区。

（1）农村社区。农村社区是指以从事农业生产为主要谋生手段的农民形成的区域范围。这类社区的人口要素的同质性强，流动性小；物质要素比较薄弱，缺少足够的活动场地和设施；结构要素比较简单，组织和社会结构较为单一，社区活动也比较少而且简单；约束要素受传统思想和习惯的影响较大；社会心理因素受家庭影响大，社区成员关系相互交叉、血缘（亲情）关系深厚。

（2）城市社区。城市社区是指在城市区域内，由各种从事非农业劳动的人群所组成的区域范围。其特征表现为人口密集度高，异质性强；物质要素比较充裕，活动场地和设置比较齐全，经费比较有保障。结构要素中各种社区组织和群体多样、关系复杂、社区成员间的关系较为松散，社会心理要素中家庭的规模和职能缩小，成员的生活习惯、行为准则、宗教信仰等趋于多样化，政治、文化等相对发达；约束要素相对较小，约束性也不是太强。

（3）集镇社区。集镇社区是指在集镇范围内，主要以不从事农业劳动生产的人群形成的区域范围内。它与前两类社区都不相同，它在人口要素上和城市社区比较接近，而与农村社区的差距较大；在结构要素和社会心理要素上，它又和农村社区的特征相类似；在约束要素和物质要素方面，它又处于这两类社区的当中。因此说集镇社区既不同于农村社区和城市社区，又兼具了这两类社区的某些特点，它具有农村社区向城市社区过渡的特征。

社区的分类方式还有多种，这里不再一一叙述。

3. 社区的主要功能

（1）创造和谐的功能。社区是社区成员的聚集之地，居民们生活在社区内，和社区的联系紧密，关系密切。社区必须要设置各种机构和组织，以维护社区的秩序，创造安全、稳定的社区环境，保证居民生命和财产的安全，保证政治和社会的稳定。

社区通过良好、完整的服务，如在社区中设立警务机构，开展治安联防，加强对流动人口的管理；通过提供就业指导、培训、医疗卫生等方面的咨询，来为居民们服务；同时培养社区成员的兴趣爱好，通过自娱自乐、参与全民健身、进行扶贫帮困，为个人和家庭提供稳定的发展环境，而个人和家庭的稳定必然会促进整个社会的稳定。

此外，社区组织的存在，改变了以往政府对社会的管理模式。在原有的政府对社会进行直接领导的模式下，个人和家庭与政府之间缺乏中间缓冲带，事无巨细都要政府出面解决，政府不得不将大部分的精力用于管理具体事务，而在管理过程中一旦产生矛盾，由于没有缓冲带，使得政府直接面临压力。

随着社区的发展，社区地位的增强，社区的创造和谐功能不断被强化。它将政企、政事、政社初步分离，由社区充当政府和个人、家庭之间的中介，建立社区建设和管理的新体制、新机制，由社区管理机构和社区组织在政府的指导之下，具体管理社区事务，完善社区服务，加强社区的安全和保障。另外社区中还有一些社区发展协调组织，如社区事务协调委员会、社区单位联席会议、在职党员联席会议、业主委员会联席会议等，在社区中也起到了协调的作用。由于这些组织的存在，使社会和政府之间建立了一个可靠的缓冲带，政府和居民之间能及时、有效地沟通信息，加强理解，减少矛盾冲突，有利于和谐社会的形成。

（2）提高社区成员素质和修养的功能。社区发展遵循的是“以人为本”的原则，一切围绕着人的素质提高和全面发展。社会的物质要素中包括教育文化设施和场所，社区充分利用这些设施和社区内外的教育文化资源，为社区居民提供各类技能和知识的培训，提高他们的思想素质和修养。目前社区教育文化的形式主要有以下几种：

1）举办各类讲座。内容主要有时事报告、历史文化讲座、热点新闻、科普讲座、卫生保健常识讲座、艺术欣赏讲座等。各类讲座主要由社区组织、定期或不定期举行，居民的参与意识都比较强。特别是离、退休人员，大多很重视各类讲座，他们一方面觉得讲座的内容实用；另一方面也将讲座看成是自己了解外界的窗口。

2）实用技能培训。这主要是针对下、待岗人员，假期中的学生，闲居家中的退休人员和部分在职职工而开展的各种实用技能的培训。如计算机基本技能、英文打字、实用英语口语、美容美发、插花技巧、茶艺茶道、服装裁剪、美食烹饪以及各类上岗证书培训等。技能培训不仅为下、待岗人员的再就业创造了条件，也为社区居民丰富业余生活、提高生活质量、加强相互交流、和睦邻里关系提供了有利的条件，更好地满足他们精神和物质的需求。

3）兴趣爱好培养和终身教育。社区居民中和社区关系最密切的是老年人，如何利用大量的闲暇时间，丰富生活，是他们生活中很重要的事，而社区所提供的兴趣爱好培养和终身教育，就是专门为了有针对性地满足这些需求。终身教育是从兴趣入手，不以掌握专业技能为唯一目的，不受年龄、性别和专业基础等条件的限制，而以丰富业余生活为主要目的。包括老年书画班、交谊舞培训以及老年钢琴培训、读书读报小组等。

（3）综合功能。

1）提供综合服务的功能。社区服务功能的基本要求是通过基础性保障和福利性照顾，来满足社区居民的日常生活需求。包括对孤、老、病、残、幼等社会弱势群体服务、优抚服务、家庭服务、治安服务、就业服务、文化服务等许多方面。每个社区一般都按规定配有社区服务中心、卫生保健室、职业介绍、图书资源、社会救济、家政服务、活动中心、救助中心等。而社区组织的各种志愿者服务队，充分利用社区内的人力资源优势，发挥社区内部分居民的技术专长，为社区居民服务，有效地帮助居民解决生活中的困难和问题。

2）娱乐休闲功能。随着社会的发展，物质生活水平的提高，社区成员对精神生活越来越重视，特别是对健康的重视程度在不断提高，全民健身运动正逐步风行全社会。另外居民对业余生活的要求也在提高，他们要寻求丰富多彩的业余生活，因此社区的娱乐休闲功能就是广大居民充分利用现有的各种娱乐设施，开展以文体活动为主的各类娱乐休闲活动，并通过这些活动强健体格、陶冶情操，促进身心健康。

3）凝聚功能。凝聚功能的基本职能就是培养社区成员的社区意识，对社区的认同感，提高社区成员参与社区活动的积极性和主动性，这是因为社区具有社会心理要素，而凝聚功能的发挥就是对社区社会心理要素的培养。在社区的整合功能和服务功能发挥作用时，社区成员之间产生了各种联系，造成了社区成员之间的互动，这种通过各类社区活动所形成的社区成员之间互动关系，产生了居民一致认同的价值观念、行为方式和社区意识，而各类社区活动对社区成员多样化需求的满足，又大大激发了社区成员参与社区活动的积极性和热情。

二、社区建设

社区是社会、经济发展和城市化的产物。随着社会和经济的发展，社区的作用越来越明显，社区的职责范围也在不断扩大，社区的建设和发展，对整个社会的稳定和发展具有十分重要的意义，因此搞好社区建设的重要性也越来越突出。社区管理水平的高低，直接影响到社区功能和作用的发挥。

社区建设是指在党和政府的领导下，依靠社区力量，利用社区资源，强化社区功能，解决社区问题，促进社区政治、经济、文化、环境协调和健康发展，不断提高社区成员生活水平和生活质量的过程。它是改革开放和社会主义现代化建设的迫切要求；是繁荣基层文化生活，加强社会主义精神文明建设的有效措施；是巩固城市基层政权和加强社会主义民主政治建设的重要途径。

1. 社区建设的特点

（1）综合性。社区建设是整个社区的全方位建设。就内容而言，包括社区经济建设，政治建设，文化建设，环境建设，福利、卫生建设，文明家庭建设等方方面面，具有极强的综合性。就方法和手段而言，包括经济手段、行政手段、社会手段等，也具有较强的综合性。社区建设的综合性特征是由社区要素多样性和社区内容复杂性所决定的。

（2）社会性。社区建设涉及方方面面，在党和政府的领导下，各有关部门和单位各司其职，各负其责，相互配合支持，按照各自的职能共同做好工作。要充分发挥工会、共青团、妇联、残联以及老龄委等组织在推进社区建设中的重要作用，努力形成党和政府领导、民政部门牵头、有关部门配合、社区居委会主办、社会力量支持、群众广泛参与的推进社会建设的整体合力。可见，社区建设包含了各类社会群体和社会组织。从这个意义上说，社区建设具有明显的社会性特征，并由此决定了“社区建设社会化”的必然性。

（3）区域性。由于社区是一种区域性的社会实体，社区建设也具有突出的区域性特征。就内容而言，社区建设主要是根据本社区成员的需求和愿望，解决本社区问题，为本社区成员提供多样化服务；就主体而言，社区建设的组织者和参与者主要是本社区内的居民、单位和群体、组织。由此决定了不同社区的建设工作各具特色。

（4）计划性。现代意义上的社区建设工作是人们在认识和掌握了社会发展规律的基础上，自觉地推动社区变迁的过程，这种自觉性的突出表现是有计划性。一般来说，要系统开展社区建设工作，需要从社区实际情况出发，制订切实可行的工作计划和发展规划，并按计划开展工作。

2. 社区建设的目标

社区建设要以努力实现“区域规划最佳、设施配置最优、服务效率最高、资源效益最大”的基本要求，构建“党委领导、政府负责、社会协同、公众参与”的社区管理工作新格局，逐步建成“管理有序、服务完善、环境优美、文明和谐”的现代化社区，为建设“政治民主、公平正义、诚信友爱、充满活力、安定有序、人与自然和谐相处”的和谐社会奠定基础。

(1) 社区党建全覆盖。充分发挥党组织的政治和组织优势，加强社区党组织对社区工作的全面领导，通过调整组织设置、改进领导方式、创新工作方法、完善运作机制、拓展活动内容、整合各类资源，使社区党建在工作上实现全覆盖。

(2) 社区建设实体化。实施行政组织的社区管理和服务功能，加强对民间服务组织和专业社会工作队伍的培育和管理，完善公共设施配置和服务体系建设，增强党领导下的居民自治和社区共治功能，充分调动社会各方面的积极性，夯实构建社会主义和谐社会的社区基础。

(3) 社区管理网络化。以社区为基本网络，合理地配置和整合行政、社会资源，以信息化为支撑，实现网络内各类资源共享、工作协同，构建反应灵敏、处置有方、管理高效、服务优质、保障有力的工作机制。

3. 社区建设的基本原则

社区建设的基本原则，概括为以下五项：

(1) 以人为本，服务居民。社区建设要以不断满足社区居民的社会需求，提高居民的生活质量和文明程度为宗旨把服务社区居民作为社区建设的出发点和归宿。

(2) 资源共享，共驻共建。社区建设要充分调动社区内党政部门、群团组织、企事业单位、社会中介组织、服务企业等一切社会力量的广泛参与，最大限度地实现社区资源的共有、共享，营造共驻社区、共建社区的良好氛围。

(3) 扩大民主，社区自治。社区建设要按照地域性、认同感等社区构成要素，科学合理地调整社区规模；在社区内实行民主选举、民主决策、民主管理、民主监督，逐步实现社区居民自我管理、自我教育、自我服务、自我监督。

(4) 责权统一，管理有序。社区建设要改革城市基层社会管理体制，健全和完善社区组织，明确社区组织的责权，改进社区的管理与服务，做到责权统一、管理有序、服务完善，寓管理于服务之中，增强社区的凝聚力。

(5) 因地制宜，循序渐进。社区建设要实事求是，从实际出发，突出地方特色；要从居民群众迫切要求和热切关注的问题入手，有计划有步骤地实现社区建设的目标。

4. 社区建设工作内容

《民政部关于在全国推进城市社区建设的意见》中提出，为了促进城市社区建设，应开展以下各项工作：

(1) 拓展社区服务。在大中城市，要重点抓好城区、街道社区服务中心和社区居委会社区服务站的建设与管理。社区服务主要是开展面向老年人、儿童、残疾人、社会贫困户、优抚对象的社会救助和福利服务，面向下岗职工的再就业服务和社会保障社会化服务。社区服务是社区建设重点发展的项目，具有广阔的前景，要坚持社会化、产业化的发展方向。各地区要继续贯彻落实国家对发展社区服务的各项扶持政策，统筹规划，规范行业管理。要不断提高社区服务质量和社区管理水平，使社区服务在改善居民生活、扩大就业机会、建立社会保障社会化服务体系、大力发展服务业等方面发挥更加积极的作用。

（2）发展社区卫生。要把城市卫生工作的重点放到社区，积极发展社区卫生。加强社区卫生服务站点的建设，积极开展以疾病预防、医疗、保健、康复、健康教育和计划生育技术服务等为主要内容的社区卫生服务，方便群众就医，不断改善社区居民的卫生条件。

（3）繁荣社区文化。积极发展社区文化事业，加强思想文化阵地建设，不断完善公益性群众文化设施。要充分利用街道文化站、社区服务活动室、社区广场等现有文化活动设施，组织开展丰富多彩、健康有益的文化、体育、科普、教育、娱乐等活动；利用社区内的各种专栏、黑板报宣传社会主义精神文明，倡导科学文明健康的生活方式；加强对社区成员的社会主义教育、政治思想教育和科学文化教育，形成健康向上、文明和谐的社区文化氛围。

（4）美化社区环境。要大力整治社区环境，净化、绿化、美化社区。要提高社区居民的环境保护意识，赋予社区居民对社区环境的知情权。要努力搞好社区环境卫生，建设干净、整洁的美好社区。

（5）加强社区治安。建立社会治安综合治理网络，有条件的地方，要根据社区规模的调整，按照“一区（社区）一警”的模式调整民警责任区，设立社区警务室，健全社会治安防范体系，实行群防群治；组织开展经常性、群众性的法制教育和法律咨询、民事调解工作，加强对刑满释放、解除劳教人员的安置帮教工作和流动人口的管理，消除各种社会不稳定因素。

（6）因地制宜地确定城市社区建设发展的内容。各地区在推进城市社区建设过程中，应根据本地经济和社会发展的水平与现有工作基础，从实际出发，分类指导，从基础工作做起，标准由低到高，项目由少到多，不断丰富内容，力戒形式主义。

三、社区管理

1. 社区管理的含义

所谓社区管理，就是在一定的社会环境下，社区管理组织为了维护社区正常秩序，满足居民物质生活、精神生活等特定需要，通过各种体制、手段、方式等对社区公共事务以及自身进行的一系列的行政管理和自我管理。

2. 社区管理的特征

从社区管理的含义中可以看出社区管理具有明显的特征，主要表现在：

（1）公共性。社区内总存在着大量的政治、经济、文化等各种各样的事务，而社区内如此众多的形形色色的事务可以分成公共的和私人的两大部分。社区管理是对其中属于公共部分事务的管理。社区公共事务往往也是整个社会公共事务的一部分，如公共治安、公共交通、公共环境、社会保障、社会人口管理等，对社区公共事务的管理决定了社区管理的社会公共性，这种特性要求社区的管理规范和活动应该公开、公正、公平。

（2）综合性。社区管理的综合性主要体现在：社区管理工作涉及政治、经济、文化、卫生等多个方面。社区管理的主体是多元的，要综合利用这些力量共同管理社区；社区管理主体运用的管理手段和方法是多样的，如行政手段、经济手段、法律手段和教育手段等。因此，社区管理是一项复杂的、综合性的工作。

（3）规范性。社区管理的公共性和复杂性，客观上要求现代社区管理必须具有规范性。

社区的管理活动必须遵守国家的法律和法规，符合社区的章程规约和社会的公共道德。管理的职责、办事的程序都应该有法可依、有章可循。

（4）具体性。社区管理是一个管理系统，这个管理系统是有层次的。例如，在城市社区管理体系中，就分市、区、街道、社区居委会几个不同的管理层次。由于管理层次和组织目标不同，对社区的宏观管理和微观管理在表现形式上就会有不同。社区管理主要是指社区的微观管理。它不同于国家组织的政策制定、全局规划等宏观管理活动，社区管理必须深入具体、贴近民众，在日常具体的管理活动中实现社区的工作目标。

3. 社区管理的主体

社区管理的主体是指能够对社区事务进行管理的社区组织，即各类社区管理组织。依据它们的权力与社区的关系，我们可以把它们分成两类。一类是其权力产生于社区，并以社区公共事务为取向的各管理主体，包括社区居委会、业主委员会、物业服务企业、开发商（大部分开发商并没有退出服务领域，依然留在社区里扮演着重要的角色）；另一类是指不直接参与社区活动但对社区各管理主体有指导或领导权力的组织，党组织和政府通常是这类权力组织的代表，如街道党工委、办事处在街道社区中发挥着组织、管理和整合的作用；国家建设部、省（自治区、直辖市）建设厅、市房屋土地资源管理局等市物业管理的行政主管部门；市容环卫、绿化、卫生、城管执法、物价、规划、民政、公安、水务、电力、消防等职能部门也在社区各自履行着自己的职责。如果按照各管理组织的性质分，可以分为：

（1）行政管理系统，包括两个子系统，即街道直属的行政管理系统和外部的职能部门的行政管理系统；

（2）社会自治管理系统，如居委会和业主委员会，其职能是提供各类公益性、群众性的服务；

（3）生活服务管理系统，这一系统的运行除了偶尔提供某些公益性服务外（如物业服务企业、保安公司等），一般都是一种有偿的经营活动。

四、社区建设与社区管理的关系

社区管理和社区建设在内容上具有一致性，都涉及社区的公共事务和公益事业，只不过两者切入的角度不一样。社区管理强调从管理学的视角研究社区建设的各项工作。它研究的是在每项工作中选择什么样的管理手段，怎样才能提高管理效率，怎样才能使管理更加人性化等诸如此类的问题。所以社区管理是存在于社区建设的各个方面，贯穿于社区建设的始终。社区管理水平的高低，直接决定着社区建设的进程。

第二节　物业管理和社区建设的关系

社区是社会的细胞、前沿和缩影，是协调社会矛盾的基础平台，社区建设是构建和谐社会的基础和有效途径。物业管理作为社区服务的一支重要力量，在社区建设中发挥着越来越重要的作用。正确认识和把握社区建设与物业管理的关系，实现两者的良性互动，推动形成良好的社区建设和物业管理秩序，从而形成温馨和谐的家园气氛，对于构建和谐社会具有重要的意义。

一、物业管理与社区建设的异同

1. 物业管理与社区建设的差异性

社区建设与物业管理是不同范畴的概念，两者在目的、性质、内容以及实施主体等方面有着本质的不同。

（1）从目的上看，社区建设是要让生活在一定地域上的人群社会关系和谐、生活安定幸福、行为规范有序；物业管理则主要是满足业主对住房财产的使用、维护、保值等方面的服务需求，为业主或使用人创造和保持良好的工作居住环境。

（2）从性质上看，社区建设是城市管理的基础性工作，其中政府行为发挥着重要作用，带有明显的行政主导性。物业管理则是物业服务企业提供的有偿服务，具有明显的市场主导性。

（3）从内容上看，社区建设比较广泛，是包括户籍、治安、征兵、计划生育、环境维护、精神文明以及社会求助、退休、就业等内容的综合性管理工作。物业管理则是业主和物业服务企业按照合同约定，对房屋及其配置设施设备和相关场地进行维修、养护、管理，维护相关区域内的环境卫生和秩序的专业服务活动。

（4）从实施主体上看，社区建设是由街道办事处、公安派出所、居民委员会和居民、驻社区企事业单位等众多主体参与的管理活动。其中，街道办事处作为人民政府的派出机构发挥着直接的领导作用，居民委员会作为居民自治组织发挥着很重要的协调作用，各主体之间主要是行政管理关系和居民自我管理关系。物业管理的实施主体是物业服务企业和业主，以及前期物业管理阶段的开发建设单位，各主体之间主要是建立在合同约定基础上的经济方面的关系。

2. 物业管理与社区建设的融合性

（1）工作目标的融合性。社区建设是要建立一个秩序良好、便民利民的社区服务网络，建立团结和谐的社区人际关系，健康向上的社区文化氛围，舒适优雅的社区生活环境，规范有序的社区管理体制。物业管理的工作目标与社区建设的工作目标在某些方面，如住宅小区的治安秩序、便民利民的服务网络、舒适优雅的小区生活环境等是相一致的。

（2）工作内容的融合性。物业管理的主要职责与工作内容是向小区居民提供其工作范围内的各种专业服务。而这些服务正是社区建设必须做到的工作之一，两者在工作内容上也是融合的，只是社区建设的工作内容涉及的面更为广泛。

（3）工作对象的融合性。物业管理的服务对象是小区广大居民，即向居民提供物业方面的各项专业服务，以提高小区的居住环境及居民的生活质量，以此促进和影响居民思想道德素质的提高。广大居民同样是社区精神文明建设的工作对象，通过社区建设改善居民的生活环境，提高人民群众的思想道德素质。

3. 正确把握社区建设与物业管理的关系

物业管理与社区建设有着非常紧密的关系，两者有着相互依存、相互促进的联系。

（1）物业管理是社区建设的重要组成部分。物业管理所从事的公共秩序维护、保洁、绿化、房屋及设施设备维修养护等工作，正是社区建设中卫生、治安、环保等最基本的职能范畴。

（2）物业管理在社区文化建设中的作用不可缺少。物业服务企业在社区组织下参与开展形式多样、健康有益的社区文化活动，不仅有利于丰富居民的精神文化生活，而且有助于促进邻里和睦，增加业主的认同感和归属感。

（3）社区建设反过来影响物业管理的发展。社区建设得好，社区功能完善，居民素质提高，各主体自觉履行职责，这有助于物业管理规约的有效遵守和执行，有助于业主自律机制的建立，有助于矛盾和纠纷的减少和解决，物业管理自然事半功倍。另外，在流动人口管理、计划生育、劳动就业等方面，虽不属物业管理的范畴，但在政府授权和有偿服务的前提下，物业服务企业协助政府有关部门完成辅助性工作，客观上也推动了社区建设工作。

由此可见，从根本上说，物业管理与社区建设是一致的，都是以人为本，全面提高居民的居住质量，营造社区稳定、安全、舒适、健康的人居环境，促进社区的和谐发展。其中关键是社区组织和物业服务企业要分清职责，各司其职，协调配合，使得社区建设中的社会管理事务和市场事务由不同职能的主体来承担，相互之间既不越位和错位，也不缺位，从而保证整个社会的协调运行。

二、构建物业管理与社区建设良性互动机制

物业管理是社区建设的一个基本方面，是构建和谐社区的重要载体。探索建设物业管理与社区建设的良性互动机制，既能有效地提高物业管理水平，也能促进社会资源的整合，提升社区管理水平。

（1）坚持条块结合、属地管理，发挥社区对物业管理的指导协调作用。住宅物业管理涉及老百姓的切身利益和千家万户的安居乐业，在实际工作中要正确把握物业管理与社区建设的依存关系，充分认识到做好物业服务工作必须紧紧依靠社区的支持和帮助。整合条与条、块与块的管理资源、形成工作合力，提高政府部门的社会管理水平，进一步完善住宅小区综合管理机制，探索并完善业主委员会的组建和运作模式，建立有效化解矛盾的协调机制，协调解决物业管理中的难点、热点问题，有助于提升物业服务水平，是构建和谐社会的重要体现。

1）切实加强指导与监督，提高业主大会、业主委员会自我管理的能力。基层地方政府应加强对住宅物业管理工作的指导、协调和监督，定期组织召开相关部门和单位参加住宅物业管理联席会议，协调解决小区管理中的管理性问题，督促街道（乡镇）会同房地产部门做好业主大会和业主委员会组建、换届工作。街道（乡镇）根据社区实际情况，落实专门部门，配备人员负责业主大会的召开和业主委员会的成立、改选工作，发挥居民区党组织对小区人员情况充分掌握的优势，帮助业主将热心公益事业、责任心强、公正廉洁、具有社会公信力和一定组织能力的人员推选为业主委员会成员，避免出现业主委员会脱离社区党组织指导的情况。同时，在日常的指导工作中，注意引导业主大会在充分尊重全体业主意愿的基础上，按照法律法规的要求，不断加强自我管理和自身建设的能力。

2）充分发挥综合协调作用，解决物业管理中的“急、难、愁”问题。住宅物业管理具有区域性、综合性和动态性的特点。物业管理中存在的问题，往往涉及规划、绿化、市容环卫、公安、城管、通信、水务、电力等多个职能部门。发挥市、区、街道（乡镇）在住宅小区综合管理的协调作用。在社区内分别由市住房保障和房屋管理局、各区（县）人民政府牵头，业主委员会、居民委员会、物业服务企业和相关职能部门配合的联席会议制度，有助于解决住宅物业管理中“急、难、愁”等综合性问题，确保居民有一个祥和安宁的生活环境。

3）积极化解物业管理方面的矛盾纠纷，创造安定团结的社区氛围。和谐社区应当是一个具有和睦相处的人际关系的社区，一个治安良好和稳定的社区。但是随着改革开放的推进、市场经济的发展，居民群众物质文化需要的日益增长，群众利益失衡、政府管理缺位等问题导致的矛盾相对集中在社区，往往表现为群体性矛盾、利益矛盾，这其中不乏居民与物业服务企业、居民与居民之间在物业管理方面的矛盾，需要社区、党组织进行引导、协调。街道（乡镇）牵头可以充分发挥社区中人民调解委员会的作用，协商调解物业管理中存在的矛盾纠纷，做好社会稳定工作。协商调解不成，积极引导当事人通过仲裁、诉讼等途径解决。

（2）发挥企业自身优势，形成主动参与社区建设的新格局。物业服务企业或物业小区管理单位作为驻区单位，在做好物业服务工作的基础上，积极发挥优势，扩大服务范围，创新工作方式，主动参与到社区建设工作中去。

1）发挥在职党员的模范带头作用为切入点，参与社区工作网络建设。物业服务企业可以根据在职党员的职业特点和个人专长，积极组织参与社区的各项工作，在社区党组织的组织和指导下，与驻区单位一起，形成思想工作联抓、公益事业联做、文体活动联搞、思想道德教育联手、社会治安联防、困难群体联帮的社区工作网络体系。

2）建立志愿者队伍为抓手，参与社区服务体系建设。建立健全社区服务体系，是新形势下社区建设的重要任务之一。在为老百姓日常生活服务方面，物业服务企业具有人力、技术上的优势，应当以党、团员为骨干，建立社区服务志愿者队伍，协助搞好社区服务中心和社区服务站（点）的建设和管理，开展便民服务和帮困活动。

3）以提高物业服务水平为着眼点，参与文明社区建设。物业服务是社区的一项基础性工作，房屋维修、公共秩序维护、保洁保绿、车辆管理等既是物业服务的主要内容，也是建设文明社区的主要工作。因此，物业服务企业应当以高度的责任感，认真做好各项服务工作，承担起文明社区建设的责任。

4）以开展丰富多彩文化活动为载体，参与社区文化建设。物业服务企业要以多种形式，如与驻区单位共同举办小区广场音乐会、小区业主文娱联谊活动、小型文体比赛、添置社区文化设施、帮助其他驻区单位开展文化活动、协助社区组织孤寡老人参观旅游等，参与社区文化建设，丰富居民文化生活，努力营造和谐生活小区。

5）以小区网站为纽带，参与社区凝聚力工程建设。为了加强企业内部管理和业主的沟通，物业服务企业建立的小区网站越来越多，物业服务企业应当充分运用这一阵地，协助社区党组织履行“联系群众、服务群众，宣传群众、教育群众，反映群众的意见和要求，化解社会矛盾，维护社会稳定”等职责，营造正确的舆论氛围，促进凝聚力工程建设。

6）以安置下岗失业人员为己任，参与社区再就业工程建设。物业服务行业是劳动密集型行业，长期以来，物业服务行业为再就业工程作出了贡献。物业服务企业应当坚持在技术要求不高的岗位上，吸纳下、待岗人员，积极协助社区做好再就业工作，主动协助政府做好维护社会稳定工作。

（3）共享社区公共资源，创建物业管理与社区建设互动的良性机制。按照“条块结合、资源共享、优势互补、共驻共建”的原则，物业服务企业或物业小区管理单位，应当充分利用社区资源，加强自身建设，积极配合街道（乡镇）开展和谐社区的创建工作。通过整合社区资源，对物业管理进行指导和监督也是街道（乡镇）落实科学发展观，提高执政能力的重要体现。

1）共享社区党建资源，提高党组织的战斗力。开展社区物业管理党建联建，充分发挥社区党组织的政治优势，组织优势和房地产主管部门的行业优势，齐抓共管，建立社区党工委统一领导和协调下，以居民区党组织为核心，以房地办、居委会、业主委员会和物业服务企业为基础，社区党员群众共同参与的社区物业管理党建联建工作新格局。积极探索物业服务企业、业主委员会中的党员负责人依照一定的程序进入居民区党支部领导班子的途径和方法，提高党组织的战斗力。

2）共享社区行政资源，提高协调解决社会矛盾的能力。社区管理是综合管理，社区管理的主要功能是协调有关部门，动员各方力量，整合各类资源，服务社区群众，共同推进社区建设。社区是政府部门的集合体，行政资源十分丰富。落实城管执法、工商、公安、规划、环卫、绿化、物价、市政等相关职能部门在住宅小区综合管理的职责，引导业主通过多种方式化解自我管理中的矛盾，维护小区的稳定。同时，还要协调处理好与社区单位间的工作关系，以共同需求、共同利益、共同目标为纽带，真正做到优势互补、共驻共建，形成合力。

3）共享社区管理资源，加强企业监管，规范业主自主管理。紧紧依靠社区，加强住宅小区综合管理，将解决住宅小区综合管理中的热点、难点问题作为文明小区考核的重要指标，把企业的监管工作落到实处，促进企业依法办事、规范服务，促进行风建设，提升行业形象，提高社会满意度。加强社区对业主大会工作的指导，规范业主委员会的运作，引导业主正确行使权利履行义务，依法维权，保证物业管理活动正常有序，形成安宁和谐的小区生活环境。

当前，社区建设正日益成为政府工作和社会事务的重心。在建设和谐社区的实践中，对住宅物业管理出现的新问题、新情况，要不断进行探索和研究，充分发挥社区力量，合理配置社区资源，形成物业服务企业与社区居民齐心协力，共同创建和谐社区的良好氛围。

第三节　物业管理与街道办事处、居委会的关系

一、物业管理与街道办事处的关系

按照城市管理的要求，一个城市的社区管理有两种不同性质的管理，一种叫专业管理，如公安局、派出所、交通警的管理，工商局工商所的管理，房地局房管办的管理，税务局税务所的管理，物业服务企业的服务与管理等；另一种叫综合管理，是对专业管理的管理。而能够实行综合管理的权力机构，只能是街道办事处。

1. 街道办事处的职能

街道办事处的职能如下：

1）指导、帮助居民委员会开展组织建设、制度建设和其他工作。

2）开展便民利民的社区服务。

3）兴办社会福利事业，做好社会救助和其他社会保障工作。

4）负责街道监察队的建设和管理。

5）指导监督业主委员会的组建、改建等运作。

6）开展计划生育、环境保护、教育、文化、卫生、科普、体育等工作。

7）维护老年人、未成年人、妇女、残疾人和归侨、侨眷、少数民族的合法权益。

8）组织实施社会治安综合治理规划，开展治安保卫、人民调解工作。

9）开展拥军优属，做好国防动员和兵役工作。

10）参与检查、督促新建改建住宅的公共建筑、市政设施配套项目的落实、验收工作，协助有关部门对公共建筑、市政配套设施的使用进行管理监督。

11）配合做好防灾救灾工作。

12）管理外来流动人员。

13）领导街道经济工作。

14）向区人民政府反映居民的意见和要求，处理群众来信来访事项。

15）办理区人民政府交办的事项。

街道办事处是区人民政府的派出机关，受区人民政府领导，依据法律法规的规定，在本辖区内行使相应的政府管理职能。街道办事处有权组织、协调辖区内的公安、工商、税务等机构，依法支持、配合街道监察队的执法活动。街道办事处可以召开由辖区内有关单位参加的社区联席会议，商讨、协调社区建设和社区服务事项。街道办事处对区人民政府有关部门派出机构主要行政负责人的任免、调动、考核和奖惩，提出意见和建议。区人民政府有关部门在决定上述事项前，应当听取街道办事处的意见和建议。

街道办事处在社区建设和社区管理中担负着主要责任。

2. 物业管理与街道办事处的关系

街道办事处负责协调物业管理与社区建设之间的关系。物业管理由于管理内容多样性，产权结构复杂性，管理范围广泛性，工作涉及方方面面，需要各个部门的通力协作。要按照“条块结合，以块为主，属地化管理”的原则，建立市、区、街道三级住宅小区综合管理联席会议制度，街道、乡镇设立专门的职能部门，构筑了领导系统、执行系统和支持系统相结合的街道社区建设的管理体制。由街道党工委、办事处和城区管理委员会等构成了街道社区建设的领导系统。公安、城管、环卫所、工商、水务、电力、房管办、市容监察队、物业服务企业等单位参加，提高了街道办事处在社区管理中主导和协调的作用，使住宅小区物业管理工作顺利的进行。

物业服务企业在社区建设和社区管理中起到了重要作用。

二、物业管理与居委会的关系

居民委员会（以下简称居委会）是城市居民居住地区设立的基层群众性自治组织。社区居民委员会的根本性质是党领导下的社区居民自我管理、自我教育、自我服务、自我监督的群众性自治组织。

1. 居委会的工作任务

居委会的主要任务是：

1）宣传、贯彻党的路线、方针、政策和国家的法律法规、维护居民的合法权益、教育居民履行依法应尽的义务，爱护公共财产，开展多种形式的社会主义精神文明建设活动。

公共财产是劳动者共同辛勤劳动的成果，是国家和民族得以生存和发展的物质条件，是人民群众物质文化生活的基础。居委会一方面应教育居民像爱护自己的眼睛那样爱护公共财产；另一方面采取切实措施，包括用居民公约来约束等，防止本社区的公共设施遭到破坏。

2）贯彻执行居民会议的决定、决议。

3）办理本社区居民的公共事务和公益事业。公共事务就是涉及本社区全体居民共同的行政事务，如对烈军属的帮助，对残疾人的关心、照顾，对无依无靠的老人和孤儿的包扶服务，以及小街小巷道路的修整、文化活动的组织等。公益事业就是适应居民物质生活和文化生活需要而办理的有益于全体居民的公共福利事业，如托儿所、幼儿园、敬老院、文化室等。

4）调解民间纠纷。民间纠纷，一般指民事纠纷和轻微的刑事案件。民事纠纷按其性质可分为两种内容，一种是由婚姻、家庭引起的纠纷；另一种是由于财产权益引起的纠纷。居民之间有了矛盾，发生了纠纷，由居委会的人员出面，依照国家的法律法规、政策进行调解，不起诉、不上公堂，不伤感情，就把问题解决了，这是我国从国内革命战争年代到新中国成立以来行之有效的办法。

5）动员和组织居民开展群防群治，协助政府维护社会治安。居委会是协助政府维护社会治安的有力助手。

6）动员和组织居民开展爱国卫生运动，督促本社区的居民做好“门前三包”，搞好环境卫生。

7）动员和组织居民维护本社区的绿地，积极举报并协助有关部门制止损坏、侵占绿地的行为。

8）协助有关部门对本社区的出租房屋进行管理，制止违法行为。

9）协助有关部门做好外来人员管理工作。

10）协助人民政府及其派出机关做好与居民利益有关的计划生育、优抚救济、青少年教育的工作；积极开展便民利民服务，下、待岗人员的就业服务工作；维护妇女、儿童、青少年、老人、残疾人的合法权益。

我国现阶段城市社区建设的对象实体是指社区居委会共同体。

2. 物业管理与居委会的关系

1）两者的区别。物业管理侧重管物，对住宅区的环境管理；居委会侧重于对人（居民）的管理。物业服务企业作为实施物业服务的经济实体，是一种有偿服务，实行自主经营，独立核算，自负盈亏的企业。而居委会则是居民自我管理、自我教育、自我服务、自我监督的基层群众性自治组织。在社区建设中，物业服务企业开展对房屋及设备设施的维修、养护，维护社区环境卫生，社区治安等社区活动；而居委会开展社区活动的项目更广，如协助居民区党支部在业主委员会组建和换届改选中，把好业主委员会成员的入选关，配合居民区党支部动员居民群众积极参与小区物业管理工作等，涉及社区建设的方方面面，它的社会性、综合性的管理和服务功能更强。

2）两者的联系。在实行物业管理的住宅小区，如果物业服务企业和居委会的关系比较融洽，对双方的工作都有促进，都能较好地完成各自的工作目标。如果双方之间缺乏协调，各自为政，或者有些物业服务机构不仅不配合居委会工作，反而为居委会工作设置障碍；或者有些居委会以“领导者”自居，干涉物业服务业务，就会影响社区建设，尤其是精神文明建设。

3. 如何处理好两者的关系

凡在实施了物业管理的住宅小区中，应建立健全居委会组织。构建社区物业管理党建联建工作新格局。物业服务企业、业主委员会中党员负责人进入居民区党支部，同居委会一起协调解决物业管理中的综合性问题。政府要明确各自的职责。物业服务企业只能根据服务合同服务好小区的物业，不能将其功能延伸到行政管理和居民自治领域。居委会只能对住宅区的居民进行监督管理，不能将其功能延伸到物业服务的业务范围。

物业服务企业应当配合居委会开展社区建设，与居委会共同做好社区综合治理工作，老龄工作，妇女工作，青少年教育工作，特别是社区文化建设，共同为精神文明建设作出贡献。

物业服务企业在开展各项特约服务，许多家庭服务项目可以通过订立合同，委托居委会组织社区内劳动者去做。收费标准由物业服务企业和业主协商确定，这样既增加了物业服务企业的服务项目，提高了声誉，又使居委会增加一定的收入，获得居委会的支持。

加强物业管理法规的宣传，提高居委会干部的素质，也有助于协调物业管理和居委会的关系。

《中华人民共和国城市居民委员会组织法》规定，机关、团体、部队、企业事业组织，应当支持所在地的居民委员会的工作。所在地的居民委员会讨论同这些单位有关的问题，需要他们参加会议时，他们应当派代表参加，并且遵守居民委员会的有关决定和居民公约。如有需要，居民委员会可借助政府的权威开展工作，在一定程度上协调社区建设事宜。

第四节 物业服务企业与其他相关企业和部门的关系

一、物业服务企业之间的关系

现代市场经济把所有物业服务企业推入激烈竞争的漩涡，物业服务企业之间构成了一种竞争者的关系。协调竞争者关系的主要目的在于争取竞争者的理解，最大限度地降低其对立情绪。由于每一个物业服务企业或多或少都存在着竞争，那么，如何协调竞争者的关系，这是处理物业服务企业之间关系的根本。

（1）公平、正当。公平、正当是物业服务企业之间开展竞争所必须恪守的社会规范，也是协调竞争者关系的基本原则。

坚持公平、正当的社会规范，是确保正常的竞争环境和社会秩序的基础。相反，违背这一原则，物业服务企业之竞争就会陷入混乱无序的状态，不仅达不到以竞争求发展的共同目的，还会导致两败俱伤。诚然，优胜劣汰是自然法则，但坚持公平、正当原则，是要求竞争对手之间以提高和发展自己来超过对方，用正当的、合法的、道德的手段来展开竞争，而不是损人利已、尔虞我诈、钩心斗角，相互倾轧。

（2）学习、协作。协调物业服务企业之间的关系，也就是竞争者关系，最可取的方法是在公平、正当原则的基础上，相互学习，相互支持和协作交流。物业服务企业如果以这种姿态和行为与竞争者协调关系，往往会得到竞争对手良好的回报，帮助带来被帮助，支持带来被支持，合作带来合作，友善带来友善。

（3）交往、沟通。与竞争对手保持经常性的交往和沟通，以增进了解和理解，建立融洽和谐的感情和气氛。事业上的竞争并不妨碍物业服务企业间的协作与交流，并不会扼杀物业服务企业成员尤其是领导者之间的友好相处，君子之举会换来对手可贵的友好回赠和良好的发展氛围，从而促进竞争双方的共同提高。

二、物业服务企业和专业服务公司的关系

1. 专业服务公司

社会化、专业化是物业管理的特征。物业服务的范围很广，涉及绿化、公共秩序维护、清洁、环卫、装修装饰、房屋及设备设施维修等，走社会化、专业化的道路将是必

然的趋势。专业服务公司就是为物业管理工作配套服务的专门机构。专业服务公司的设立，可以使劳动资源和自然资源共享，是物业管理发展的方向。专业服务公司应该是独立企业，根据其服务内容，可分为保安服务公司、清洁公司、园林绿化公司以及各种设施维修服务公司等。

2. 物业服务企业与专业服务公司的关系

物业服务企业与专业服务公司之间是合同关系，是总包与委托承包的关系。

（1）选择标准。选择专业服务公司时，物业服务企业应考察专业服务公司是否具备承担该专业的资质，有没有能力履行承包合同的义务与责任，有没有能力承担违约责任。社会信誉是否良好，服务价格是否合理。

（2）监督检查。

1）物业服务企业应要求专业服务公司制订具体的工作计划，包括岗位设置及职责、服务标准、技术要求、责任和义务等，在合同中要约定，作为监督检查的依据。

2）物业服务企业应根据实际情况制订一些工作制度、规定，并监督专业服务公司实施。

3）专业服务公司根据工作计划、合同，安排下属员工进行具体工作，物业服务企业依据上述文件每天进行监督检查。

4）日常工作中，物业服务企业要规定专业服务公司操作工人遵守物业的有关管理规约，并以合约形式约定双方的行为规范，并附带经济责任。

选择专业服务公司进行物业专业服务，能有效地解决目前较普遍存在于房屋及设备维修中的那种“服务态度很好，维修水平不高”的问题。

三、物业服务企业与供电、供水、供气等部门的关系

《物业管理条例》第四十五条规定：“物业管理区域内，供水、供电、供气、供热、通信、有线电视等单位应当向最终用户收取有关费用。

物业服务企业接受委托代收前款费用的，不得向业主收取手续费等额外费用。”

物业服务企业与供电、供水、供气、供暖、通信、有线电视等单位之间是平等的法律关系。物业服务企业为了开展便民服务，可以为业主或使用人代收代缴水电费、煤气费、有线电视费、电话费等公用事业性费用，但要注意：

（1）必须和这些专业公司（电力公司、煤气公司、自来水公司等）签订合同，要在这些专业公司的委托下才能进行，特别是要明确双方的权利、义务，如用户拖缴费用的责任由谁来承担等问题，以减少物业服务企业不必要的麻烦。

（2）物业服务企业为业主或使用人提供的代收代缴公用事业性费用是属便民服务，属于公众代办性质的服务不得向业主或使用人收取额外的费用。

（3）这些专业公司在物业管理区域内提供维修服务时，物业服务企业要配合、协作，尽量提供方便，以搞好同这些专业公司之间的关系，更好地为业主或使用人服务。

物业服务的纠纷，很多存在于供电、供水、供气、供暖等方面，尽管此类纠纷不是经常发生，但一旦发生往往影响面较大，带来的负面作用也较大。故物业服务企业应主动与这些部门保持联系，通过经常性的维护与检修，使相关的设施和设备保持完好，以减少突发故障的发生。

小　　结

本章着重介绍了社区建设、社区管理和物业管理之间的关系。

社区建设和社区管理是一项复杂的系统工程，范围涉及方方面面。其中，街道办事处作为区人民政府的派出机关，在社区建设和社区管理中担负着主要责任。而居民委员会作为城市居民居住地区设立的基层群众性自治组织，是涵盖面最广、最具有群众性的社区组织，是社区建设和社区管理最基层的操作单位。而物业服务企业由于其管理内容多样、管理范围广泛，故在社区建设和社区管理中起到了重要的作用。

本章主要内容包括社区的概念、社区管理的意义、作用和具体内容、社区建设的特点、目标和工作内容；物业管理与社区建设的异同，如何构建物业管理与社区建设良性互动机制；物业管理与街道办事处的关系、物业管理与居委会的关系、物业服务企业与其他相关企业和部门的关系等。

复习思考题

1. 简述社区的主要功能。
2. 简述社区建设的内容。
3. 简述社区管理的作用。
4. 简述社区建设的基本原则。
5. 物业管理与社会建设的差异性有哪些？
6. 如何正确把握社区建设和物业管理的关系？
7. 街道办事处在社区建设和社区建设的主要作用有哪些？
8. 居民委员会在社区建设和社区建设的主要作用有哪些？
9. 如何构建物业管理和社区建设的良性互动机制？
10. 如何处理好物业管理和居委会的关系？

第五章 物 业 管 理 服 务

物业管理服务主要是为业主或使用人提供一个良好的居住、生活和工作的环境。服务内容由物业服务合同约定，主要包括：①物业共用部位的维护；②物业共用设施设备的日常运行和维护；③公共绿化养护服务；④物业公共区域的清洁卫生服务；⑤公共秩序的维护服务；⑥物业使用禁止性行为的管理；⑦物业其他公共事务的管理服务；⑧业主或使用人委托的其他物业管理服务事项。其中①～⑦项服务通常称为常规性服务，它是物业服务企业的基本职责。而其他的委托服务事项，则是物业服务企业为业主或使用人提供的全方位、多功能服务，属于多种经营的服务，内容也非常广泛，紧密贴近业主或使用人的需求。委托服务的好坏，也是企业形象的体现。因此，本章将从常规性服务和委托服务 2 个方面详细介绍物业管理服务的主要内容。

第一节 窗口接待及物业档案管理

一、窗口接待

1. 管理处的设置及人员要求

小区内设置管理处，是物业服务企业为业主提供服务的一个窗口。管理人员必须每日对小区进行巡查，发现问题及时处理。

管理人员是物业服务企业为业主提供全面管理服务的具体实施者，在他们的工作职责和权利范围内，为业主提供周到细致的管理和服务，满足业主的需求。管理人员的好坏，管理质量的优劣，直接会影响到物业服务企业在业主或使用人心目中的形象。因此，对于管理人员应该有一定的要求：

(1) 小区经理必须持证上岗。即具备国家或地方的相关职业资格证书和岗位水平证书，具备一定年限的任职经历。

(2) 所有管理人员必须挂牌上岗。管理人员应做到服装统一，仪表整洁规范。

2. 物业管理的窗口接待

管理处设接待窗口，负责日常业主或使用人的来访接待等工作。具体包括：业主或使用人的业务咨询、报修、收费、投诉；监督投诉电话的受理；业主物业档案资料的建立和管理工作等。

对于窗口接待，管理处首先必须明确接待时间，一般应实行周一至周日全天业主或使用人接待，并公开办事制度、公开收费项目和标准。同时，监督、投诉电话全天开通，并及时回复。小区中设置业主联系箱的，每天应定时开箱。

管理处必须实行回访制度。接待投诉要认真听取投诉意见并做好记录，处理投诉要做到让业主满意，及时回访与业主沟通，处理结果做好记录。对于维修项目，安全设施维修 2 天内回访；房屋渗漏水项目维修 3 天内回访，雨天后再作一次回访；其他项目维修 1 星期内回访。对回访中发现的问题，24 小时内书面通知相关人员作出整改。

二、物业档案资料保管

1．物业档案资料的含义

物业档案资料，是指人们在物业的开发和管理活动中形成的，作为原始记录保存起来以备查考的文字、图像、声音以及其他各种方式和载体的文件。

物业档案资料由两部分组成。一部分是物业本身的资料，包括开发建设成果的记录和物业服务企业接管后对物业进行维修养护与更新改造情况的记录；另一部分是物业业主或使用人的资料，包括业主、住户的姓名、家庭成员情况、工作单位、联系方式、管理费缴纳情况以及物业租赁租金等。档案可以采用原始档案和电脑档案双轨制，以文字、图表、电脑磁盘、照片、录像等方式储存档案，并采取相应的保管措施。

2．物业档案资料的作用

（1）凭证作用。物业档案资料是原始记录，是历史的真凭实据，具有法律凭证作用。例如，物业接管验收中的原始记录，可以成为日后保修、索赔的凭据；楼宇入住中的原始记录，可以成为日后管理与服务的依据等。

（2）参考作用。物业档案资料记录了从物业的生成到目前的全部过程，因此，它对于人们查考既往情况，总结经验教训，摸清管理规律，具有重要的参考作用。例如，根据用户的基本状况的动态记录，可以了解服务对象的层次和差别，不断增加新的服务项目，有针对性地满足用户的需求。另外，它对于管理费用的分摊、使用纠纷的调解、维修范围的确定都有着不可或缺的作用。

3．物业档案资料的保管

物业档案资料的保管，是指物业服务企业在物业管理活动中，对物业的原始记录进行的收集、整理、鉴定、保管、统计、利用，为物业管理提供客观依据和参考资料。

物业档案资料保管有以下特点：

（1）动态性。在自然的、社会的、人为的因素作用下，物业的实物形态和使用状况经常处于变化发展之中。例如，物业数量的增减，完损情况的变化，结构和用途的改动，物业价值的起落，产权人的更替，使用人的死亡、外迁、分户、过户等，都是经常发生的。因此，物业档案资料保管是一种动态性很强的管理。

（2）基础性。物业档案资料保管是物业管理的基础工作，这是因为它是现代化管理的基础和物业管理水平的标志。

1）现代化管理的基础。现代化管理是以电脑为中心的信息处理。信息是一种无形资源，也是管理的要素之一。物业档案资料保管是信息处理的基础性工作，它多数表现为人工方式的前处理。只有前处理工作做好了，电脑化的信息处理工作才有基础。

2）物业管理水平的标志。物业档案资料是整个物业管理活动的原始记录，具有真实性、可靠性。管理者的管理意识、文化素质、业务水平、工作作风等都会在物业档案资料中反映出来。因此，它是物业管理企业的一项基础性工作，其管理的好与坏，成为衡量物业管理水平高低的标志之一。

4．注意事项

档案资料保管在物业服务企业的日常管理中是非常重要的一项工作，注意应做好以下三方面的工作：

（1）严格档案管理制度。为加强物业管理企业的档案保管工作，根据国家有关档案管理规定，需要制订一些档案管理制度，旨在规范档案的保管工作。档案管理制度一般包括以下内容：

1）档案的归档制度；

2）档案的借阅制度；

3）档案的鉴定制度；

4）档案的销毁制度。

（2）明确档案保管要求。档案保管工作是维护档案安全和完整的重要工作。档案保管得好，为档案工作的顺利进行提供了基本前提；反之，整个档案工作就会受到影响。在档案的归档管理中，为了便于档案管理，尽可能将档案储存方式多样化，运用录像带、录音带、胶卷、照片、表格、图片等多种形式保存，有利于档案的网络化管理。在档案的使用过程中，应充分利用计算机网络技术，采用先进的检索软件，充分发挥档案资料的作用。要明确档案保管工作中以下三方面要求：

1）档案的妥善保管，主要做好档案科学管理的日常工作。例如配备合适的文件柜、文件盒以及消防器材等，并做好日常检查工作。档案室应避免无关人员任意进出，档案室钥匙由档案管理员专门保管等。

2）档案流动中的保护，主要指档案在各个流动环节中的一般安全防护。例如，对原始资料的借阅者，要按照档案的不同密级，经相关负责人批准方可借阅等。

3）档案保护中的专门措施，是为延长档案寿命而采取复制、修补等各种专门的技术处理。例如，对于借阅频繁的档案，非常容易发生损坏，要及时修补破损的档案等。

（3）注意档案信息安全。维护档案信息安全，除了保证它的物质安全外，更要确保档案的信息安全。

1）控制纸制档案的使用。很多重要的文件材料都是以纸制档案的形式保存的，因此，首先要保证纸制档案的安全。一方面要提高安全防范意识，建立健全借阅制度；另一方面还要明确档案的使用年限。

2）控制电子档案的使用。首先要安全保管电子档案，远离病毒的侵害；同时还要采取各种措施控制电子档案的使用，例如，哪些文件控制拷贝，哪些管理人员能够打开哪一层文件等。

第二节　物业公共绿化养护服务

一、公共绿化日常养护服务的意义和作用

绿化，简单地说，就是栽种绿色植物以改善自然环境和人民生活条件的措施，它是城市生态系统的主体。物业管理区域内的物业环境绿地系统，是城市绿地系统的重要组成部分，环境绿地系统与住户关系密切，它不仅可以改善小气候、净化空气、调节温度、减少污染、防止噪声等，而且可以创造一个美好的绿化环境，会有利于人们消除疲劳，振奋精神。联合国规定，可以达到保障人类健康的城市人均绿地的标准是50～60m^2。绿色是生命之色，可以改善人类的生存环境，使人延年益寿，陶冶情操，净化环境。在物业管理中，物业服务企业通过行使组织、协调、督导、服务、宣传教育等职能，以及加强绿化管理，为业主营造一个清洁、安静、优美、舒适的环境，提升生活品质，这是物业管理绿化服务工作的意义所

在，也是物业服务企业的职责所在。

绿化的主要作用有：

(1) 绿化具有保护和改善生态环境的作用。

1) 防风、防尘，保护生态环境。绿化树林能起到降低风速、阻挡风沙、吸附尘埃的作用，因此大面积的绿化覆盖，对防止尘土飞扬是非常有效的。

2) 净化空气，降低噪声，改善环境，绿色植物能吸收二氧化碳，放出氧气，起到净化空气的作用。灌木和乔木搭配种植可以形成一道绿篱屏障，吸收和阻挡噪声。

3) 改善小气候，调节温度，制止城市热岛效应。绿化能蒸发水分，增加空气中的相对湿度，而散发出来的水分可吸收热量，从而降低炎热季节的气温。热岛效应完全是人为造成的，人造热源多、车辆多、人口密集；钢筋水泥建筑物和水泥路面储存大量热能；楼厦逼仄，透风差、散热性能差等，大面积的绿化带能抑制“热岛”的形成，是制止城市热岛效应最有效措施之一。

(2) 绿化具有美化环境的作用。园林绿化是美化物业区域的一个重要手段，是城市建设中不可或缺的组成部分。运用园林植物树木花卉不同的形状、颜色、用途和风格，因地制宜地配置色彩富有季节变化的各种乔木、灌木、花卉和草皮，不仅使物业区域披上绿装，而且这些瑰丽的色彩，芬芳的花香，点缀着绿树成荫，能为广大业主或使用人创造一个优美、清新、舒适的环境。

(3) 绿地、花卉能陶冶人的情操，起到修身养性的作用。绿地是儿童游戏、大人休闲、娱乐，老人锻炼身体的场所，能起到丰富生活、消除疲劳、令人身心愉快的效果。花卉还能陶冶人的情操，提高人的审美能力，是人类追求完美的一种精神寄托。

花卉具有色、形、味、意多重审美属性，可以用它来装点、美化人们的生活。人们欣赏花、培植花，以花为友，不仅能得到美的享受，引发人的审美遐想，还能起到充实人的生活、提高生活情趣、优化生活质量的作用。

二、绿化养护的内容和要求

1. 绿化养护的内容

物业绿化养护，既是一年四季日常性的工作，又具有阶段性的特点。物业绿化养护的主要内容可分为 2 个方面：

(1) 物业绿地的营造。物业绿地的营造包括物业绿地的规划设计、绿化植物的选择、绿化植物配置的方式、绿地营造的施工、物业空间绿化管理等方面的工作。

1) 物业绿地的规划设计。物业服务企业所辖区域内的绿地规划设计原则是“适用、经济和美观”，可利用精巧的园林艺术小品和丰富多彩的园林植物进行绿化，尽可能布置开朗、明快的景观，设置一些凉亭、坐椅，使其形成优美、清新的环境，以满足业主或使用人室外休息的需要。

2) 植物选择。园林植物选择，要注意树种的选择，因为树木生命周期长，如果选择不当，将造成严重的后果。园路树应树干高大，树冠茂密，根深耐旱；水池边宜栽落叶少，不产生飞絮的花木；花木尽量不选用带刺和有毒的品种；花坛、花境应栽种色彩鲜艳，花香果佳的植物。

3) 植物的配置方式。物业绿地的植物配置不仅要取得“绿”的效果，还要给人以“美”的享受。在配置所辖区域内的绿地植物时，可采用规则式和自然式。接近建筑物的地方，宜采用对称、整齐、端庄、明确、显著的规则式；远离建筑物的地方，宜采用优柔、活泼、含蓄、曲折、淡雅的自然式。在对物业绿地植物进行配置时，必须考虑植物的外形、赏色等方面的特性，进行仔细的选择和合理的配置，才能创造出美的景象，使物业环境的美化渗透到精神世界的美好情感中去。

4）绿地营造施工。绿地营造工程可委托园林工程部门施工。为了达到环境绿化和美化，除了良好的设计外，施工是重要的一环。它直接影响工程质量和以后的管理、养护工作，影响花木生长及绿化美化的效果和各种功能的发挥。因此，物业服务企业一定要重视绿地营造的施工。

5）物业空间绿化管理。物业环境绿化管理部门不但要搞好地面绿化，而且在条件适宜的地方，应自己或鼓励业主搞好物业的空间绿化，包括墙面绿化、阳台绿化、屋顶绿化和室内绿化等。空间绿化除了观赏作用外，还可弥补建筑物的缺陷。

（2）物业绿地的日常养护。物业绿地的日常养护是指物业绿地营造完成后，为巩固其成果，发挥其功能，而进行的一系列养护工作。养护工作必须一年四季不间断地长期进行，才能保证花木生长旺盛、花红草绿。一般来说，养护工作主要包括以下内容，浇水、施肥、整形、修剪、除草、松土、防治病虫害等花草树木技术管理。

2. 绿化养护的要求

（1）对草坪养护管理的要求。应适时修剪草坪，并清除杂草，控制杂草孳生，保持草坪的平整；及时灌溉，保证有效供水，遇草坪积水应采取排除措施，发现病虫害要及时灭杀，做好病虫害的防治工作；可根据草种和草坪的生长情况适时适量的施肥。

（2）对树木养护管理的要求。对乔、灌木按规范适时修剪；篱、球造型植物及时修剪，做到枝叶繁茂紧密、圆整、无脱节；地被、攀援植物适时修剪整理；要做到及时耕除或拔除树木周围的杂草，控制大面积杂草发生；按植物品种、生长情况、土壤条件适时施肥，满足植物生长需要；对于病虫害要防治结合、及时灭治；当树木有倒伏倾向或发生倒伏时，要及时扶正、加固。

（3）对花坛花境养护管理的要求。要做好花卉的布置，保持花卉生长良好；及时清除枯萎的花蒂、黄叶、杂草、垃圾；根据花卉的种类和生长期不同，做好病虫害的防治；保证花坛花境的有效供水，无积水。

第三节 物业公共区域的清洁卫生服务

物业环境的整洁、卫生、优美是物业小区品质的重要体现，也是物业服务企业管理水平的重要标志。整洁优美的物业区域环境需要常规性的清洁卫生服务来保证。

一、公共区域清洁卫生服务的含义和原则

1. 公共区域清洁卫生服务的含义

公共区域清洁卫生服务俗称保洁服务，是指物业服务企业通过清、扫、擦等日常的保洁工作，定时、定点、定人进行生活垃圾的分类收集、处理和清运，以及宣传教育、监督治理和保护物业区域环境，防治环境污染等，来维护物业区域的清洁卫生，创造整洁优美的区域环境。

除了做好日常清扫外，物业服务企业还要做好防治“脏乱差”的工作。“脏乱差”具有

多发性、蔓延性和顽固性的特点。例如，随手乱扔各种垃圾、楼上抛物、乱堆物品堵塞公共走道、随意排放污水废气、随地吐痰，以及乱涂、乱画、乱搭、乱建、乱张贴等，都有可能发生在某些业主或使用人身上。故物业服务企业要加强宣传和引导，努力营造良好的环境氛围。

2. 公共区域清洁卫生服务的原则

（1）专业化服务与预防相结合。在清洁卫生服务中，专业化服务和预防不文明行为是保持物业区域整洁的两个重要方面。物业服务企业除了提供各种专业化保洁服务外，还要注意预防各类不文明的行为。也即通过适当的管理措施，纠正业主或使用人不良的卫生习惯，防止“脏乱差”现象的发生。因为优良的物业区域环境的造就，是区域内全体人员共同努力的结果，只有大家齐心协力，相互配合才能真正搞好环境整洁。

（2）照章办事，严格管理。物业服务企业就清洁卫生服务的有关事项要取得业主的理解和支持，对区域内的保洁提出切实可行的措施和管理制度，而且要求全体业主或使用人共同遵守。这些管理制度是物业服务企业和业主或使用人双方应该共同遵守的行为准则，同时，物业服务企业还要开展宣传教育工作，使业主或使用人自觉地配合保洁服务工作，共同营造一个整洁舒适的环境。

（3）责任明确，分工具体。清洁卫生服务本身是一项很烦琐的工作，而且工作的时间长，内容多，保持难度大。在保洁管理服务的过程中，要保证各个环节的良好衔接，防止出现卫生区空白，要周密安排每一个岗位和责任范围，明确岗位职责，责任落实到人，才能提供全面的保洁服务，以保持物业管理区域良好的卫生状况。

二、公共区域清洁卫生服务的范围和制度建设

1. 公共区域清洁卫生服务的范围

在物业管理区域中，把区域空间划分为专有部分、部分共用部分、全体共用部分等三类。“共用部位”是指一幢物业内部，由整幢物业的业主或使用人共同使用的门厅、楼梯间、水泵间、电表间、电梯间、电话分线间、电梯机房、走廊通道、传达室、内天井、房屋承重结构、室外墙面、屋面等部位。共用部位内公共区域的清洁卫生服务主要内容包括楼内公共区域的保洁和楼外公共区域的保洁。

（1）楼内公共区域的保洁。楼内公共区域的保洁，就是指物业管理区域内单幢楼宇的地面、楼梯扶手、栏杆、窗台、天花板、公共灯具、门窗玻璃、天台屋顶、垃圾收集、电梯轿箱、消防栓、指示牌等公共设施和公共区域的保洁管理。商业楼宇还包括大堂、公共通道、洗手间、会所等的保洁管理。

（2）楼外公共区域的保洁。楼外公共区域，一般是指物业管理区域内的道路地面、绿地、明沟、垃圾箱（房）、公共灯具、宣传栏、小品等方面的保洁工作以及消毒灭害等。商业楼宇还包括楼宇外部广场的保洁清扫工作。

（3）生活废弃物（垃圾）的处理。对于日常生活中产生的垃圾（含装修垃圾）应进行合理分类、收集、处理和清运。物业服务企业除了派专人负责清扫，进行保洁服务外，还应该通过建立规章制度和业主管理规约，督促业主或使用人自觉将垃圾倒入指定的垃圾收集点和垃圾桶内，杜绝乱倒乱倾现象，并逐步做到垃圾收集袋装化，垃圾回收分类化，垃圾处理无害化，使整个回收系统呈良性循环，创造一个舒适、优美的文明小区。

2. 公共区域清洁卫生服务的制度建设

管理制度是搞好保洁服务工作的保证。管理制度包括管理处正、副主任，保洁班班长，保洁员等岗位职责，劳动纪律要求、奖惩条例；清洁卫生检查制度及清洁机具使用操作和保养细则等。各级人员及其职责如下：

(1) 管理处主任职责。

1) 按照企业的管理目标，制订保洁服务计划，组织各项清洁服务的具体实施。

2) 检查各区域保洁工作的完成情况，发现不足，及时纠正。

3) 对外接洽保洁服务业务。

4) 合理配置保洁人员，下达各班组工作任务。

(2) 管理处副主任职责。

1) 配合主任，拟订保洁管理的实施方案。

2) 对员工进行专用保洁设备、保洁材料使用保养、保洁工作操作规程指导。

3) 监督检查分管的保洁区域和项目。

(3) 保洁班班长职责。

1) 根据管理处副主任的指示，进行日常工具、人力配置，考核员工。

2) 编制物料使用计划，提交保洁区域维护报告。

3) 检查所辖范围的日常保洁效果。

(4) 保洁员职责。

1) 听从班长的安排，按企业规定着装，挂牌上岗。

2) 严格按照保洁程序，保质保量地搞好本人负责的保洁卫生工作；作业时应注意避让业主、客人，防止碰撞，做到文明作业，礼貌待人。

3) 保洁作业结束，收拾工具，整理现场后，方可离场。

此外，为使保洁服务实现制度化、规范化管理，物业服务企业还需要做好下列几方面工作：

1) 明确要求。规定保洁服务的时间、清洁方式、质量标准、工作流程和岗位职责。如处理日常垃圾专人负责、日产日清，定点倾倒、分类倾倒，定时收集、定时清运，按照规定的工作流程，履行保洁的岗位职责。

2) 规定具体的保洁质量标准。保洁质量标准是衡量保洁工作效率和结果的尺度。保洁一般的通用标准是“五无”，即无裸露垃圾、无垃圾死角、无明显积尘积垢、无蚊蝇虫孳生地、无脏乱差顽疾；“六不”，即不见积水、不见积土、不见杂物、不漏收垃圾堆、不乱倒垃圾和不见人畜粪；“六净”，即路面净、路沿净、人行道净、雨水口净、树根墙根净和废物箱净。

3) 制订保洁工作计划。要制订出清扫保洁工作的每日、每周、每月、每季甚至每年的计划安排，对每一项计划都落实到人、落实到岗。

4) 定期检查。物业服务企业可将每日、每周、每月、每季、每年的清扫保洁工作的具体内容用记录报表的形式固定下来，以便企业本身对保洁情况进行定期和不定期的检查。同时，也让业主对保洁工作情况进行监督。

三、公共区域清洁卫生服务的措施和机构职责

1. 保洁管理服务的措施

保洁管理的措施，是指物业服务企业为了创造整洁、卫生、优美、舒适的物业环境所采

取的行之有效的方法和手段。主要有以下几项：

(1) 实行生活垃圾分类袋装化。据悉，欧洲许多国家20世纪60年代起就提倡生活垃圾分类袋装化，通过多年的努力，现做到“三统一”：统一垃圾袋规格（黑色、易封口）、统一收集、统一运至指定地点进行无害化、资源化、减量化处理，从而大大改善了环境的质量。

(2) 进行超前宣传教育。物业服务企业在早期介入阶段，即应提前通过各种渠道向未来的业主或使用人进行宣传教育。例如，在开发商销售房屋时、在业主办理入住手续时，就可以向有关单位（或部门）联系，寻找宣传教育的“切入点”，利用张贴布告、分发宣传资料等形式，订立“约法三章”，向业主或使用人进行超前宣传教育，以便收到事半功倍的效果。

(3) 配备必要的硬件设施。为了增强清扫保洁工作的有效性，物业服务企业可配备与之有关的必要的硬件设施。如固定垃圾投放位置，配备垃圾收集专用桶、箱等。

(4) 宣传教育。对于各种不良的卫生习惯除了进行宣传教育外，还应当采取必要的手段和措施，进行友情提醒，并争取业主委员会、居民委员会的配合、支持。

2. 保洁管理服务的机构设置

物业服务企业保洁管理机构的设置可以是一个部门，也可以是隶属于某部门的下属专业班组，这主要视物业服务企业所管辖的物业类型、区域分布、面积大小及不同而灵活考虑具体设置。如图5-1所示为某物业服务企业保洁管理机构设置图。

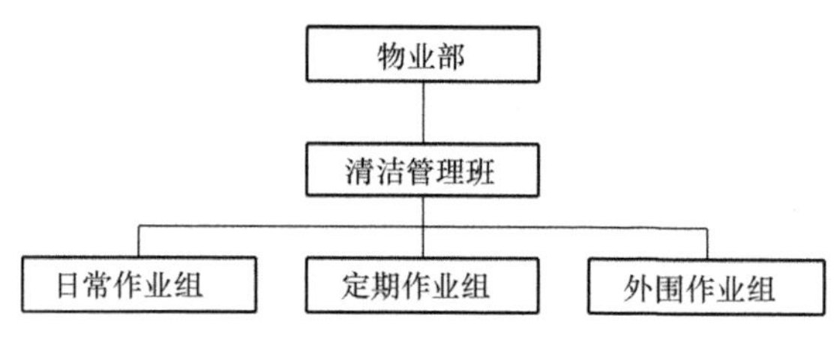

图5-1 某物业服务企业保洁管理机构设置图

第四节 公共秩序的维护服务

一、公共秩序维护服务的目的

1. 公共秩序维护服务的含义

公共秩序维护服务俗称保安服务，是指物业服务企业为防盗、防破坏、防不法活动、防灾害事故而采取各种措施和手段，保证业主或使用人的人身财产安全，维持正常的生活与工作秩序的一种服务管理工作。它是物业管理服务中的一项很重要的内容，因为业主或使用人的生命与财产安全是最基本、最基础的要求，如果安全没有保障，其他的服务要求就无从谈起。

公共秩序维护服务主要包括门岗服务、巡逻岗服务、技防设施和救助、车辆管理等几项内容。

2. 公共秩序维护服务的意义

在整个物业管理服务过程中，公共秩序维护服务占有举足轻重的地位，它既是业主安居乐业的保证，是整个社区安定的基础，也是促进和谐社会的重要保障，同时也是物业服务企业体现企业形象的重要方面。所以，无论是居住物业还是非居住物业，作为人们生活、工作和休息的场所，公共秩序维护服务的最终目的就是为业主或使用人的人身、财产提供安全和保护。

因此，搞好公共秩序维护服务工作有着不同寻常的重要意义，具体体现在：

(1) 能确保物业及附属设施设备、公共区域等，不受他人破坏、损坏，或在有意外的情况下尽可能地减少损失。

（2）能有效地阻止或防止任何危及业主或使用人的生命财产和身心健康的行为发生。

（3）能有效地控制外来人员和外来车辆的进出，保障业主的生活秩序与工作秩序，维护区域内道路安全，保证车辆的通行。

（4）能有效地促进精神文明建设，和睦邻里关系，减少邻里纠纷。

（5）能有效地震慑各种犯罪分子，积极打击各种犯罪活动，维护物业区域的安定，为社会的和谐稳定作出贡献。

二、公共秩序维护服务的机构设置

从机构设置的角度来说，物业服务企业的公共秩序维护服务是通过设立保安服务部来具体负责实施的。因此，保安服务部机构设置的合理性与科学性尤其重要，应当考虑到物业的档次、类型、规模等相关因素。物业面积越大，物业管理类型及配套设施就越多，机构设置也就越复杂。

保安服务部一般的架构设置如图 5-2 所示。

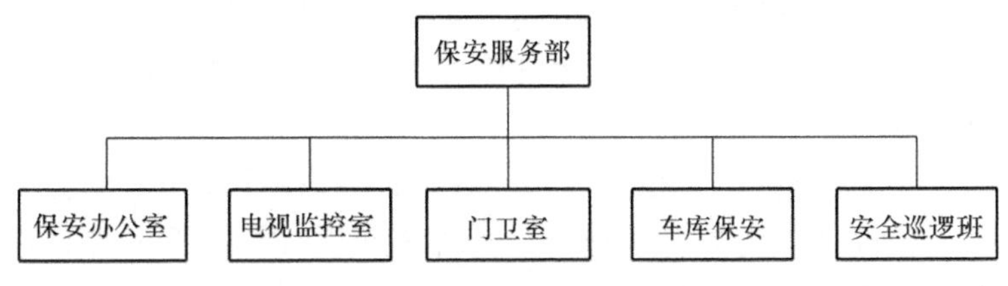

图 5-2　保安服务部一般的架构设置

其中安全巡逻班根据监视区域责任划分为多个班组，每个班组又根据 24 小时值班需要分为三班二运转或四班三运转。

三、公共秩序维护服务的基本内容

公共秩序维护服务的基本内容如下：

（1）执行国家有关管理规定，协助公安机关维护物业管理区域内业主或使用人的生命、财产安全。

（2）实行值班和巡逻制度，发现治安隐患，及时排除。

（3）制止诸如推销、叫卖、乞讨、拾破烂以及流动商贩进入物业管理区域。

（4）在辖区内发生治安、车辆行驶等方面的突发事件时，安保人员要挺身而出，制止事态进一步扩大；维护现场秩序，迅速查明原因，通知有关部门，并协助查处。

（5）维护物业管理区域内各项公众制度的严肃性；对不遵守各项规章制度的业主或使用人，安保人员应劝阻、制止，直接移交有关部门处理。

（6）物业管理区域的安保人员应当协助做好安全防范工作，当受公安机关委托时，可以核查有关车辆、人员的证件及其他情况；对破坏区域内秩序的人和事，有权劝阻、制止，直接移交公安机关处理。

四、公共秩序维护服务的基本要求

为了确保做好物业管理区域内的安全工作，物业服务企业应做好以下几方面的工作：

（1）加强安保人员职业道德教育。安保人员的素质高低决定物业秩序维护工作的质量好坏，为此，要求物业服务企业在安保人员的选聘及平时安保工作的考核中，加强这方面的管理，其中，安保人员最起码的资质要求必须做到：①忠于职守，竭诚服务；②遵纪守法，廉洁公道；③不畏艰险，勇于奉献；④仪表端庄，文明礼貌。

（2）建立有效的安保制度：①根据物业布局和总面积、幢数、出入人口数、公共设施数、住（用）户人数，配齐安保固定岗和巡逻岗的实际人数；②确定安保巡逻岗位和线路，尤其注意出入口、隐蔽处、设备机房、车库、车棚等处；③建立24小时固定值班、站岗和巡逻制度，做好交接班工作。

（3）做好日常工作：①与派出所、街道建立密切联系，随时了解社会治安动态；②采取发放通行证、出入证、来访登记措施，控制人流、物流、车流；③熟悉业主或使用人基本情况，掌握物业管理区域内的结构布局、设备性能等情况；④及时、正确处理各种突发事件；⑤填写每日工作报告和特别工作报告；⑥严禁安保人员滥用权利，如使用武力、武器，随意搜身、抄身等。

五、公共秩序维护服务的主要职责

1. 物业安保部门的职责

（1）信守合同，确保服务质量。根据安保部的服务宗旨和同业主签订的合同内容，组织力量，下达任务，提出要求，履行合同；并不断进行督促、检查和总结，圆满完成安保部所承诺的各项秩序维护服务工作。

（2）管好队伍，努力提高业务素质。对安保队伍实行科学管理，是安保部的主要职责之一，也是提高队伍素质和战斗力的根本途径。管理工作做好了，不仅能提高队伍素质，充分调动每个人的积极性，还能充分发挥安保队伍整体的功能，取得最佳效益，达到预期的目标。

（3）加强联系，做好协调配合工作。公共区域秩序维护服务不是孤立的，它需要社会上各个部门和广大群众的支持、理解和配合。因此，物业安保部门的重要职责之一，就是要主动地加强与有关部门的联系，不断沟通情况，交流信息，以达到相互理解、相互支持、相互配合的目的。这是做好该项服务工作必不可少的重要条件。

2. 物业安保人员应当履行的职责

物业安保人员应当履行下列职责：

（1）向业主或使用人进行安全防范和遵守公共秩序的宣传教育。

（2）在物业管理区域内实施驻点执勤、巡逻和安全防范检查。

（3）物业管理区域内发生刑事、治安案件和各类灾害事故，应当保护现场、报告公安机关及有关部门，并协助调查和救助。

（4）发现、制止现行违法犯罪活动，及时报告公安机关。

（5）制止影响物业管理区域公共秩序的其他活动。

（6）具体实施其他物业保安服务。

六、公共区域秩序维护的人员要求

公共区域秩序维护的人员要求如下：

（1）必须持证上岗，即国家行政机关颁发的职业资格证书。

（2）身体健康，工作认真负责，有较强的责任心。

（3）能正确使用消防器材，对小区日常护卫事项作出正确反应。

（4）能遵守相关行业规范，做到穿戴统一，并能按照工作要求佩戴好相关安全护卫器械。

总之，公共区域秩序维护的人员要求，可以按照分等收费的规定，根据小区的不同特点和不同需求，作出相应的人员要求，以便满足小区的服务要求和整体配套要求。

七、公共秩序维护服务中的技防措施

住宅小区安全防范主要是把人防、技防和物防有机地结合起来，形成立体化、多层次、全方位、科学的防范犯罪的强大网络体系，从而减少安全防范中的人为因素造成的盲区及漏洞。

一个完整的小区安防系统可由如下几道防线构成：

（1）第一道安全防线。由周界防越报警系统构成，以防范翻越围墙和周界进入社区的非法入侵者。

通常，在小区的围墙四周设置红外多束对射探测器，一旦有非法入侵者闯入就会触发，并立即发出报警信号到周界控制器，通过网络传输线发送至管理中心，并在小区中心电子地图上显示报警点位置，以利于保安人员及时准确地处警，同时联动现场的声光报警器（白天使用）或强光灯（夜间使用），及时威慑和阻吓不法之徒，提醒有关人员注意，做到群防群治，拒敌于小区之外，真正起到防范的作用。

（2）第二道安全防线。由闭路电视监控系统构成，对社区出入口、主要通道及重点设施进行监控管理。

闭路电视监控系统是在小区主要通道、重要公建及周界设置前端摄像机，将图像传送到智能化管理中心，中心对整个小区进行实时监控和记录，使中心管理人员充分了解小区的动态。同时采用多媒体控制平台与周界防越报警系统及住宅室内报警系统联动。当发生警情时，中心监视器将自动弹出警情发生区域的画面，并进行记录。

在发生突发安全事件后，监控系统记录下来的电视图像将发挥重要的证据作用。

（3）第三道安全防线。由保安巡更管理系统构成，通过物业中心保安人员对住宅区内可疑人员、事件进行监控。

任何一个先进的保安系统都不能做到100%的自动化，所以，应该强调技防与人防的相互结合。巡更管理系统的系统结构由现场控制器、监控中心、巡更点匙控开关、信息采集器等部分组成，通常现场控制器与监控中心可以与防盗报警系统共用。巡更点匙控开关可以接在就近的现场控制器或防盗报警控制主机上。

巡更管理系统的主要功能有：

1）保证巡更值班人员能够按巡更程序所规定的路线与时间到达指定的巡更点，进行巡视，不能迟到，更不能绕道。

2）对巡更人员自身的安全是充分保护。如果在规定的时间内，指定的巡更点未发出“到位”信号，该巡更点将发出报警信号，此时，应立即派人前往处理。

（4）第四道安全防线。由楼宇可视对讲系统构成，可将闲杂人员拒之梯口处。

一般有访客对讲和访客可视对讲两种。

（5）第五道安全防线。由住户室内综合报警系统构成，若发生非法入侵住家或发生如火灾、老人急症等紧急事件，通过户内各种探测器，报警中心将很快获得警情消息，并迅速派员赶往事件现场进行处理。

八、车辆停放管理的含义和主要内容

随着人们生活水平的提高，拥有汽车的家庭越来越多。而早期开发的物业，由于缺乏停车库造成车位严重不足，给有车一族带来不便，给物业管理工作带来许多麻烦。如何满足日益增多的车位需求，搞好车辆的停放管理，是物业管理工作中不容轻视的问题。

1. 车辆停放管理的含义

所谓车辆停放管理是指物业服务企业根据有关停车管理服务的规定及物业管理服务合同的约定，通过制订相应的停车管理制度，引导辖区内的车辆有序的行驶与停放，防止车辆的乱停乱放，保障车主和其他业主或使用人的合法权益，维护物业管理区域正常的生活和工作秩序。

2. 车辆停放管理的主要内容

（1）机动车停车位的管理。

1）物业管理区域内的机动车停车场（库），应当提供给本物业管理区域的业主或使用人使用。停车位不得转让给物业管理区域外的单位、个人；停车位有空余的，可以临时出租给物业管理区域外的单位、个人。

2）停车位要转让的，受让对象应当是本物业管理区域的业主。租用停车位的业主享有该车位的优先购买权。

3）在住宅物业管理区域内的道路上设置停车位的，不得占用消防通道，不得妨碍行人和其他车辆通行。

（2）机动车辆行驶管理。

1）限制外来车辆进入辖区。但公安、消防、抢险、救护、环卫等特种车辆执行公务时除外，并不得收费。

2）进入辖区的车辆，行使停放应服从管理人员的指挥并注意前后左右车辆安全，在规定的位置停车。行车通道、消防通道及非停车位严禁停放。

3）长期停放的车辆，应提出申请，交纳停车费，领取“停车证”。在物业管理区域内停放的车辆，不得影响其他车辆和行人的正常通行。

4）进入辖区的车辆，应减速行使，禁止鸣号，不得损坏共用设施设备。

5）装有易燃、易爆、剧毒或污染品的车辆，严禁进入辖区。

6）管理人员发现可疑情况，应及时报告，并认真做好交接班工作。

（3）摩托车、自行车和助动车管理。

1）摩托车、自行车、助动车应遵守有关规定，在指定的地点停放。

2）需办理托管的车辆，应办理有关手续，交纳保管费，领取保管卡。

3）托管车辆出入辖区，凭卡存车、取车。

4）外来车辆进入辖区时，应按指定位置停放，并付停车费。

3. 车辆管理工作要求

（1）遵守停车管理有关规定。

（2）履行物业服务合同相关停车管理的约定。

（3）制订停车管理制度，制订发生紧急情况的处置预案等。

（4）地面、墙面设立交通标识，引导车辆按规定路线行驶。

九、物业区域内的消防管理服务

1. 消防管理的主要内容

（1）定期巡视、检测、保养、维修、更新消防器材和设备，使消防器材、设备、设施处于100%的完好状态。

（2）任何单位和个人都有责任维护消防设施，不准破坏和擅自挪用消防设备和器材，不准埋压和圈占消防水源，不准占用防火间距，堵塞消防通道。

（3）积极开展防火宣传教育。建筑物内禁止燃放烟花爆竹，严禁燃烧物品。建筑物内的走道、楼梯、出口等部位经常畅通，严禁堆放物品。

（4）业主或使用人在进行装修或改造需动用明火作业时，须经物业管理企业批准。动火单位和个人应严格执行动火管理制度，确保作业安全。

（5）坚持管理人员和安保人员的巡查制度，对物业设施中存在的消防隐患应及时整改。

2. 消防管理规定

（1）消防工作要贯彻“预防为主，防消结合”的方针。有条件的应组建义务消防队，应知晓有关消防条例。

（2）公共走道必须保持畅通无阻，任何单位和个人不得随意占用和堵塞，严禁在设立禁令的通道上停放车辆。

（3）不得损坏消防设备和器材，妥善维护和保管各类消防设施设备。

（4）不得在住宅区内存放和使用易燃、易爆、剧毒物品。

（5）安全使用燃气，不得私自接装燃气热水器。

（6）遵守安全用电管理制度，严禁超负荷使用电器，以免发生事故。

（7）住户要进行装修或改造时，须向管理处提出书面申请，经批准后方可施工。并要严格按照辖区的有关消防规定施工，确保辖区安全。

（8）发生火警，应立即报警，并关闭电闸，迫降电梯至底楼，疏散人群。

3. 防火安全“三级”检查制度

一级检查由班组织实施，二级检查由管理处领导实施，三级检查由企业领导实施。

4. 发生火警的处理程序

（1）立即拨打火警电话，报告有关部门与上级。

（2）组织相关人员赶赴现场自救，采取恰当措施，尽力控制火势。

（3）组织群众撤离危险区。

（4）做好安全保卫工作，严防趁火打劫和搞其他破坏活动。

（5）协助有关部门处理善后工作，并作记录。

第五节　物业共用部位、共用设施设备日常运行、保养和维护

物业共用部位、共用设施设备日常运行、保养、维修服务，是物业服务企业一项重要服务内容，主要包括房屋结构、门窗、楼内墙面、顶面、地面、管道、排水沟、道路场地等相关部位和设备设施的日常运行、保养、维修服务。下面简单介绍服务要求，具体内容将在相关章节叙述。

一、房屋结构的日常运行、保养、维修服务要求

(1) 物业服务企业应定期对房屋结构、涉及使用安全的部位进行检查并有记录。

(2) 若发现有损坏,应按照相关程序及时安排专项修理。

二、门窗的日常运行、保养、维修服务要求

(1) 定期按照要求,巡视楼内公共部位门窗。

(2) 保持玻璃、门窗配件完好,开闭正常。

三、楼内墙面、顶面、地面的日常运行、保养、维修服务要求

(1) 墙面、顶面粉刷层无剥落。

(2) 地坪、地砖平整,有缺损及时修补,并能保证质量要求。

四、管道、排水沟的日常运行、保养、维修服务要求

(1) 定期对屋面排水沟、室内外排水管进行清扫、疏通,保障排水畅通。

(2) 做好屋顶的检查工作,发现防水层有气臌、碎裂,隔热板有断裂、破损的,应及时修理。

五、道路、场地的日常运行、保养、维修服务要求

(1) 按照要求做好街坊路面、围墙、窨井、休闲椅、健身设施、儿童活动设施等的巡视工作,及时保养,确保正常使用。

(2) 对于需要及时更换的设备设施,应当按照法律法规的要求提交业主大会审议,并做好各项财务预算工作。

六、安全标志

安全标志的设立,能够较好的避免一些事故的发生,保证安全。因此,物业服务企业应当按照相关要求,对小区内危险、要害部位设置安全防范警示标志,并在日常的服务中,保证标志清晰完整。

第六节 物业管理其他委托服务事项

一、物业管理其他委托服务的内容

其他委托服务是物业服务企业在提供物业管理常规性服务之外,因地制宜开展的,方便业主或使用人的生活,提高他们的生活质量和水平的有偿服务。

其他委托服务的内容可以包括衣、食、住、行、娱乐、购物、家政等各个方面。

(1) 衣着方面。衣着方面有:①洗衣服务(尤其是干洗);②制衣服务。

(2) 饮食方面。饮食方面有:①餐饮店、快餐盒饭、饮料供应;②音乐茶坊。

(3) 家居居住方面。家居居住方面有:①房屋修缮;②房屋装修;③房屋看管;④物业租售代理;⑤家居清洁卫生、消毒、打蜡;⑥搬家服务;⑦代装空调、淋浴器、防盗装置、晒衣架;⑧代办煤气、电话、有线电视初装;⑨代缴水、电、煤气(天然气)、电话费;⑩代办户口申报和房产证。

(4) 行旅方面。行旅方面包括:①车辆出租;②代订购车船机票。

(5) 娱乐方面。娱乐方面包括:①棋牌室;②阅览室;③美容美发;④健身馆、游泳池。

(6) 购物方面。购物方面包括:①日用百货;②果菜供应;③24 小时便利店;④礼品递送。

(7) 家政方面。家政方面有：①接送幼童上学入托；②代订书报杂志；③代聘各类保姆；④代请家教。

二、物业管理其他委托服务的要求

尽管委托服务的项目很多，可能利润也很丰厚，但要求物业服务企业满足一些基本的要求：

(1) 必须要有高素质的经营管理人才。从事多种经营服务、进行综合经营管理的人员，必须真正理解物业综合经营管理的经济学内涵，在服务方式的设计、费用的收取、服务标准的制订方面定位恰当，用市场经济的观念来进行综合服务经营，为物业服务企业的继续发展奠定一定的经济基础。

(2) 量力而行。其他委托服务要根据物业服务企业的自身情况，因时、因地、因人制宜，有计划、有步骤地开拓。要结合业主或使用人的特点来决定规模大小和档次高低。

(3) 妥善处理与物业区域环境之间的关系。在为客户服务，为企业盈利的同时，决不可以给业主或使用人的生活及工作环境带来不良后果。要注意避免噪声干扰和环境污染。保证物业区域环境的整洁与美化。例如，餐饮的经营要注意防止大声喧哗，餐饮店的油烟排放也要妥善解决，餐饮的排污要保持畅通，以免堵塞管道，影响环境。

(4) 收费合理公开。物业服务企业可以通过自身努力，开展多种经营服务来提高收入水平。物业服务企业可以根据业主的委托提供物业服务合同约定以外的服务项目，服务报酬由双方约定。因此，物业服务企业在为业主或使用人提供个性化服务的同时，要注意做到收费合理、公开、公平、质价相符。真正做到为业主提供优质服务，树立企业良好形象。

(5) 妥善处理与地区政府、相关部门及业主委员会之间的关系。如经营项目需要“通水、通电、通气”，必须与燃气、自来水、供电局等协调好关系。又如，开展美容美发和餐饮服务，需取得卫生防疫部门的许可。

小　　结

本章介绍了物业管理服务。物业管理服务是物业管理的基础工作，也是业主或使用人最为关注的工作，其质量的高低，直接体现了物业服务企业的管理水平。

物业管理服务的范围很广，其内容由物业服务合同约定，主要包括，物业共用部位的维护、物业共用设施设备的日常运行和维护、公共绿化养护服务、物业公共区域的清洁卫生服务、公共秩序的维护服务、物业使用禁止性行为的管理、物业其他公共事务的管理服务等。另外，物业服务企业还可以根据业主或使用人的需求及自身的能力，提供一些其他的委托服务事项，既方便业主或使用人，又能使企业增加一些收入。

管理处设置的接待窗口，是企业和业主或使用人接触最多的场所，具体负责业务咨询、报修、收费、投诉受理等工作，故必须十分注意工作人员的形象和态度，明确接待时间，公开办事制度、公开收费项目和标准，并做好相关记录。同时，物业服务企业要注重工作效率，实行维修和投诉处理回访制度。

复 习 思 考 题

1. 物业服务窗口接待的工作职责主要有哪些?
2. 物业服务应如何来做好窗口接待的工作?
3. 物业管理公共秩序的维护服务的工作主要有哪些?
4. 物业区域消防管理的主要工作内容有哪些?
5. 物业管理的保洁工作一般要达到怎样的标准?
6. 物业管理区域的绿化管理要达到怎样的要求?
7. 一个完整的小区安防系统可由哪几道防线构成?
8. 物业档案资料保管工作主要包括那些基本内容?

第六章　物业管理的法制建设

我国的物业管理正逐步走入法制化、规范化、科学化的轨道，而法制化是物业管理健康发展的基础和重要保障。物业管理活动涉及业主、物业服务企业、建设单位相互间的关系，涉及业主组织与其他组织的关系，也涉及业主之间的关系，为了规范物业管理行为，国家和地方各级政府以及有关行政管理部门制定了一系列法律法规和政策，这在物业管理实践中起到了至关重要的作用。

第一节　物业管理的法律基础

一、法制基础知识概述

1. 法与法律

(1) 法。法是指表现为国家意志，由国家制定或认可，以权利义务为主要内容，具有普遍约束力并受国家强制力保证实施的行为规则（规范）的总称。在我国，法包括全国人民代表大会及其常务委员会，国务院，各省、自治区、直辖市人民代表大会及其常务委员会等机构制定的规范法律文件。

(2) 法律。法律的概念由广义和狭义 2 种。在广义上，法律与上述法的概念一致。在狭义上，法律仅指具有最高立法权的国家立法机关制定或认可的，以权利义务为主要内容的，具有国家强制性的行为规则，即仅指全国人民代表大会及其常务委员会制定的规范性法律文件。法制，泛指法律和制度。

2. 我国现行法

在法律的效力形式上，我国现行法包括宪法，法律，行政法规，地方性法规（含民族自治区的自治条例和单行条例、特别行政区的法、经济特区的法）和行政规章等。

(1) 宪法。宪法是以宪法法典为核心，由所有具有宪法性质的法律构成的 个整体。它包括宪法、选举法、人民代表大会组织法、立法法等。

宪法是国家的根本大法，由全国人民代表大会制定和修改，具有最高的法律效力，是制定其他法律的依据。宪法规定国家的社会制度、国家制度、国家机构和公民的基本权利义务等。

(2) 法律。这里的法律是狭义的，仅指由最高国家权力机关，即最高国家立法机关——全国人民代表大会及其常务委员会依法制定的规范性法律文件的总称。它包括基本法律和基本法律以外的其他法律。基本法律是有全国人民代表大会制定的，调整国家和社会生活中具有普遍性的社会关系的规范性法律文件的总称。如民法、物权法、婚姻法、民事诉讼法、刑事诉讼法、行政诉讼法等。基本法律以外的其他法律是指某些调整具体社会关系的规范性法律文件的总称。

在一个国家内，法律必须以宪法为根据，其效力仅次于宪法（包括具有宪法性质的法律），而高于其他法。法律的解释权属于全国人民代表大会常务委员会，其法律解释同法律有同等效力。

(3) 行政法规。行政法规是指由最高国家行政机关，即中央人民政府——国务院依法制定的规范性法律文件的总称。行政法规应以宪法和法律作为依据，并不得与宪法和法律相抵触，其效力低于宪法和法律。行政法规通常规定有关行政管理和行政事项。

(4) 地方性法规（自治条例、单行条例）。地方性法规是由省、自治区、直辖市人民代表大会及其常务委员会根据本行政区域的具体情况的实际需要，在不与宪法、法律和行政法规相抵触的前提下，制定的规范性法规。报省、自治区人民代表大会常务委员会批准后施行。

民族自治地方的人民代表大会有权依照当地民族的政治、经济和文化的特点，制定自治条例和单行条例。自治区的自治条例和单行条例，报全国人民代表大会常务委员批准后生效。自治州、自治县的自治条例和单行条例，报省、自治区、直辖市人民代表大会常务委员会批准后生效。自治条例和单行条例可以依照当地民族的特点面对法律和行政法规的规定作出变通规定，但不得违背法律或行政法规的基本原则，不得对宪法和民族区域自治法的规定以及其他有关法律、行政法规专门就民族自治地方所作出的规定作出变通规定。

(5) 行政规章。行政规章分为部门规章和地方政府规章两种，是有关行政机关制定的事关行政机关的规范性法律文件的总称。

部门规章是指国务院的组成部门以及其组成机构在其职责范围内制定的规范性文件。国务院各部委、中国人民银行、审计署和具有行政管理职能的直属机构，可以根据法律和国务院的行政法规、决定、命令，在本部门的权限范围内，制定规章。涉及 2 个以上国务院部委职权范围的事项，应当提请国务院制定行政法规或者由国务院各部委联合制定规章。如《房产测绘管理办法》为建设部、国家测绘局联合制定的部门规章。部门规章的效力低于宪法、法律、行政法规，不得与它们相抵触。

地方政府规章是有权制定地方性法规的地方人民政府根据法律、行政法规制定的规范性文件。地方政府规章可以就下列事项作出规定：①为执行法律、行政法规、地方性法规的规定需要制定规章的事项；②属于本行政区域的具体行政管理事项。地方政府规章除了不得与宪法、法律、行政法规相抵触，还不得与上级和同级地方性法规相抵触。

二、物业管理法制建设的重要性

在我国，物业管理法制化建设已取得了很大的进展，正在逐步形成较完整的、系统的法律体系。物业管理法制建设的重要性具体体现在：

1. 法制建设是政府为加强对物业管理的需要

随着政府职能的转变，政企分开对物业行业的管理从过去以行政手段管理为主，转变到以法律手段管理为主，综合运用法律手段、行政手段、经济手段、技术手段实行行业管理。因此就必须加强法制建设，建立健全物业管理的法律体系，真正做到有法可依，从根本上实施和加强对物业管理的行业管理。

2. 加强法制建设是物业管理行业自身发展的需要

物业管理同传统的行政型、福利型管理体制的重大区别之一，就是通过业主聘用的方式来确定物业服务企业。这种方式，是符合发展社会主义市场经济的要求的。物业管理权利主体与客体的相互结合，必然会形成一种新型的特殊的社会主义关系。因此，必须建立物业管理中的各方关系，保障各方的合法权益。实现国家对人们居住行为的规范引导，使之达到程序化、合法化。制止各类违法违章事件发生，以保证物业管理工作向规范化科学化的方向发展。

3. 加强物业管理的法制建设可以保障依法进行物业管理

当前物业管理的发展中，非常需要建立行之有效的法规和各项规章制度。管理工作中各方面之间的关系，权利、义务，必须有明确的规定。随着住房制度的改革，城镇居民拥有自己的房屋，大量集中在住宅小区内，业主的建筑物区分所有权已经成为私人不动产物权中的重要权利。目前违章装修已是住宅小区管理中最普遍的问题，房屋产权多元化的格局下，业主在室内进行装修时，任意而为，破墙开门，改变平面布局的现象时有发生，有的影响房屋的立面观瞻，情节严重的造成房屋裂缝，影响房屋安全，危及邻里。因此，物业管理必须有相应的法规和有关行政规章，并将管理与服务、管理与教育相结合，以法律形式在最大的限度上，实现国家对人们居住行为的规范引导，使之达到秩序化、合法化，从而保障企业依法进行物业管理，推动物业管理的发展。

第二节　物业管理的法律关系

法律关系是法律规范调整一定社会关系过程中所形成的人们之间的权利与义务的关系。物业管理关系是一种具体的法律关系，是法律规范调整人们在物业管理过程中形成的权利与义务的关系、它是随着房地产业及物业管理的发展而出现的新型法律关系、物业管理法律关系由主体、客体、内容三要素构成。

物业管理涉及的法律关系是错综复杂的，不仅仅局限于民事关系，而且涉及诸多政府部门在公共安全、公共秩序、社会责任等方面对开发建设单位，物业服务企业、业主或使用人在物业使用、维护行为的监督关系。因此，物业管理领域中，主要存在民事法律关系和行政法律关系。

物业管理民事法律关系是指物业管理活动中，业主、使用人、开发商、物业服务企业、其他专业服务机构之间因一系列合同规约而发生的民事法律关系。主要包括：①物业区域全体业主、使用人之间的物业公用及相邻关系；②业主或使用人之间关于物业使用的租赁及其他关系；③业主与开发商之间因销售合同而产生的物业保修等民事关系；④开发商与物业服务企业因前期物业管理之间而产生的委托关系；⑤业主与物业服务企业因物业服务合同而产生的聘用关系；⑥物业服务企业与其他服务机构就物业区域相关服务订立合同而产生的承包关系等。

物业管理行政法律关系是指物业管理活动中相关政府机构与当事人发生的服从与被服从、管理与被管理、监督与被监督的法律关系。主要包括：①行政机关对开发商及物业服务企业的管理关系；②行政机关对物业业主或使用人相关行为的管理关系。

一、物业管理法律关系三要素

1. 主体

物业管理法律关系的主体就是指物业管理法律关系的参与者。包括物业服务企业、业主大会和业主委员会、政府行政主管部门、相关专业公司和相关部门等。

2. 客体

物业管理法律关系的客体是指物业管理法律关系主体间权利和义务共同指向的对象。主要包括：

（1）物，亦称标的物。是物业管理对象，如居民住宅小区、公寓、写字楼、别墅、综合商贸大厦以及附属设备、配套设施、道路、场地等。

（2）行为。指物业管理法律关系主体行使权利和履行义务的活动，包括作为和不作为，即根据主体之间形成的各种合同、协议等法律文书，如根据“物业服务合同”所进行的物业服务活动。

至于精神财富，在物业管理法律关系中还比较缺乏。个别的如某服务企业、小区或大厦的荣誉称号、发明专利等，可以列入物业管理法律关系的范畴。也是物业管理法律关系区别于其他民事、经济法律关系的特点之一。

3. 内容

物业管理法律关系的内容指物业管理法律关系的主体之间依据法律和合同享有的权利和承担的义务。

在物业管理中权利是指物业管理法律规范或物业服务合同所规定的，物业管理法律关系主体所享有的作出某种行为的可能性。它表现为：

（1）享有权利的人有权作出一定的行为。如业主或使用人可以合法使用物业及其附属公共配套设施。

（2）享有权利的人有权要求他人作出一定的行为。如要求服务者提供规定或约定的有关服务。享有权利的人要求他人作出一定的行为，也包括不作为，如有权要求服务单位不得在休息时间视察房屋或维修施工，服务单位有权要求住户不得拒绝或干扰服务人员的合理入户询查等。

在物业管理中义务是指物业管理法律规范或合同约定的、物业管理法律关系主体所承担的某种行为的必要性或责任。它表现为：

1）负有义务的人必须按照有合同权利人的要求作出一定的行为。如按时缴纳管理费，纠正违章并赔偿已造成的损失等。

2）负有义务的人必须控制自己的一定行为。如不从事损害房屋及公共设施、损坏异产毗邻房屋、破坏公共环境和秩序等活动。

在物业管理权利和义务的关系中，权利主体一般是特定的，如物业服务企业、业主或使用人、主管部门等；义务主体有时是特定的，如缴费者、某装修施工者。有时是不特定的，如维护公共设施（如公共水电设施）的外观统一、结构安全、质量完好，或维持住宅区、大厦的公共卫生，环境安宁。凡是有可能对上述物业及状态造成侵害的行为都是义务承担者。

二、物业管理法律关系的特征

物业管理法律关系是房地产法律体系的一个组成部分，相对于其他法律部门或法律体系而言，物业管理法律关系的基本特征有以下几个方面：

1. 主体广泛性

物业是城市发展、人民生活的基本物质条件。任何组织和个人都会与物业发生各种联系，并通过这种联系形成人与人之间的社会关系。因此，可以说物业管理法律关系的权利和义务主体是非常广泛的。

2. 权属基础性

物业管理的对象是物业。房地产是不动产，但不动产的转移并非实际物体发生位移，而是权利的主体发生变动。房屋的出售、租赁实际上是权利的交易和转让。因此，物业管理法律规范是一个以权属为基础的法律规范。

3. 国家干预性

物业对国家、法人和公民来说都是一笔很重要的财富，它关系到经济发展和社会稳定。因此，国家对这一领域的行政干预十分显著。这也是世界各国不动产行政管理的共同特点。

除了基本特征外物业管理行为的特殊性和我国物业管理行业的特殊发展阶段，决定了现阶段物业管理法律关系又具有本身的独有特征。概括地说，主要体现在以下5个方面：

（1）业主意志的多元化和代表性。产权主体多元化是现代物业管理产生的前提条件，并直接导致产权主体意志的多元化，如何集中分散的多元化意志成为一种统一普遍的公共意志，是物业管理所要解决的首要问题。与其他民事法律关系相比，物业服务合同一方当事人业主所具有的个体分散、意志多元化的特征，使得组成一个统一的代表全体业主利益和意志的机构成为必要，而业主大会及其常设机构业主委员会就是一种代表性机构。法律规范明确除业主共同决定的事项外，业主大会或者业委会作出的有关物业管理的决定，对业主具有约束力。

（2）政府在物业管理法律关系中具有特殊的地位。物业管理是城市管理的重要组成部分，充分发挥国家行政机关在建立物业管理市场机制方面的作用不容忽视。政府在物业管理法律关系中具有重要地位，主要表现在：①对业主大会成立的指导管理；②对物业服务企业的监督和管理；③对住宅物业服务价格的指导监督；④对物业使用与维护的监督和管理；⑤对违反物业管理法规行为的处罚等。

（3）物业管理法律关系具有公私混合的特征。物业管理法律关系既涉及公权关系，也涉及私权关系。在传统的法律关系中，有的调整私权关系，当事人处于平等地位，如民事法律关系；有的调整公权关系，当事人的地位不平等，如行政法律关系。而物业管理法律关系则体现公私权关系混合的特征。也就是说，有的物业管理法律关系（如物业管理行政监督关系）的当事人之间地位是不平等的，存在着一方服从另一方的问题；有的物业管理法律关系（如物业服务聘用关系）的当事人之间的地位是平等的，双方的权利义务关系对等的。物业管理法律关系与这一特点有密切关系。正因如此，可以把物业管理法律关系分为物业管理行政法律关系和物业管理民事法律关系两大类。

（4）业主所有权的限制和监督权的扩大。一方面在物业管理各种关系中，全体业主虽然拥有公共场所及公共设备的所有权，但对于个别（或部分）业主来说，由于公共物权的不可分割性，就不能单独实现其对共有物的物权权力。除使用权以外，个别（或部分）业主对公共场所及公共设备的占有、受益和处分都受到不同程度的限制，打破这种限制就意味着权利的滥用，而这种制约的结果是应当经专有部分占建筑物总面积三分之二以上业主、且占总人数三分之二以上的业主同意才能行使公共物业的所有权。另一方面，与其他法律关系不同，由于物业服务的消费和产生处于同一过程，为维护具有所有权和消费者双重身份的业主的利益，法律赋予选聘者充分的监督权。对物业服务行为的监督权的范围不仅在于业主大会和业主委员会，而且扩大到每位业主或使用人。

（5）物业服务行为是一种提供公共性服务商品的法律行为。物业服务行为与其他商业行为的一个重要区别，就在于它提供的商品主要是公共性服务，而非特约服务。公共服务的一个重要特点是存在着享受服务的公共性与缴费义务的个体性的矛盾，这一矛盾的直接后果是个别业主拒交费用的违法行为必然侵害其他守约业主的公共利益。如果守约业主与违约业主享有同样的服务，无疑是对守约业主的不公正，由此可能产生拒交费用的不良示范效应，并最终导致物业服务的无以为继。因此，物业管理法律关系客体的这一特征，反映在法律文件上就是物业服务选聘关系除了通过物业服务合同来约定外，还需要管理规约来规范。管理规约体现了绝大部分业主的共同意志来对少数业主个别利益的约束，是物业服务正常运作的保证，也是物业管理立法的补充。

第三节 物业管理的相关法律文件

一、物业服务合同

物业服务合同是确立业主和物业服务企业在物业服务活动中的权利义务的法律依据。

在物业服务活动中，物业服务合同的地位非常重要。合同是否依法订立、合同内容是否详细、合同是否具有可操作性，对于维护各方在物业服务中的合法权益举足轻重。目前，在物业服务活动中出现的许多纠纷，与合同的不规范具有很大关系，所以业主、物业服务企业（开发商）应充分重视服务合同的订立和履行。

按照物业服务合同签订的当事人不同，又分为前期物业服务合同和物业服务合同。

1. 物业服务合同的主体

物业服务合同，是对业主提供服务的合同，其主体一方必须对物业拥有所有权，而只有业主才是物业的所有权人，但由于物业服务企业是对一定物业区域内的业主进行服务，而一定物业区域的业主又往往不是一个，因而，作为物业服务合同的一方主体就不能是某一个业主或者数个业主，而应当是所有业主，所有业主拥有订立合同的权利能力。但又由于业主是一个个分散的主体，在行使民事行为的时候就必须有一定的形式，否则很难行使民事行为。因此，《物业管理条例》确立了业主行使民事行为的主体形式，即业主大会。业主委员会代表业主与物业服务企业签订合同，签订合同的当事人一方是业主委员会。由于业主大会及业主委员会的民事行为能力在我国立法上刚刚起步，出现业主一方违约，承担责任的不是业主委员会，而是全体业主，这对守约业主是不公平的。所以个别业主或者少数业主违约，应该由具体违约的业主承担相应的责任。

物业服务合同的另一个权利义务主体是物业服务企业。物业服务企业作为企业法人，其民事权利能力和民事行为能力都始于其成立，终于其消灭，且其民事权利能力和民事行为将受其组织目的或者其营业范围的限制，由法定代表人对外代表企业从事民事法律行为。

因此，业主和物业服务企业之间是平等的民事主体关系，不存在领导者与被领导者、管理者与被管理者的关系。双方的权利义务关系，体现在物业服务合同的具体内容中。

2. 物业服务合同的形式

物业服务合同以书面的形式签订。

二、管理规约

建筑物区分所有权是近代各国物权法上一项重要的不动产权利，当数人区分某一建筑物时，就产生了建筑物区分所有权。于专有部分上成立的所有权，为专有部分所有权；于公共部分上成立的所有权，为公有部分所有权。除法律另有规定外，区分所有人对其专有部分享有占有、使用、收益和处分的权利。但是，区分所有人对专有部分的使用，不得妨碍建筑物的正常使用以及侵害其他区分所有权人的共同利益。因此，一栋楼、一个物业管理区域内的共同部分和附属设施为全体业主共有。为了更好地使用公用设施设备，维护全体业主对物业的使用、维护良好的公共秩序，业主之间需要通过订立自治协议，约定业主对物业的使用维护制度。这种由业主承诺，全体业主共同约定、相互制约、共同遵守的有关物业使用、维护、管理及公共利益等方面的行为准则就是管理规约。按照管理规约订立的阶段不同，分为临时管理规约和管理规约。

1. 管理规约的制定依据

（1）《民法通则》第八十三条规定，不动产的相邻各方，应当按照有利于生产、方便生活、团结互助、公平合理的精神，正确处理截水、排水、通行、通风、采光等方面的相邻关系。

（2）《城市异产毗连房屋管理规定》第五条规定："所有人和使用人对房屋的使用和修缮，必须符合城市规划、房地产管理、消防和环境保护等部门的要求，并应当按照有利于使用、共同协商、公平合理的原则，正确处理毗连关系。"

（3）《物权法》中相邻关系中的规定"不动产权利人应当为相邻权利人用水、排水提供必要的便利"。"不动产权利人因建造、修缮建筑物业及铺设电线、电缆、水管等必须利用相邻土地建筑物的，该土地建筑物的权利人应当提供必要的便利"等。

2. 管理规约制订的原则

（1）合法性原则。管理规约的内容应当符合法律法规和政策规定，符合土地使用权出让合同的规定。

（2）整体性原则。管理规约的订立应当在全体业主自愿和充分协商的基础上进行，当个别意见难以统一时，应当以全体业主的整体利益为目标，个人服从全体，少数服从多数。

3. 管理规约的特征

管理规约性质是全体业主的最高自治规则。管理规约形式上与合同类似，但规约各方所追求的目的在方向上是相同的，是各方意思表示平行融合、互相结合的共同行为；而合同行为则是双方意思表示对立统一、相互结合的双方行为、管理规约经业主签署同意或业主大会决议通过而生效，是业主实现自治管理的重要协议。管理规约作为最高自治规则具有以下特征：

（1）体现业主自律自治。管理规约是业主约定彼此相互关系的民事协定，订立管理规约是业主间的共同行为。根据私法自治原则，只要不违反法律强制性规定，不背离公序良俗，不侵犯业主的固有权益，规约可以自由设定业主的权利义务，还可以规定物业区域内业主应具备的社会公德修养。

管理规约作为业主行为规范由业主自行设定，而非国家统一设定，立法只就普通问题作规定。管理规约由业主自己执行，业主委员会、业主大会监督实施。

（2）订立程序严格。《物业管理条例》明确规定，管理规约的订立、变更均通过业主大会进行，而且，管理规约还需要经过物业管理行政管理部门登记备案。

（3）约定效力之上。管理规约作为物业区域内全体业主的最高自治规则，约束全体业主。业主大会或业主委员会的相关规定均不得违反管理规约，否则无效。

管理规约作为自治规则，与普通民事契约的关键区别在于：其效力不仅在于同意设定契约的当事人，而且约束不同意规约的少数业主与特定继受人。特定继受人包括转移继受人与设定继受人。转移继受人指物业所有人的受让人，继受约束新业主，可以理解为继受人在取得物业时，对已经生效的管理规约存在默示，自愿接受管理规约的约束。设定继受人指物业的承租人，借用人等使用人。

三、其他相关文件

1. 业主大会议事规则

业主大会是业主自治的最高权利机构，业主委员会是在物业管理区域内，代表和维护全体业主利益的自治性组织，二者在物业管理活动中如何开展工作也需要相应的法律文件加以明确，这就是业主大会议事规则。

业主大会的议事规则是业主大会组织、运作的规程，是对业主大会宗旨、组织体制、活动方式、成员的权利义务等内容进行记载的业主自律性文件。业主大会通过业主大会议事规则来建立大会内的正常工作秩序，保证大会内业主集体意志和行动统一。业主大会议事规则是全体业主意志的集中体现，是业主大会运作的基本准则和依据，业主大会、业主委员会和所属成员都必须严格遵守。

2. 辖区管理规定

除了上述几个主要文件外，物业管理实践中还需要一系列的规章、制度、办法，如装饰装修管理办法、安全守则、公共卫生守则、公用设施及公用部分使用办法、绿化管理办法、车库管理办法等。

按照《物业管理条例》的相关规定，辖区管理规定的制订、修改是业主大会的职责，但是业主大会是业主入住一段时间后才能够组织召开的，在业主大会召开之前的物业管理活动又需要这些具体的管理规定来支撑。实践中可行的做法是由物业服务企业根据有关的法律法规制度、前期物业服务合同、临时管理规约等暂定各项管理规定，业主大会召开时再对这些管理规定进行修改和制订。

第四节 物业管理纠纷的投诉和处理

一、物业管理法律责任

1. 物业管理法律责任的含义

物业管理法律责任，是指一般法律关系主体因自己行为违反物业管理法律规范确定的义务及物业服务合同约定的义务，或者因不当行为行使自己职权，或者因某种法律事实出现，而应承担的具有国家强制性的不利法律后果。

2. 物业管理法律责任的特征

物业管理法律责任与一般法律责任相比，具有以下特征：

（1）法定责任与约定责任相结合。物业管理本质上是一种特殊的民事关系，物业管理活动是基于业主与物业服务企业签订的物业服务合同的约定，全面、严格地履行合同义务，任何一方当事人违反有效合同所规定的义务均应承担违约责任。违约责任，也称为违反合同的民事责任，是指合同当事人因违反合同义务所承担的民事责任。

物业服务合同的一方主体是广大业主，因此，不存在着单个业主和全体业主共同利益的冲突。同时，物业服务企业的违法行为往往损害的是多数业主的利益，已经具有公共利益的性质，因而相关的法律法规也规定了物业服务企业违法行为的法律责任。这样，物业服务中发生的法律责任的确定，不仅要以合同或契约为根据，还要以相关法律规定为依据，故物业管理法律责任是法定责任与约定责任的结合，其违法行为可能出现“法律责任复合”的现象，即违法行为人可能要承担多种法律责任（民事法律责任、行政法律责任、刑事法律责任）。但多数违法行为涉及的是民事违法和行政违法两个方面，因此《物业管理条例》对行政责任和民事责任都作了相应的规定。

为了处理好行政处罚和承担民事责任之间的关系，《物业管理条例》在设定法律责任时遵循了以下原则：①凡是能够通过承担民事法律责任解决的，不再设定行政处罚；②确定涉及违反行政管理规定，损害公共利益，需要给予行政处罚的，则优先保证民事责任的承担，保护全体业主的利益。

（2）体现了业主自我管理、自我监督的原则。由于物业管理涉及单个业主利益和全体业主共同利益的矛盾，因而当业主的某些违法行为损害全体业主的共同利益时，应由业主先行自我管理、自我约束，然后再承担法律责任。

（3）以技术规范确定的责任为主。物业服务工作大部分涉及房屋修缮、设备和设施维修养护、人居环境和工作环境改善、白蚁防治、危房管理和鉴定等许多专业性技术，国家往往有相关标准和技术规范，业主方也会提出技术标准方面的要约而被物业服务企业承诺。因此，在确定物业服务技术操作后果的法律责任时，必需充分注意有关技术规范和约定技术规范中关于技术问题和法律责任的规定。

3. 物业管理法律责任的意义

法定责任的规定和约定责任的设定，要求人们严格履行其应尽的义务，从而达到法律规定的目的，即当事人达成约定所欲达到的目的。物业管理法律责任制度是国家对物业管理社会关系进行法律调控的一种形式，以保护合法权益、促进有关义务履行为中心环节，而在法律责任追究方与法律责任承担者之间建立起一种特殊的与国家强制性处罚措施相联系的权利义务关系。法律责任是权利义务的保障机制，也是执法严肃的灵魂。要使责任人真正不能逃避应承担的法律责任，关键是执法机关的执法应到位。

二、物业管理纠纷概述

1. 物业管理纠纷的定义

物业管理纠纷是指物业管理各主体之间在物业管理的民事、经济、行政活动中，因对同一项与物业有关或与物业服务有关或具体行政行为有关的权利和义务有相互矛盾的主张和请求，而发生的具有财产性质的争执。

物业管理纠纷的范围较广，一般包括：

（1）前期物业管理的纠纷；

（2）物业使用的纠纷；

（3）物业维修的纠纷；

（4）物业服务的纠纷；

（5）物业服务企业与各专业管理部门职责分工的纠纷；

（6）物业租赁的纠纷；

（7）异产毗邻房屋管理纠纷；

（8）公有房屋管理的纠纷；

（9）城市危险房屋管理的纠纷；

（10）其他有关物业管理活动实施中发生的纠纷，如市容监察对物业区域内违反市容、环境卫生、市政设施、绿化等城市管理法律法规规定的行为，作出处罚和处理的纠纷等。

2. 物业管理纠纷的特点

物业管理纠纷属于房地产纠纷总类的一个分类，虽也具有与其他类房地产纠纷共性的方面，但也明显具有自己独有的一些特点，主要表现为：

（1）物业管理纠纷酿成不仅有基于违法或违背社会公共利益的行为，而且还有基于违反业主自治规约（管理规约）的行为；而其他类房地产纠纷不涉及自治规约的存在和违反问题。物业管理法规赋予业主自治组织的权利和保护业主团体运行程序，承认管理规约对全体业主的约束力。受管理规约约束的业主、使用人、业主委员会若有违反管理规约的行为，就易发生自治类纠纷。

（2）物业管理纠纷涉及的法律关系非常复杂。物业管理纠纷既有涉及民事、经济、行政、刑事法律关系的纠纷，又有涉及业主团体经济事务和社会事务民主自治法律关系的纠纷；既包括物业管理实施过程中的纠纷，又包括物业开发规划设计时期、前期物业管理时期的纠纷等。总之，物业管理纠纷涉及面广，关系复杂。

（3）物业管理纠纷具有易发性和涉众性。基于服务产品的生产过程与流通过程、消费过程的交融性，服务大都直接面对消费者，服务态度和业主态度等消费心理易受个人情绪的影响，因而在物业服务过程中，容易发生对服务质量好坏、满意与否的争执。由于物业管理事务大多涉及业主团体共同利益甚至社会公共利益、城市容貌和形象的事务，因而物业管理一旦发生问题，往往引起业主集体争执甚至集体诉讼，有的纠纷还有公共媒体介入。即使在业主团体内部，有时也会发生利益要求有分歧的不同团组的涉众纠纷，如后期入住业主对前期已成立的业主委员会的改组纠纷，大业主和小业主们的利益矛盾纠纷，年轻业主与年老业主在改建、增建共用设施和将部分共用场地改变为营利性场所的决议方面所做的争执纠纷等。

三、物业管理纠纷的投诉

1. 物业管理纠纷的处理依据

物业管理发生纠纷，当事人要通过各种方式加以解决，首先应确定的就是依据是什么。物业管理纠纷的处理依据，也就是处理纠纷时应该适用的有关法律规范、政策规范和自治规范。自治规范主要包括物业服务合同和业主团体规范。业主团体规范又主要包括管理规约和其他自治规约（如制定的各项管理制度）。自治规范属于合同或协议当事人、业主团体为自己制定的自律性特别法，其所约定的条款，只要不与有关的强行法相冲突，就可以作为调查处理纠纷的法律依据。

2. 物业管理纠纷投诉受理制度

物业管理纠纷投诉是指物业管理法律关系的一方当事人，即业主、使用人、业主委员会或物业服务企业就另一方当事人或其他物业管理主体违反物业管理有关法规、物业服务合同等行为，向所在地物业管理行政管理部门、物业管理协会、消费者协会或物业服务企业的上级部门进行口头或书面的反映。

这里的投诉不包括业主、使用人、业主委员会向物业服务企业就物业服务中的一系列问题进行的投诉，物业服务企业对待这种投诉应该积极处理，应由专门的部门负责，建立完善的投诉处理制度，积极、有效地处理物业服务过程中出现的各种问题，做好与业主的沟通，将矛盾解决在萌芽状态。

投诉受理制度是指政府有关行政管理部门接受投诉后的处理程序。物业管理投诉受理制度是指物业管理行政部门接受业主委员会、业主或使用人和物业服务企业对违反物业管理法律法规、物业服务合同等行为投诉的受理及处理程序。《物业管理条例》第四十九条规定："县级以上地方人民政府房地产行政主管部门应当及时处理业主、业主委员会、物业使用人和物业服务企业在物业管理活动中的投诉。"一些地方物业管理法规对此作出了更为具体的规定。

3. 投诉的种类

在确定了投诉人和被投诉人的范围后，投诉一般包括以下几种情况：

（1）业主或使用人对其他业主或使用人的投诉。如有些业主或使用人因在天井、庭院、平台、屋顶以及道路搭建建筑物，而影响其他业主正常的工作、生活或影响物业区域整体美观，致使违反物业管理相关规定的，有利害关系的业主或使用人对此可进行投诉。

（2）业主或使用人对业主委员会的投诉。如业主委员会没能履行职责，致使业主或使用人的权益受到损害的，业主或使用人可对其进行投诉。

（3）业主委员会、业主或使用人对物业服务企业的投诉。如物业服务企业没能履行物业服务合同约定的有关条款，致使居住区的公共秩序维护、保洁服务没能到位；物业服务企业乱收物业服务费用；专项维修资金管理混乱，且账目不公开等行为都可能导致被投诉。

（4）业主委员会、业主或使用人对有关专业管理部门的投诉。如因居住区内经常无故停水、停电，环卫部门没能定期清运垃圾，铺设地下管道而未使小区道路路面平整等情况，影响业主或使用人正常的生活和工作，将导致向有关专业管理部门投诉。

（5）业主委员会对业主或使用人的投诉。如因业主或使用人在装修时，损害房屋承重结构或破坏房屋外貌，经业主委员会、物业服务企业劝阻无效的，可导致投诉。

（6）物业服务企业对有关专业管理部门的投诉。如"统一管理、综合服务"的物业服务模式与各专业管理部门还存在分工不明、职责不清的矛盾，在具体矛盾出现的情况下，将导致物业服务企业对有关专业管理部门的投诉。

（7）业主委员会、业主或使用人对建设单位的投诉。如建设单位所建造的房屋存在严重的质量问题或配套设施设备不到位，影响业主或使用人的正常生活和工作的，致使对其进行投诉。

（8）业主委员会、业主或使用人对物业行政主管部门的投诉。如物业所在地的房地产管理部门或有关工作人员干扰组建业主委员会，或变相指定物业服务企业的，将导致投诉。

（9）其他方面的投诉。如执法部门或有关工作人员对物业区域内违反市容、环境卫生、环境保护、市政设施、绿化等城市管理法律法规以及对违法建筑、设摊占路等执法不力的，将导致对其进行投诉。

4. 建立投诉受理制度的意义

（1）建立投诉受理制度有利于维护业主或使用人的合法权益。物业管理几乎涉及每一市民，特别是业主的切身利益，直接影响业主或使用人的生活和工作，影响到安居乐业，甚至是社会的稳定。在物业管理中所发生的纠纷或违反法律法规的行为，业主委员会、业主或使用人可以通过该项制度来维护自己的合法权益。

（2）建立投诉受理制度有利于规范物业服务企业的行为。物业服务企业在实施物业服务中，由于缺乏具体经验，以及存在观念、资金、技术水平、员工素质，技术力量等原因，影响正常的物业服务。通过该项制度，房地产管理部门可以依法强化对物业服务企业的监督和管理，从而使其行为规范化。

（3）建立投诉受理制度有利于加强街道或房地产主管部门对物业管理的监督和管理，街道或房地产主管部门依法对物业管理进行指导和监督，投诉受理制度能使其更好地行使职责，进一步了解物业管理中存在的问题，同时也是解决物业管理纠纷的有效措施之一。

（4）建立投诉受理制度有利于物业管理健康发展。投诉是业主委员会、业主或使用人以及物业服务企业的基本权利之一，是他们运用法律武器维护自己合法权益的措施之一。受理是政府行政主管部门和各专业管理部门接受投诉和处理投诉的一项制度，也是解决物业管理纠纷或违法行为的措施之一。投诉受理制度的贯彻执行，促使物业管理进一步规范化、法制化。

物业管理中的投诉受理制度是随着物业管理的发展而逐步建立和完善的，目前还没有引起人们的重视。因此，还需要进一步宣传，使业主委员会、业主、使用人能运用投诉这一法律武器来维护自己的权益，使物业服务企业规范自身的行为，使行政主管部门加强物业管理的指导和监督，使各专业管理部门各司其职、相互配合，从而使物业管理工作走上健康有序发展的轨道。

四、物业管理纠纷的处理

当物业管理纠纷发生之后，当事人可以根据具体情况选择不同的途径来解决。根据物业管理纠纷、法律责任的种类和处理方法的不同，物业纠纷的处理方式主要有协商、调解、行政裁决和行政复议、仲裁、诉讼。纠纷一经立案，就成为案件，对案件的合法处理属于事后解决纠纷的方法。

1. 协商

协商是由物业管理纠纷当事人双方或多方本着实事求是的精神，依据有关法规、业主公约和所订立合同的规定，直接进行磋商，通过摆事实、分清是非，在自愿互谅、明确责任的基础上，共同商量达成一致意见，按照各自过错的有无、大小和对方受损害的程度，自觉承担相应的责任，以便及时解决物业管理纠纷的一种处理方式。

协商这种方式简便、易行，能够及时解决纠纷，不需要经过仲裁程序或诉讼程序，因此，当事人双方应本着诚信的态度积极采取此方式来解决纠纷。

当事人自行协商解决纠纷要做到以下 2 点：

（1）双方协商解决纠纷所达成的协议要合法，必须符合物业管理法律法规的规定，并不得损害国家、集体以及其他业主或使用人的合法权益。

（2）双方当事人要在平等的地位上自行协商解决，达成的协议要合理，不允许以强凌弱，也不得借助当事人以外的力量来压服对方。

2. 调解

调解是指当事人之间发生物业管理纠纷时，由第三人主持，在坚持自愿原则和合法原则的基础上，运用说服教育等方法，促使当事人双方相互谅解，自愿达成协议，从而平息纠纷的一种方式。

调解按主持人身份的不同可分为民间调解、行政调解和司法调解。调解达成协议的，调解主持人应制作调解书，在调解书中写明当事人的情况、纠纷的主要事实和责任、协议的内容和责任的承担方式、承担者，然后由当事人签字盖章，调解主持人署名并加盖公章。双方当事人对送达的调解书都要自觉履行。

(1) 民间调解广义上包括人民调解委员会调解、律师调解、当事人请调停人调解；狭义上仅指人民调解委员会调解民间纠纷，具有民间性质。其调解虽具有一定约束力，但要靠当事人自觉履行，人民调解委员会和另一方当事人皆不能强制其执行。

(2) 行政调解是指在特定的国家行政主管机关的主持下进行的调解，它具有行政性质。行政调解书具有法律效力，若一方不执行，行政主管机关虽无权强制其执行，但另一方当事人可以持行政调解书向有管辖权的法院申请强制执行；若达成调解协议书的一方反悔了，要推翻行政调解书写明的协议，就必须到法院起诉，不经过司法程序就不能推翻原来的行政调解。

(3) 司法调解广义上包括仲裁调解和法院调解，狭义上仅指法院调解，又称为诉讼内调解，具有司法性质。法院受审案件的民事部分，可以在审判人员主持下进行调解，一般只有在调解不成立，才依法作出判决。即使一审作了判决，上诉二审时还是可以调解的，如果调解成立，一审判决即视为撤销。司法调解书与判决书具有同等效力，一经送达生效就产生以下法律后果：①当事人不能就法院调解解决的案件以同一事实和理由对另一方再行起诉；②当事人不能对调解提出上诉；③当事人一方不履行调解书内容，法院可以强制执行。

民间调解和行政调解不是法定的诉讼前必经程序，如果当事人不愿调解或对调解不服，或调解成立又反悔，仍有权起诉。而仲裁或诉讼中的调解是仲裁程序或诉讼程序中的一个环节，不具有独立性。

3. 行政裁决和行政复议

行政裁决是指对违反行政法规的行为，国家有关行政机关或上级部门对违法者所做的处罚或处分的决定。如果当事人对行政处罚或处理决定不服，可在一定期限内依法向上级行政管理机关提出重新处理申请，上级行政管理机关依法重新进行复查、复审、复核、复验等一系列的活动，根据复议的情况，可以做出维持、变更或撤销、部分撤销原行政处罚或行政处理决定。在处理物业管理法律责任中，上级房地产管理机关通过行政复议，有权对下级机关所做的行政处罚和处理决定进行复查，维持正确、合法的行政决定，纠正和撤销不合法、不适当的行政决定，这种复查过程，就是实施监督的过程。这样做，有利于房地产管理机关依法行政，正确贯彻国家的物业管理政策，正确实施物业管理法律法规，做好物业管理工作。

4. 仲裁

仲裁是发生纠纷的双方当事人按照有关规定，事先或事后达成协议，把他们之间的一定争议提交仲裁机构，由仲裁机构以第三者身份对争议的事实和权利义务作出判断和解决的一种方式，《仲裁法》第 2 条明确规定了其调整范围是“平等主体的公民、法人和其他组织之间发生的合同纠纷和其他财产权益纠纷”。物业管理纠纷的仲裁，是指由物业管理纠纷当事人依据仲裁法，双方自愿达成协议选定仲裁机构主持调解或对纠纷做出裁决的一种处理方式。物业管理纠纷中可以提起仲裁的有物业服务合同纠纷、物业租赁合同纠纷、代理经租合同纠纷、物业服务企业与专业公司签订的合同纠纷等。依据仲裁法规定，仲裁委员会不按行政区域层层设立，可以在设区的市、省级人民政府所在地的市设立，并且仲裁不实行级别管辖和地区管辖。

物业管理纠纷当事人采取仲裁方式解决纠纷，应当双方自愿，达成书面仲裁协议；没有书面仲裁协议，一方申请仲裁的，仲裁委员会不予受理。当事人达成仲裁协议后，一方向法院起诉的，法院不予受理，但仲裁协议无效的除外。

物业服务合同和其他民事纠纷的仲裁处理程序与司法审判程序类似，但相对比较灵活、简便，可选择余地较多。仲裁委员会在收到双方当事人提交的仲裁申请书后5日内决定立案或不立案，立案后在规定期限内将仲裁规则和仲裁员名册送达申请人，并将仲裁申请书副本和仲裁规则、仲裁员名册同时送达申请人。依普通程序审理时由3名仲裁员组成仲裁庭，当事人各选1名，第3名作为首席仲裁员由当事人共同选定或者共同委托仲裁委员会主任指定。案情简单、争议标的小的，可以适用简易程序，由1名仲裁员审理。仲裁不公开进行，开庭后经庭审调查、质证、辩论，在作出裁决前，可以先调解，然后制作调解书，调解不成时应及时裁决。调解书与裁决书具有同等法律效力，调解书经双方当事人签收即发生法律效力，裁决书自做出之日起发生法律效力。

与司法审判的两审终审制不同，仲裁裁决是一裁终局的。除当事人有《仲裁法》第58条所规定的理由可以自收到裁决书之日起6个月内提出撤销裁决的申请外，当事人应当履行裁决。一方当事人不履行的，另一方当事人可以依照民事诉讼的有关规定向法院申请执行。

5. 诉讼

诉讼，俗称“打官司”，是指受害人或案件的其他当事人或法定国家机关依法向人民法院起诉、上诉或申诉，由人民法院按照法定程序处理案件，保护有关当事人的合法权益。诉讼包括民事诉讼、行政诉讼和刑事诉讼。物业管理纠纷的诉讼，是法院在物业管理纠纷当事人的参加下，依法审理和解决物业管理纠纷案件的活动，以及在该活动中形成的各种关系的总和。物业管理纠纷的诉讼主要是民事诉讼和行政诉讼。诉讼是解决物业管理纠纷的最基本的方式，也是最后的方式。

提起诉讼，首先应明确到哪个法院去起诉，这是法院管辖问题。管辖是指人民法院之间在受理第一审案件的分工问题。法院管辖有级别管辖、地域管辖、专属管辖之分。级别管辖是指上下法院之间受理第一审案件的分工；地域管辖是同级法院之间受理第一审案件的分工；专属管辖则是明确哪些案件专属哪些法院管辖。物业管理纠纷中，因物业即不动产纠纷提起的诉讼，由不动产所在地法院管辖；因服务合同纠纷提起的诉讼，原则上由被告所在地或者合同履行地法院管辖；因物业管理或业主自治管理中的侵权行为提起的诉讼，由侵权行为地或者被告住所地法院管辖。

物业管理民事纠纷的诉讼程序大体上有以下几个步骤：

（1）当事人一方（原告）提交起诉状，起诉至法院。

（2）法院审查立案后将起诉状副本送达被告。

（3）被告提交答辩状。

（4）开庭，法院调查、辩论、调解。

（5）制作调解书或一审判决书。

（6）双方均不上诉，则判决书生效；或一方不服提起上诉，进行第二审程序。

（7）第二审审理：制作二审调解书或下达二审判决书，此为终审判决书，不得上诉。

（8）执行。

五、物业管理纠纷的处理原则

对物业管理纠纷，无论是人民调解组织、物业管理行政主管机关、仲裁机关、人民法院处理，还是当事人之间协商解决，都应遵守下列原则：

1. 合法性原则

物业管理纠纷处理的合法性原则是处理物业管理纠纷时适用法律的原则。在法律法规或规章并不完善的情况下，物业管理权利义务的确定和争议的处理既要符合基本法律法规，如《民法通则》、《物权法》、《物业管理条例》及地方性物业管理规定等相关法律的规定和精神，也要尊重当事人依法设立的合同。在与法律法规和规章有冲突时，应该遵守宪法的原则，理顺不同法规、规章之间的效力关系。

2. 维护合法的业主团体自治规约效力的原则

业主团体自治权和自治地位是法规确立的，在城乡不同范围的群众制定和执行各种守则规约是宪法支持的。因此，业主团体自治的管理规约，只要其约定的内容不与法律规范相抵触，就应得到尊重和具有约束力，可以得到国家强制力的支持和维护。在解决物业管理纠纷涉及管理规约的正当约定条款的适用时，就应当承认其效力并予以维护和贯彻执行。

3. 民事纠纷尊重协议和合同的原则

因合同和其他民事活动（如代理）引发的纠纷，应重视当事人之间的约定，以当事人之间达成的合同和协议为基础进行处理。尤其要尊重当事人关于纠纷解决方式的约定。对于双方议定的条款，只要不与强行法相冲突，就可以作为调解纠纷的依据。目前，较普遍的收费纠纷问题，实际上反映了政府控价管理活动和当事人之间的约定没有很好衔接，一些物业服务企业调价前给政府主管部门打报告，一旦获准则有如持尚方宝剑。实际上，价格法有明确规定，不属于重要公共服务价，政府应减少干预。当前物业服务收费价格有了明确的规定，取消了政府定价，推行政府指导价或市场调节价，强调了业主和物业服务企业双方当事人在物业服务收费中的协商权利，政府只做引导。因此，现在的物业服务收费更多的是一种协议行为，或是在政府限价基础上协议行为，无法协商时可以通过审计管理成本确定物业服务费的分摊标准。

4. 物业管理纠纷的地域管理原则

物业管理纠纷的地域管理原则是处理不动产或与不动产有争议的基本准则。但在实践中，有些当事人自行约定仲裁条款的，则不受地域管辖的限制。依我国仲裁法的规定，仲裁庭受案的依据可依当事人的协议，不受地域限制。

在物业服务行业起步和发展的初期，曾出现过一种现象，即纠纷当事人，尤其是业主往往投诉无门。当事人找到行政机关，行政机关久拖不予解决或不受理；当事人起诉到法院，法院又推给行政机关，或裁定不予受理，这种现象正在逐步改变。物业管理纠纷不论是民事纠纷还是行政纠纷，或是其他性质的纠纷，都属于司法管辖的范围，当事人协调不成的，可直接向人民法院起诉，有仲裁条款或在事后达成仲裁协议的，由仲裁机构受理。

5. 保障社会公益和社会安定的原则

社会的安定团结和社会经济秩序的稳定是压倒一切的头等大事，保障社会公益优先实现是社会主义社会发展的基本原则和要求。因此，在处理具体物业管理纠纷时，既要保护当事人的合法财产权益，又要教育当事人顾全大局，个人利益应当服从公共利益，不得破坏业主团体自治规约，不得妨碍物业服务企业提供专业服务和有关行政机关合法行使管理权。

小　　结

本章主要介绍物业管理的法律基础、物业管理的法律关系、物业管理的相关法律文件以及物业管理纠纷的投诉和处理等内容。其中就物业管理的相关法律文件，介绍了物业服务合同、管理规约、业主大会议事规则和辖区管理规定等。

对于物业管理法律责任，着重介绍了物业管理民事法律责任、物业管理行政法律责任和物业管理刑事法律责任等。同时还对物业管理纠纷投诉受理制度和物业管理纠纷的处理等进行了介绍。

复习思考题

1. 我国现行法主要有哪些，它们的法律效力顺序如何规定?
2. 物业管理法律关系的基本特征有哪些?
3. 物业管理法制建设的重要性体现在哪些方面?
4. 物业管理法律关系的要素有哪些?
5. 简述管理规约法律关系的特征。
6. 物业管理纠纷有哪些特点?
7. 什么是物业管理纠纷投诉受理制度?
8. 物业管理纠纷的处理方式有哪些?

第七章 房屋的维修管理

房屋维修管理是物业管理的重要环节。为了保证房屋正常地发挥其使用功能，延长其使用寿命，对房屋必须进行经常维修。搞好房屋维修管理对提高城镇居民居住水平，以及加快城市建设均具有重要的作用，对物业服务企业自身的发展具有重要意义。

第一节 概 述

一、房屋维修的概念及特点

1. 房屋维修的概念

房屋维修有广义与狭义之分。狭义的房屋维修仅指房屋的养护与修缮；广义的房屋维修则包括对房屋的养护、修缮和改建等。房屋竣工使用后，由于受到各种自然、使用、生物和灾害等因素的影响而造成不断损坏，为了保持建筑物原有的功能，防止并降低其损坏的程度，就必须及时地对房屋进行维护、修缮和改建等。

房屋具有不动产一般的物理特征，它不能像其他财产，如货币、货物等，可以通过收藏达到保护及保存的目的。由于房屋的不可移动性，使其始终处于千变万化的自然状态及社会经济状态之中。不管房屋是否使用，它都始终受到自然因素及社会经济因素的作用。作为物业管理者，要保持房屋良好的物理状态和经营状态、保持并延长其使用寿命，就应科学地分析房屋的物理与经济特性，了解房屋各部分的特性，并适时有效地开展房屋的养护与维修工作。

2. 房屋维修的特点

（1）经营和服务的双重性。物业管理是一种经营型的管理。房屋维修管理是物业管理的主要内容，是其重要的经营活动之一。房屋维修过程是严格按市场经济和价值规律要求运行的，房屋维修所取得的收入或利润也是在经营管理中得到的，因此，它具有经营性，是经营性维修管理。同时，物业服务企业房屋维修的对象是已经投入使用的房屋，它的功能恢复及改善和房屋使用者的切身利益及安全保障密切相关，是人类自身再生产的重要条件，所以它具有直接为社会大众的生产和生活服务的性质。

（2）技术规定性。房屋维修活动与新建房屋施工过程不同，要搞好房屋维修工作，不仅需要具备建筑工程专业和其他相关专业的知识，有时还需要独特的设计和施工操作技能，如房屋结构部分受损后的加固补强、屋面的防水堵漏、固定设备的维修等工作均体现出这一点。

（3）广泛性与分散性。建筑物在各种因素的作用下，随着时间的推移，房屋的主要部分与附属部分，如主体结构、内外装修、建筑设备、屋面防水、地下室防水等都会有不同程度的损坏，需要根据损坏的程度经常性地对房屋进行修缮，这是所有的建筑物面临的共性问题，所以房屋维修活动涉及面广。同时，由于房屋损坏的部分往往是局部的，因此，维修规模相对而言较小，维修工作具有分散、零星的特点。

(4) 经常性。房屋使用寿命长，在其寿命期内受多种因素的影响，如房屋所处的环境、用途及预防保养的不同等，因而房屋使用功能减弱的速度和损坏的程度也不均衡，所以房屋维修是一项经常性的工作。

(5) 限制性。由于房屋维修是在原有房屋基础上进行，因此受到原有建筑物诸多条件的制约，如受到原有建筑结构、建筑风格、设备安装、室内外装修的限制。特别是对于一些具有历史保护性的建筑，在维修中还要考虑原有建筑材料、建筑设备、建筑施工技术的运用。因此，维修设计与施工只能在一定范围内进行，难以超越客观环境进行创新。

二、房屋维修管理的概念与特点

1. 房屋维修管理的概念

房屋维修管理是指物业管理企业按照一定的科学管理程序和一定的维修技术管理要求，依据国家和地方有关城市房屋维修的法规、标准和方针、政策等，对所经营管理的房屋进行查勘、鉴定，确定维修方案，安排维修计划，落实维修资金，进行质量监督和竣工验收，建立房屋技术档案，监督业主或使用人合理使用房屋等各项管理工作的总称，是物业服务企业为做好房屋维修工作而开展的计划、组织、控制、协调等过程的集合。

2. 房屋维修管理的特点

(1) 房屋维修管理的复杂性。房屋维修管理的复杂性是由多方面因素造成的。首先是由于房屋的多样性或个体性，造成了维修方案的多样性；其次是房屋维修的广泛性和分散性，带来了管理上的复杂性；第三是房屋维修与房屋使用的并行性，给房屋维修的设计、施工组织及安全管理等带来建筑施工所没有的困难；最后是房屋产权性质的多样性，也会造成不同产权人由于利益不同而给房屋维修带来种种障碍。

(2) 房屋维修管理的技术性。不仅房屋维修本身所具有的技术性决定了房屋维修管理具有技术性，而且房屋维修工作中的质量管理、成本控制、进度控制以及合同管理等都需要房屋建筑工程的专业知识以及相关的专业知识。

(3) 房屋维修管理的计划性。房屋维修过程本身存在着各阶段、各步骤之间从技术角度来说是不可违反的工作流程，以及受到来自管理、资金、环境等方面的约束，要求房屋维修管理必须要有计划、有程序地进行。例如，房屋维修一般都必须经过房屋现状调查、维修方案的制订、房屋维修的组织和实施以及检查验收等程序，从人员组织、技术要求、材料和设备的调配、资金的调用、场地的规划、用户关系的处理、时间进度的安排等众多方面事先做好详细计划，才能保证房屋维修工作的正常开展。

三、房屋维修管理的原则

房屋维修管理的原则如下：

(1)“安全、合理、经济、实用”的原则。通过维修，保证房屋主体结构安全。严格按照国家规范和行业标准，制订出合理的维修计划与方案。在维修过程中，注意节约和合理使用资源，实现经济效益与社会效益的统一。

(2)“区别对待”的原则。对不同房屋结构、不同等级标准、不同建筑风格及不同建造时期的房屋，制订不同的维修技术方案、确定不同的经济指标，在降低维修成本的前提下，高质量地完成修缮工作。

(3) 为用户服务的原则。房屋维修的目的是为了不断满足社会生产和人民居住生活的需求。因此，在房屋维修运作中，必须维护用户的合法使用权，切实做到为用户服务，建立科学合理的房屋维修制度；树立为用户服务的思想，改善服务态度，提高服务质量，认真解决修缮问题。

（4）修缮资金投资效果最大化的原则。房屋修缮资金的管理应遵循投资效益最大化的原则。采取“换位思考”的理念，少花钱，增大修缮面，提高修缮质量。在长期维修经验总结的基础上，确定合理的修缮收费标准，节约修缮费用。

四、房屋维修管理的意义

在物业管理所有的工作中，房屋维修管理不仅是物业管理的主体工作和基础性工作，而且是衡量物业服务企业管理水平的重要标志。可见，房屋维修管理在物业管理全过程中占有极其重要的地位和作用。一般来说，房屋维修管理具有以下几个方面的意义。

（1）确保房屋的使用价值。良好的房屋维修管理有利于延长房屋的使用寿命，增强房屋住用性能，改善住用条件与质量，确保房屋的使用价值。

（2）增加房屋的经济价值。良好的房屋维修管理，不仅使房屋损耗的价值得到补偿，而且可以使房屋增值，从而可以为业主带来直接或间接的经济效益。

（3）提升企业的信誉价值。良好的房屋维修管理，可以使物业服务企业在房屋的业主或使用人中建立良好的信誉和形象，从而为物业服务企业参与市场竞争奠定坚实的基础。

（4）增加城市的社会价值。良好的房屋维修管理，不仅可以起到美化城市环境、美化生活的作用，而且能为人民群众的安居乐业，为社会的稳定奠定基础。

第二节　房屋维修及维修管理的内容

一、房屋维修的内容

房屋维修的内容包括房屋维护保养及房屋修缮两个方面。房屋保养是指物业服务企业为保证物业处于良好的使用状态，对房屋结构、装修及设备部分实施的综合养护工作，是物业管理的一种经常性的工作。房屋保养与房屋修缮两者具有一定的差异性，房屋保养是对房屋进行的预防性养护工作，属于事前预防；而房屋修缮则是对房屋损坏的部分所进行的修复，属于事后补漏。房屋保养的对象主要是房屋结构完好、装修及设备完整良好的房屋，而修复的对象则主要是结构、装修及设备受到一定损伤的一般损坏房屋、严重损坏房屋及危险房屋；房屋保养工作一般具有经常性、较零碎及工程量较小的特点，而修复工作则具有周期性、规律性且工程量较大的特点。在整个物业管理中，房屋保养与房屋维修两者通常又是密不可分和交叉进行的，在内容上也有一定的重叠，如房屋保养与房屋维修都包括对房屋的小修内容。

二、房屋养护的原则、内容及考核指标

1. 房屋养护的原则

房屋养护应该遵循的原则是：因地制宜、合理修缮；对不同类型的房屋要制订不同的养护标准；定期检查，及时维护；加强对二次装修的管理，确保安全，保证正常使用；有效、合理地使用维修基金；最大限度地发挥房屋的有效使用功能。

2. 房屋日常养护的主要内容

房屋日常养护可分为零星养护、计划养护两种情况。零星养护是指对房屋的日常保养和护理，对轻微损坏现象的修复活动，维修项目主要通过维修管理人员的巡视检查和业主的日常报修两个渠道来收集，其特点是修理范围广、时间紧迫、作业零星分散，属于经常性的服务项目；计划养护是物业服务企业凭借经验和平时掌握的检查资料从物业管理角度提出来的养护工作的计划安排。

日常养护的主要内容如下：

(1) 基础的养护。基础属于隐蔽工程，同时又是建筑物最重要的承重构件，承受竖向及水平荷载，并把承受的荷载传递给下部的土壤层。基础的稳定与否直接影响到建筑物主体结构的稳定，并且基础出现问题初期发现比较困难，一旦发现往往会产生严重的后果，因此要特别注意做好以下几个方面的工作。

1) 杜绝不合理的荷载产生。从建筑物本身和外部状况两个方面加强对日常使用情况的监督，防止上部结构使用荷载超设计或分布不合理，防止建筑物受到巨大的震动干扰，避免基础附近的地表因堆放而形成较大的堆积荷载。此外，相邻建筑物施工时，特别是采用预置桩基础，在打桩时会对原有建筑物产生严重影响，所以，从房屋安全的层面来考虑，要特别注意基础受力问题。

2) 防止基础冻害。为了防止基础在地基土冻融时容易发生破坏，在结构设计时，应该合理确定基础的埋置深度，特别是在我国北方地区，冻土深度较大，更应该注意基础的埋置深度，根据结构设计规范的规定，基础的埋置深度应该大于当地冻土深度。

(2) 墙面及吊顶工程的养护。墙面及吊顶工程的种类繁多、施工复杂，通常包括抹灰工程、油漆工程、刷浆工程、裱糊工程、块料饰面工程、饰面板及龙骨安装工程等。其养护一般应注意以下几个方面。

1) 定期检查，及时处理。一般每年不少于一次，对于踢脚、护壁、细木制品等使用磨损频率较高的部位，还应缩短检查周期。

2) 加强保护并与其他工程相衔接。在水管穿墙等与其他工程交叉处，特别是暖气管道穿墙处等关键部位，要注意采用防水、防腐、防裂、防胀等保护性措施以及科学的施工手段。

3) 注意清洁。根据不同的材料性能，经常采取适当的清洁方法，保证材料处于良好的状态。

4) 注意日常防护工作。在进行各种操作时，应注意防止擦、划、刮伤。遇到有可能损伤墙面时，要采取预防措施。

5) 注意材料的工作环境。材料要尽可能地避免潮湿、油烟、高温、低温等不利工作环境。如无法避免时，应采取有效的防护措施或在保证可复原的条件下更换材料。

6) 定期更换部件，保证整体协调性。鉴于各个工件、部件的使用寿命不同，应根据实际工作状况，及时进行更换，以保证整体的使用效益。

(3) 门、窗工程的养护。门、窗是建筑物重要的围护构件，具有采光、通风、交通等方面的作用，门、窗围护构件的设置，为人们日常工作、学习、生活提供了适宜的环境。应根据不同类型门、窗的特点，对其加强养护。

1) 严格遵守使用常识与操作规程。门、窗是房屋使用频率较高的部分，在启闭、风雨天等情况下更要注意保护。

2) 经常清洁检查，发现问题及时处理。发现并处理门、窗变形，构件短缺或失效，防止造成更大的损害。

3）定期更换易损部件，保持整体状况良好。对于门、窗的铰链或摩擦部位，需要经常采取润滑措施，要及时清除残垢。

4）寒冷地区应加强冬季的外门窗使用管理。在气温低、风力大、沙尘多的条件下，外门、窗更容易受到侵害，应有效地采取封闭、收藏等措施加以保护。

5）加强窗台与暖气的使用管理。禁止放置有害物品，注意控制室内的温度与湿度等。

（4）屋面工程的养护。屋面具有承重、围护、防水、保温（隔热）等方面的作用。屋面隔热层、保温层、防水层的设置，可以为人们提供舒适的环境。同时，屋面防水又是建筑物防水的薄弱环节，因此，应加强屋面工程的养护。

1）定期清扫，保证各种设施处于有效状态。一般的非上人屋面每季度清扫 1 次，有积水、大雪时，应及时清除。上人屋面要经常清扫，并注意保护好有关的设施与部位。特别注意保护好屋面泛水、屋面变形缝、分仓缝、屋面烟筒、屋面檐口等防水的关键部位。对于上人屋面而言，要经常检查屋面防护栏杆的状态，以保证人员的安全。

2）定期检查、记录，并对发现的各种问题及时处理。对于非正常损坏，要查找原因，防止产生隐患。

3）建立大、中、小修制度。在定期检查、养护的同时，实施全面的大、中、小修管理制度，以发挥房屋的最大综合效能。

4）加强屋面使用管理。防止污染、腐蚀，禁止产生不合理荷载以及施工维修作业的破坏性操作。

3. *房屋日常养护的考核指标*

（1）定额指标。定额指标包括人工定额、材料消耗定额等。它要求：

1）小修养护工人的劳动效率要 100% 达到或超过人工定额。

2）材料消耗要不超过或低于材料消耗定额。

（2）经费指标。房屋租金和按规定提取的修理费是房屋日常维护的资金来源。对房屋日常小修养护的经费应实行包干使用、亏损不补、节余留用的办法。

（3）服务指标。服务指标可以通过以下三个指标来评价。

1）走访查房率，是指按月（季）走访查房户数与辖区内住户总户数之比。一般要求物业管理人员每月或每季度对辖区内住户，逐户走访查房 50% 以上。在计算时，若同一住户被走访一次或多次，均按一次计算。

2）养护计划率，是指当月完成属于计划内项目户次数与当月养护计划安排的户次数之比，一般要求达到 80% 以上。

3）养护及时率，是指当月完成的小修养护次数与当月全部报修中应修的户次数之比，一般要求达到 99% 以上。

（4）安全指标。安全指标是房屋维修养护工作的首要指标，为了确保住户和生产安全，建设部已规定年职工负伤事故频率必须小于 0.3%。

三、房屋修缮的内容

房屋修缮有时也称为房屋维修，主要是指物业管理人员为保持物业的正常使用状态，对房屋的结构、内外装修、设备等磨损所实施的修复性工作。房屋修缮按照物业完损程度及修缮规模不同可分为房屋小修、中修、大修、翻修及综合修理等，如图 7-1 所示。

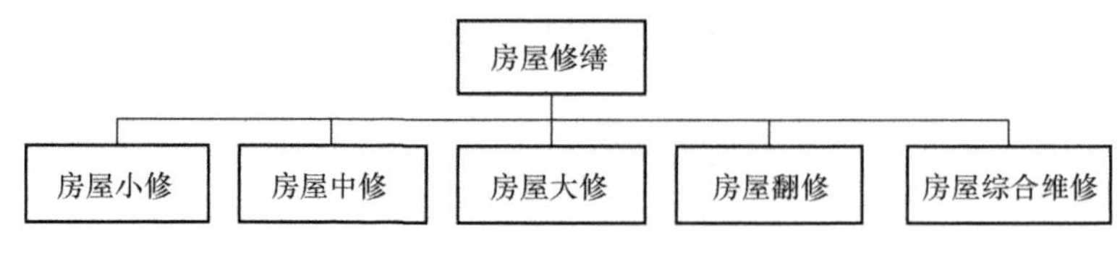

图 7-1 房屋修缮的分类

1. 房屋小修

房屋维修工作中，凡是为修复房屋的小损小坏，维持房屋原来的使用状态及完损等级为目的所进行的零星养护项目均称为房屋的小修项目。房屋小修工作的特点是面广量小，工作时间短及人力、物力消耗少。小修项目的综合年均费用为房屋造价的1% 以下。房屋小修的范围包括建筑物及设备两个方面。建筑物部分主要包括建筑物的结构及装修；而设备部分则包括电梯、空调、消防、监控及共用天线等设备或设施等。房屋小修工作一般时间较短，通常在 15 天以内。

2. 房屋中修

房屋的中修是指需要更换少量主体构件，但仍保持原房屋的规模和结构的维修项目。房屋的中修主要适用于一般损坏房屋，中修的一次费用一般占该房屋同类结构新建造价的25%以下。房屋中修的范围同样涵盖房屋的建筑物及设备两个部分，涉及房屋的结构、装修及设备 3 个方面的破损修复。主要包括：

（1）整幢房屋的给排水管道、通风采暖设备管道、电器照明等的全面修复或者局部更换、更新，供配电系统的整修或者局部更换、改装。

（2）对房屋结构某个单项的修复或者改善。

（3）整幢房屋的卫生洁具的整修及局部更换、更新，整幢房屋的所有阀门、水箱等零部件的更换、更新。

（4）整幢房屋的门、窗整修，楼地面、楼梯维修及油漆，墙面的重新装饰等。

在实际维修工作中，房屋小修、中修难以清楚地进行界定，通常情况下，以维修工程量的大小及维修费用的多少来区分，房屋中修实际上包括许多类型的小修项目。

3. 房屋大修

房屋大修是指需牵动或拆换部分主体构件，但不需要全部拆除的维修工作。房屋的大修主要适用于严重损坏的房屋。这类工程的工程地点集中、项目齐全、具有整体性。大修的一次费用占同类结构房屋新建造价的 25% 以上。经过大修的房屋一般都应达到完好房的标准。

房屋大修的范围同样涉及房屋的结构、装修、设备三个方面的全面修复，主要涵盖：

（1）整幢房屋的全部装修，包括门、窗围护构件，内外墙，楼地面，楼梯的重新装饰等。

（2）整幢房屋的水电、通风采暖、电梯及其他共有设施的全部或者局部更换、改装。

（3）房屋主体结构的加固修复，如抗震加固、基础加固、框架梁加固等。

（4）其他大修项目。

房屋的大、中维修的区分是相对的，实际房屋大修过程中包括中、小修理工作，甚至可以是它们的组合或规模扩大。

4. 房屋翻修

房屋翻修是指需全部拆除，重新设计、重新建造的改造工程。其工程量及所需费用较高，但房屋翻修的费用一般均低于同类结构重新造价，其主要原因在于房屋翻建可充分利用原有旧建筑材料或原有设备。房屋翻修一般适应于主体结构严重破坏、丧失正常使用功能、有倒塌危险且不能通过一般维修恢复的或无维修价值的房屋。

房屋翻修一般要拆除建筑物，属于房屋翻修的情况为：

(1) 对检测评定为危险房屋实行的全面重建。

(2) 对房屋功能丧失，没有利用价值，并且不能通过维修恢复的房屋进行拆除然后重建。

(3) 无维修价值简易房屋的拆除、重建。

(4) 其他情况。

5. 房屋的综合维修

房屋的综合维修是指需对成片多幢房屋同时进行大、中、小维修的工作。其工作面广，量大，一次费用一般为同类结构的该片房屋新建造价的 20%以上。

四、房屋完损等级评定

房屋的完损等级是指对现有房屋的完好或损坏程度划分等级，即现有房屋的质量等级。房屋完损等级评定是按照统一标准、统一项目、统一评定方法，对现有整幢房屋进行综合性的完好或损坏的等级评定。房屋完损等级以城乡建设环境保护部（现住房和城乡建设部）1985 年批准的《房屋完损等级评定标准（试行)》作为依据，按房屋的结构、装修、设备三个组成部分的各个项目的完好或损坏程度来划分的，分为以下五类：完好房、基本完好房、一般损坏房、严重损坏房、危险房屋，具体见表 7 - 1。

表 7 - 1　房屋完损等级的分类

房屋完损等级	基　本　情　况
完好房	指房屋的结构构件完好，屋面或者板缝不漏水，装修和设备完好、齐全，管道畅通，现状良好，使用正常，虽有陈旧现象或者个别分项有允许值之内的轻微破坏，但一般经过小修就能修复的房屋
基本完好房	指房屋结构基本完好，基本牢固，虽有少量构部件的损坏程度稍超过设计允许值，但已经稳定；屋面或者板缝渗漏，装修、设备的个别部件或者零件有影响使用的破损，通过在原有构件或者部位上进行修补、涂抹、油漆等维修即可恢复使用功能的房屋
一般损坏房	指房屋结构一般损坏，部分构部件有损坏或变形，屋面或者板缝局部漏雨，装修局部有破损；油漆老化，设备管道不够畅通，水卫、电照管线、器具和零件有部分老化、损坏或残缺，需要进行中修或局部大修更换部件的房屋
严重损坏房	指房屋年久失修，结构有明显变形或损坏，屋面严重漏雨，装修严重变形、破损、油漆老化见底，设备陈旧不齐全，管道严重堵塞，水卫、电照的管线、器具和零件残缺及严重损坏，需要进行大修、翻修或改建的房屋
危险房屋	指结构已严重损坏或承重构件已属危险构件，随时有可能丧失结构稳定和承载能力，不能保证居住和使用安全的房屋。危险房屋的评定详见建设部颁布的 JGJ125—1999《危险房屋鉴定标准》

五、房屋维修的分类标准

修缮标准是按不同的结构、装修、设备条件，将房屋分为“一等”、“二等以下”两类分别制订的。一等房屋指钢筋混凝土结构、混合结构和砖木结构中的一等房屋；二等以下房屋指钢筋混凝土结构、混合结构中的二等房屋和砖木结构中的二、三等房屋，以及简易结构房屋。划分两类房屋的目的在于对原结构、装修、设备较好的一类房屋，加强维修养护，使其保持较高的使用价值；对二等以下的房屋，主要是通过维修，保证住用安全，适当改善住用条件。

修缮标准按主体工程，木门窗及装修工程，楼地面工程，屋面工程，抹灰工程，油漆粉饰工程，水、电、卫、暖等设备工程，金属构件及其他等 9 个分项工程进行确定。

（1）主体工程。主体工程主要指屋架、梁、柱、墙、楼面、屋面、基础等主要承重构部件的维修。当主体结构损坏严重时，不论修缮哪一类房屋，均应要求牢固、安全、不留隐患。

（2）木门窗及装修工程。木门窗应开启灵活，不松动、不透风；木装修应牢固、平整、美观，接缝严密。一等房屋的木装修应尽量做到原样修复。

（3）楼地面工程。楼地面工程的维修应牢固、安全、平整，不起砂、拼缝严密不闪动，不空鼓开裂，地坪无倒泛水现象。如房间长期处于潮湿环境，可增设防潮层，木基层或夹砂楼面损坏严重时，应改做钢筋混凝土楼面。

（4）屋面工程。必须确保安全，不渗漏，排水畅通。

（5）抹灰工程。应接缝平整，不开裂，不起壳，不起泡，不松动，不剥落。

（6）油漆粉饰工程。要求不起壳、不剥落、色泽均匀，尽可能保持与原色一致。对木构件和铁构件应进行周期性油漆保养，各种油漆和内、外墙涂料，以及地面涂料，均属保养性质，应制定养护周期，达到延长房屋使用寿命的目的。

（7）水、电、卫、暖等设备工程。房屋的附属设备均应保持完好，保证运行安全，正常使用。电气线路、电梯、安全保险及锅炉等应定期检查，严格按照有关安全规程定期保养。对房屋内部电气线路破损、老化严重，绝缘性能降低的，应及时更换线路。当线路发生漏电现象时，应及时查清漏电部位及原因，进行修复或更换线路。对供水、供暖管线应作保温处理，并定期进行检查维修。

（8）金属构件。应保持牢固、安全，不锈蚀，损坏严重的应更换，无保留价值的应拆除。

（9）其他工程。对属房地产管理部门管理的庭院原有院墙、院墙大门、院落内道路、沟渠下水道、窨井损坏或堵塞的，应修复或疏通。

六、房屋维修管理的内容

房屋的维修管理主要包括房屋维修计划管理、房屋安全与质量管理、房屋维修施工管理、房屋维修技术管理和房屋维修费用管理几个方面，如图 7－2 所示。

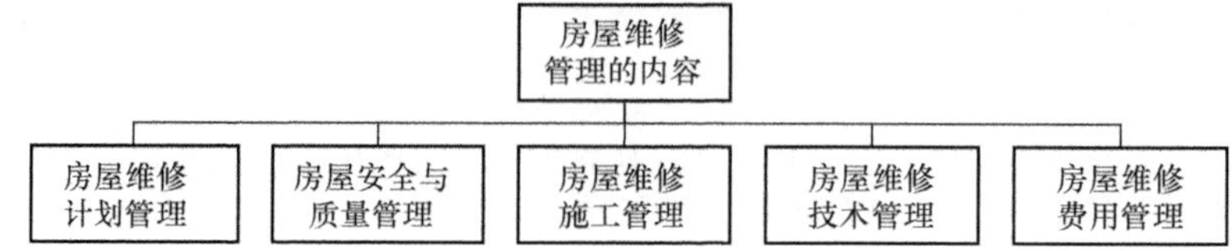

图 7－2　房屋维修管理的内容

1. 房屋维修计划管理

房屋维修计划管理是指物业管理企业应根据所辖区域内房屋的实际情况以及各类房屋的结构、设备、装饰的保养、维修等制订合理的房屋维修计划，并且采取有效的措施，保证计划的实施，以维护业主或使用人的正当权益。

房屋维修计划根据计划周期的不同，可分为短期计划、中期计划及长期计划，为了延长建筑物的寿命，维护房屋的使用性能及价值，物业管理企业应该注意长期计划的制订与管理，并且有步骤地将制订的维修计划付诸实施。

2. 房屋安全与质量管理

房屋安全检察及质量管理，是房屋使用、管理及维护的重要工作。经常性的对房屋各部分进行检察，及时掌握房屋的质量状况，并及时进行维修、加固、处理，解除建筑物的隐患，以确保房屋的完好及住用安全。

房屋安全及质量管理主要涵盖三个方面的工作：房屋质量等级的鉴定、房屋使用安全监察及危房的鉴定与排险。物业服务企业应该根据《房屋修缮工程质量检验评定标准》、《危险房屋鉴定标准》等的规定，加强维修工程的质量监督、检查、验收与评定工作，并完善维修工程的质量保修制度。

3. 房屋维修技术管理

房屋维修技术管理是指对房屋维修过程中的技术环节，按照国家及技术管理部门的技术规定进行的科学管理。房屋维修技术管理主要包括房屋维修施工方案的确定、维修施工质量管理、房屋技术档案资料的管理等。

房屋维修施工方案的确定主要是根据建筑物的完损状况及部位，进行房屋维修设计，在设计的基础上，选择技术上可行的施工方案，并初步进行概预算，以确定房屋维修的费用。房屋维修施工中的管理主要包括维修施工过程中的质量控制、维修工程质量的检查及维修完毕后的验收等。房屋维修工程的质量检验与评定应按照分项、分部、单位工程三级进行。房屋维修技术档案资料管理主要是对房屋维修设计、维修方案等具有保存、参考价值的资料进行存档，为今后房屋维修提供可参考的资料。技术档案管理资料主要有房屋新建竣工验收的竣工图及相关原始资料，房屋及设备的技术资料，房屋维修过程中产生的技术文件。

4. 房屋维修施工管理

房屋维修施工管理是指按照科学的施工方法、一定的施工程序，合理地选择施工队伍，按照施工要求，对房屋维修进行的有序管理。房屋维修施工管理的内容有维修施工队伍的选择、维修技术资料的准备、维修的调度与管理、竣工验收及交接等。

5. 房屋维修的费用管理

房屋维修费用主要是指在维修的过程中所投入的人工费、机械费、材料费等。房屋保养与维修费用通常包括日常养护费用和各种维修的费用。房屋养护费用是指物业管理人员在检查、维护房屋公共部分及公共设施的费用，通常在管理费中开支；而房屋的维修费用是用于房屋的维修项目，包括房屋的小修、中修、大修、翻修及综合维修的费用。根据物业管理制度设计的相关理论及产权理论，物业服务企业要明确不同项目维修费用的承担主体，在确定维修费用承担主体时遵循的原则为：物业服务企业应该承担公共区域及公共设施的各种保养与维修费用；业主单元内的保养与维修费用，一般由用户承担，保修期内的维修项目可由房地产开发商或者施工承包商来承担；由于人为原因造成的公共区域及公共设施的维修费用，应由责任者来承担。

小　　结

本章主要介绍了房屋维修的概念及特点、房屋维修管理的概念、房屋维修与维修管理的内容，房屋完损等级评定、房屋维修的分类标准等内容。

复习思考题

1. 房屋维修的特点是什么？
2. 房屋维修管理具有哪些特点？
3. 房屋修缮包括哪些内容？
4. 房屋维修技术管理包括哪些内容？
5. 如何确定房屋日常养护与维修费用的承担主体？

第八章　房屋设备的维护与管理

房屋设备是指附属于建筑物的各类设备的总称，它包括室内设备和规划红线内的室外设备与设施。房屋设备是发挥房屋功能、实现房屋价值的物质基础和必要条件。房屋设备主要包括卫生设备和电气工程设备。卫生设备包括给排水设备系统、燃气设备系统、暖通及空气调节设备系统等；电气工程设备主要包括供电、照明设备系统，自动控制设备系统及运输设备系统等。房屋设备管理主要包括设备运行管理、设备维修管理和设备管理制度等。本章将主要介绍物业设备维护与管理的基本方法与措施。

第一节　概　　述

一、房屋设备的概念、分类

1. 房屋设备的概念

房屋设备是指附属于建筑物的各类设备的总称。它是构成房屋建筑实体的不可分割的有机组成部分，是发挥房屋功能、实现房屋价值的物质基础和必要条件。因为没有房屋的附属设备，不仅房屋的构成不完整，而且建筑物也将无法发挥其应有的功能和价值。

2. 房屋设备的分类及构成

房屋设备是根据用户的要求和物业的用途而设置的。因此，不同用途的房屋，其设备的配置也不相同。随着社会经济的发展和现代科技的进步，房屋设备的种类日益增多，使用领域不断拓宽。一般而言，房屋设备可以分为房屋建筑卫生设备和房屋建筑电气工程设备两大类，如图8 1所示。

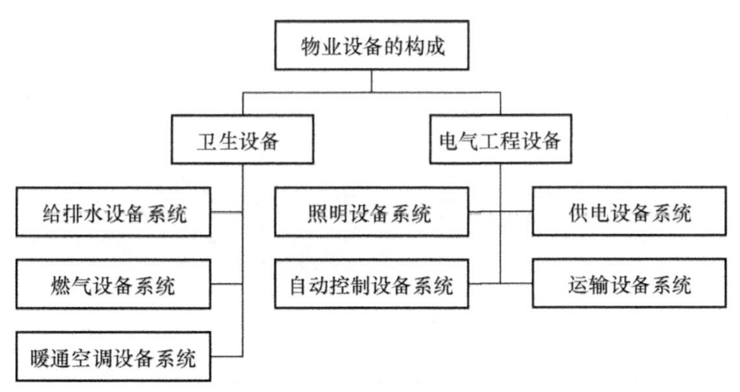

图8-1　物业设备的构成图

(1) 房屋建筑卫生设备。主要包括：供水设备，如供水箱、供水泵、水表、供水管网以及消防用的供水箱、消防泵等；排水设备，如排水管道系统、通风管、清通设备、抽升设备、室外排水管、污水处理设施等；热水供应设备，如热水表、加热器、供应热水管道、冷水箱等；燃气设备，如厨房设备、燃气设备等；供暖、制冷和通风设备系统。

（2）房屋建筑电气工程设备。主要包括：供电设备，如变压器、配电房内设备、楼层配电箱、电表、总开关等；弱电设备，如公用天线电视设备、通信设备、广播设备等；运输设备，如电梯、自动扶梯等；防雷设备，如避雷针、避雷网等。

二、房屋设备管理的内容、方式及意义

1. 房屋设备管理的内容

房屋设备管理一般涵盖以下内容：房屋设备的基础管理、房屋设备的运行管理、房屋设备的维修管理、更新管理、安全管理等。

（1）房屋设备基础管理的主要内容是建立设备管理原始资料和重要设备的维修资料档案、建立相应的设备管理运行制度等。

1）设备原始资料档案管理。主要包括两方面的工作，即设备原始技术资料的存档与保管，为设备运行、维护及管理提供信息资料支持。

物业设备的存档资料如下。

a. 设备原始资料，涵盖产品质量合格证明、设备发票、设备清单、开箱验收报告、产品技术性能资料、安装、调试、验收报告等。

b. 设备维修资料，涵盖报修记录单、事故记录、更新记录、大中修记录等。

c. 设备管理资料，涵盖设备卡片、运行记录、技术革新等相关资料。为了便于资料档案管理，物业管理企业通常要编制物业设备管理卡片，具体见表 8-1。

表 8-1　　设备管理卡片

<table>
<tr><td>设备名称</td><td colspan="3"></td><td>型号、规格</td><td></td><td>设备原值</td><td></td></tr>
<tr><td>设备编号</td><td></td><td></td><td></td><td>供应商</td><td></td><td>耐久年限</td><td></td></tr>
<tr><td>设备类别</td><td></td><td></td><td></td><td>出厂日期</td><td></td><td></td><td></td></tr>
<tr><td>设备重量</td><td></td><td></td><td></td><td>设备用途</td><td></td><td></td><td></td></tr>
<tr><td>安装地点</td><td></td><td></td><td></td><td>安装时间</td><td></td><td></td><td></td></tr>
<tr><td>安装单位</td><td></td><td></td><td></td><td>保修单位</td><td></td><td>联系方式</td><td></td></tr>
<tr><td rowspan="6">维修记录</td><td rowspan="2">小修</td><td colspan="2" rowspan="2"></td><td rowspan="7">技术参数</td><td>操作温度</td><td colspan="2"></td></tr>
<tr><td>额定电流</td><td colspan="2"></td></tr>
<tr><td rowspan="2">中修</td><td colspan="2" rowspan="2"></td><td>设计能力</td><td colspan="2"></td></tr>
<tr><td>……</td><td colspan="2"></td></tr>
<tr><td rowspan="2">大修</td><td colspan="2" rowspan="2"></td><td></td><td colspan="2"></td></tr>
<tr><td></td><td colspan="2"></td></tr>
<tr><td rowspan="4">年检记录</td><td colspan="3" rowspan="4"></td><td colspan="3">常用零配件</td></tr>
<tr><td>编号</td><td>1</td><td>2</td><td>……</td></tr>
<tr><td>名称</td><td></td><td></td><td></td></tr>
<tr><td>规格型号</td><td></td><td></td><td></td></tr>
<tr><td rowspan="2">备注</td><td colspan="3" rowspan="2"></td><td>数量</td><td></td><td></td><td></td></tr>
<tr><td>……</td><td></td><td></td><td></td></tr>
<tr><td>填表人</td><td colspan="7"></td></tr>
</table>

2）设备标准化管理。设备标准化管理的主要作用是为设备管理职能的实施提供共同的行为准则和标准，为设备的技术经济活动提供基本的依据和手段。

设备管理标准如下。

a. 技术标准，包括设备的验收标准、完好标准以及维修等级标准等。

b. 管理标准，包括信息处理标准、保修程序、服务标准以及考核标准等。

3）建立规章制度。设备管理制度主要涵盖责任制度、运行管理制度、维修制度、其他制度等。

（2）房屋设备的运行管理。房屋设备运行管理的主要内容：建立合理的运行制度和运行操作规定、安全操作规程及文明安全运行等运行要求（标准），并建立定期检查运行情况和规范服务的制度等。其中，对于设备安全管理，除了加强设备安全检查和对操作人员、维修人员的安全操作、安全作业的训练和管理外，还要建立安全责任制和对住户进行安全教育，向住户宣传一些危险设备的安全使用知识。

（3）房屋设备的维修、更新管理。房屋设备的维修、更新管理是指根据设备的性能，按照一定的科学管理程序和制度，以一定的技术管理要求，对设备进行日常养护和维修、更新。房屋设备维修管理的内容包括设备的定期检查，日常保养与维修制度、维修质量标准、维修人员管理制度等。

（4）物业设备的安全管理。物业的设备种类繁多，有的物业设备还带有一定的危险性。设备的安全管理可以减少设备维修损失、延长设备的使用寿命。设备的安全管理主要包括以下方面。

1）安全作业教育培训。设备维修操作人员是安全管理的重点对象，必须对其进行安全作业的培训教育。教育培训主要有安全作业训练、安全意识教育和安全作业管理。

2）安全使用宣传教育。主要是让业主及设备操作人员了解设备安全使用的相关知识，提高自我保护的安全意识。

3）建立安全管理措施。为了保证设备的安全、正常运行，还必须做好一系列安全防范措施，如安装安全保护装置，定期进行设备的安全检查和性能测试，制订设备的安全管理制度等。

2. 房屋设备管理方式

房屋设备管理工作由房管单位和物业服务企业的工程部门主管，并有专人负责。设备管理主要由维修管理和运行管理两大部分组成。维修与运行既可统一管理，也可分别管理。

房屋设备维修管理与房屋建筑本身的维修管理相比，具有自己的特点，即一次性投资大、设备使用年限短且对灵敏度、精确度要求高。维修工作的好坏将直接影响设备在运行中技术性能的发挥。可见，加强对设备维修工程的管理，将是一个越来越重要的工作环节。具体的管理措施是：①建立设备管理账册和重要设备的技术档案；②建立设备卡；③建立定期检查、维修、保养制度；④建立物业设备大、中修工程的验收制度，积累有关的技术资料；⑤建立物业设备的更新、调拨、增添、改变、改造、报废等方面的规划和审批制度；⑥建立承租户保管房屋设备的责任制度；⑦建立每年年末对物业设备进行清查、核对和使用鉴定的制度，遇有缺损现象，应采取必要措施并及时加以解决。

3. 房屋设备管理的意义

（1）房屋设备管理是人们生产、生活、学习等正常进行的有力保障。房屋设备不仅是人们生产、生活、学习正常进行所必需的物质基础，也是影响工业、商业发展和人们生活水平提高的制约因素。房屋设备的运行和维修管理的好坏与否，直接影响房屋住用水平，影响人们生产、生活、学习的正常进行。没有良好的设备运行和维修管理，就不可能提供安全、舒适、可靠的环境，就不能使人们安居乐业。

(2) 房屋设备管理是延长设备使用寿命，保障设备安全运行的保证。良好的房屋设备管理，可以保证设备在运行中的安全和技术性能的正常发挥，并能延长其使用寿命。房屋设备会因长期使用或自然力的作用等原因而发生磨损、毁坏，如果加强了设备的日常运行管理，就可以避免因设备使用不当引起的损坏，并保障其安全运行；加强设备的维修管理就可以提高设备性能，排除运行故障，避免事故发生，从而延长设备的使用寿命，提高设备的使用效益。

(3) 房屋设备管理是城市文明建设和发展的需要。现代化的城市要求房屋建筑能达到适用、经济、卫生的要求，避免环境污染，达到人的生存与环境生态的协调、和谐。而这一切都离不开装置在房屋建筑物内的设备的管理。房屋设备经过科学的运行管理和维修管理，不仅体现了城市经济、文化和科学技术发展的水平，而且标志着城市文明的程度。因而，为了城市文明卫生的建设和发展的需要，必须搞好房屋设备管理。

(4) 房屋设备管理能强化物业服务企业的基础建设。房屋设备管理是一种开放型的管理，它的好与坏直接可以显示出物业管理服务质量的优劣，以及技术水平的高低，从而反映出物业管理企业形象。因此，搞好房屋设备管理，可以不断提高管理服务质量和技术水平，从而强化物业服务企业和行业的基础建设，促使物业管理更好地发展。

第二节 给水排水系统的维护与管理

一、给水排水系统的组成

房屋给水排水系统是房屋建筑内部附属设备中的各种冷水、热水供给和污水排放等工程设备的总称。它是为房屋用户提供符合水质标准的生产或者生活用水，同时将使用过的污水、废水进行一定的净化处理后，进行排放或者重复利用的系统。它包括给水设备、排水设备、卫生设备、热水供应设备及消防设备等，如图 8－2 所示。

1. 房屋给水设备

房屋给水设备习惯上也称为供水设备，是满足房屋使用者生活、生产、消防等用水需要设备的统称。它包括室外给水设备与室内给水设备两部分。

(1) 室外给水设备。室外给水设备通常是市政设施的一个重要组成部分，是指从水源取水，并经过净化处理，通过输配水管网系统送至用户的给水设施。室外给水设施的建设与管理通常由供水部门统一安排并实施。

(2) 室内给水设备。室内给水设备是将室外给水设备提供的水引入室内，并在满足用户对水质、水量及水压要求的条件下，把水送至用水点。室内给水设备一般由引入管、水表、节点、给水管网、升压设备、配水设施及给水设备附件组成。如图 8－3 所示为某建筑物室内给水管网布置示意图。

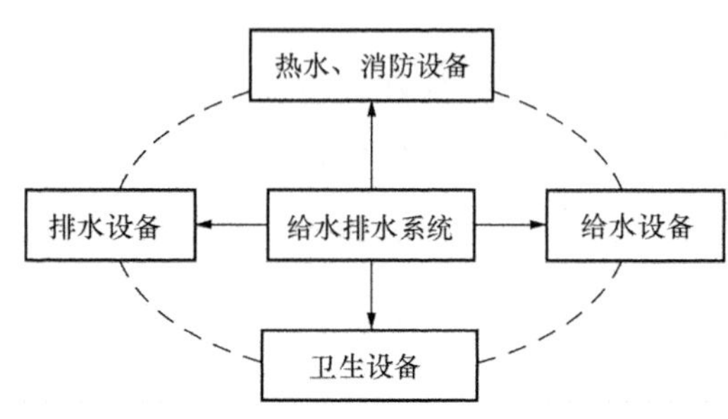

图 8－2 给水排水系统的组成

(3) 消防给水设备。消防给水设备包括室外消防给水设备及室内消防给水设备，它包含在房屋室外给水设备与室内给水设备之中，由

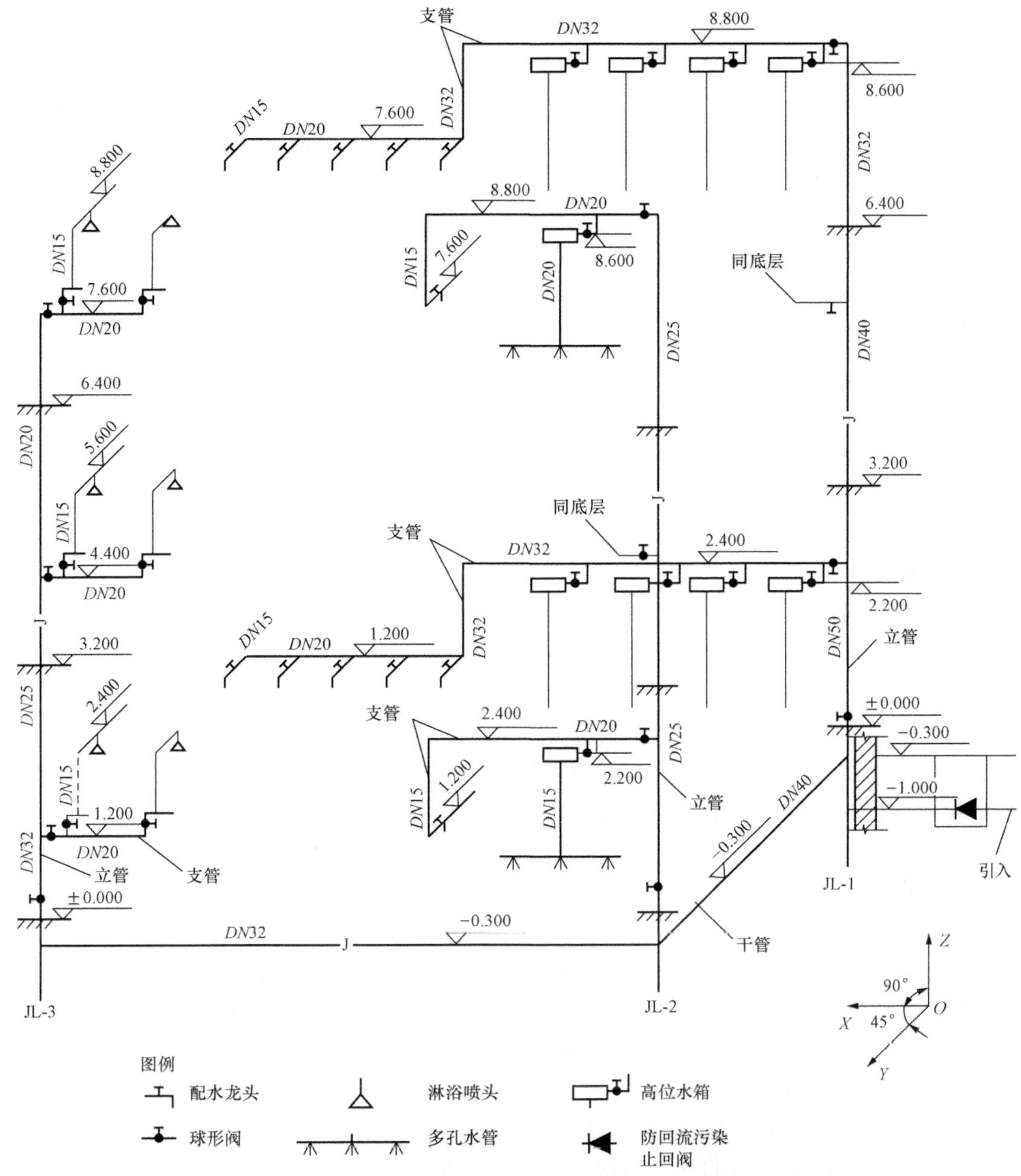

图 8-3　某建筑物室内给水管网布置示意图

于其用途特殊，故一般单独介绍。消防给水设备主要用于房屋的消防灭火，物业消防给水设备的设置主要取决于城市消防队的灭火能力。对于低层建筑物，由于消防车可以直接利用室外给水管网的压力，扑灭建筑物内任何地点的火灾，因而其消防给水设备比较简单。但是，对于高层建筑物而言，由于建筑物高度超过消防车及云梯的灭火高度，这时建筑物应设置室内消防给水设备，以增加建筑物的消防自救能力。

室内消防给水设备分为普通消防设备、自动喷洒设备及水幕消防设备。其中普通消防设备也称为消火栓，该设备通常由水枪、水带、消火栓、管网及水源等组成，一般建筑内室内消火栓给水管网常与生活、生产共用一个管网设备。自动喷洒消防设备是一种特殊的消防设备，通常由喷水头、管网、信号阀和火警信号器等组成。水幕消防设备主要是用于公共建筑、人流量比较大的建筑物中。水幕消防设备通常由洒水头、管网和控制阀组成。

2. 房屋排水设备

房屋排水设备是用来收集各种污水，通过一定的处理并进行排放的设施。由排水网和污水处理设备组成。排水设备应由室外排水设备和室内排水设备组成。一般房屋的排水设备排放的水包括生活污水、工业废水及雨水。我国当前的室外排水设备主要有合流制和分流制两种类型，其中合流制是将生活污水、工业废水和雨水在同一管渠内经一定处理排放的设备，而分流制是将生活污水、工业废水及雨水分别在两个或两个以上各自独立的管区内排放的设备。房屋排水设备主要包括生活、生产污水排放设备、雨水排放设备等。如图 8-4 所示为某建筑物室内排水管网系统图。

二、给水排水系统的维修、保养与管理

房屋给水排水系统的维修、保养与管理主要包括房屋给水系统、排水系统以及给水排水设施的保养与维修管理。给水排水系统是房屋的“神经网络系统”，物业管理者应该安排专门的保养与维修人员，定期对房屋给水排水系统及设施进行检查，并进行保养与维修，形成严格的值班责任制度。

1. 给水系统的维修与管理

房屋给水系统的好坏将直接影响人们的日常生活及生产。饮用水的质量会直接影响人们的身体健康，因此，物业管理应该特别注意房屋给水系统的保养与维修，以保证房屋的正常供水。给水系统的维修与管理应该侧重于以下几个方面。

(1) 给水系统的保养与维修管理应注重整个给水系统的每个环节及设施，对整个系统作定期的检查与保养，发现故障应及时修复，保证房屋给水系统的正常运行。

(2) 定期检查清洗储水池及水箱，一般要求每年至少清洗两次，在清洗时应注意尽量避免影响用户的正常用水。

(3) 加强对水泵的检查、保养与维修。水泵是给水系统的关键设施之一，其运行正常与否将直接影响整个房屋供水的正常。应做到，定期检查水泵的运行效果，一般需每月安排一次，发现故障或缺陷及时修复或调换；定期（一般为每月一次）对水泵进行加油，并检验水压表，以保证足够的水压；定期拆洗离心式水泵，一般需隔 2～3 年拆洗一次。

(4) 注意给水管道的维修。给水管道及配件经常发生漏水问题。对明装管道要沿管线检查，可找到渗漏位置。对于埋地管道，用肉眼不能直接发现渗漏部位，要首先进行观察，对地面长期积水、潮湿和冒水的管段进行听漏，同时参考原设计图纸和现有的闸门箱位，找准渗漏位置，然后开挖修理。渗漏管道的维修，常有以下两种办法：①哈夫夹堵漏法，用铅楔或木楔打入洞眼内，然后用 2～3mm 厚的橡皮布垫上，再用尺寸合适的哈夫夹夹固。②换管法，维修人员如果发现锈蚀严重的管段，则要对此进行更换。更换地下水管时常需要锯断管子的一头或两头，再截取长度合适的新水管，然后将其接好。

(5) 对具有净水系统的给水系统应注意保持净水系统的正常运转，要定期进行水质检查。

2. 排水系统的维修与管理

房屋的排水系统是房屋给水排水系统不可缺少的主要组成部分，房屋给水系统必须配有一个有效的排水系统，两大系统共同作用，互相配合。虽然排水系统一般要比给水系统简单，但排水系统的缺陷或故障也会严重影响用户的正常生活或生产，甚至会严重损害房屋的

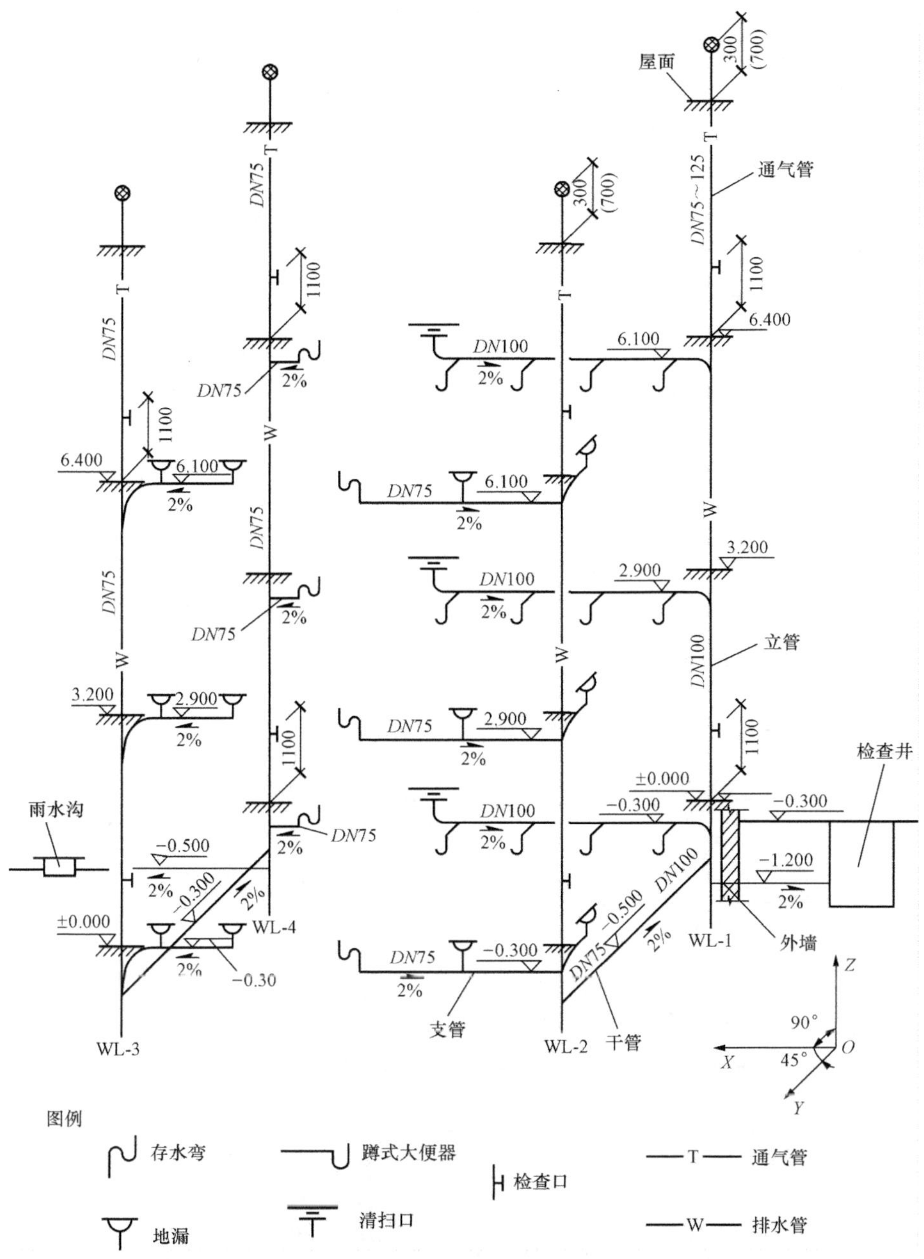

图 8-4　某建筑物室内排水管网系统图

结构及使用效果。排水系统的维修与管理应该侧重于以下几个方面。

（1）定期对排水管道进行养护、清通、防止堵塞；经常对水池、水箱、管道进行清洗、保洁、消毒，坚持规范地清洗水箱，防止供水水质的二次污染。

（2）注意节约用水，防止跑、冒、滴、漏及大面积跑水、积水事故的发生。

（3）制订突发事故的处理方案，当发生跑水、断水等故障时，能及时处理，防止事故范围的扩大。

（4）注意排水管道的维修。室内管道流水不畅，排泄不通，水池、马桶、地漏等发生漫溢外流等情况都是由管道堵塞造成的。管道堵塞的成因主要是硬物、杂物进入管道，停滞在排水管中间、拐弯处和排水管末端，或者是施工、装修过程中砂浆、碎砖石、木块、废纸、破布等进入排水管内。排除故障时应判明堵塞物所在位置，在其附近的检查口或清扫口等部位用人工或机械进行疏通，必要时可采用凿洞疏通，或破土开挖排除。室外排水管道故障主要有倒返水和管道堵塞两种，前者发生原因是建设时未按设计图纸要求放坡，或沟底未加垫层，接口封闭不严，管道渗漏引起不均匀下沉，排水不畅，引水倒流，污水外溢。维修时须按原设计图纸和要求重建。管道堵塞时可用钩勺掏清检查井内的沉积物，再用竹片或其他工具疏通，放水清洗。必要时只有采用破土开挖重新接管排除。

第三节 供配电系统的维护与管理

一、供配电系统的组成

供配电系统是指房屋建筑内附属设备中的供电照明部分工程设备总称。它包括照明设备系统和供电设备系统。其中照明设备系统主要由照明装置和电器部分组成，照明部分主要是灯具，电器部分包括照明开关、插座、线路及配电盘等。照明按照用途可以分成工作及生活照明、事故照明、障碍照明、装饰照明系统等。如图 8－5 所示为某宿舍楼电气照明平面图，如图 8－6 所示为某建筑物照明系统图。房屋的供电设备系统主要是接受电源输入的电力，并进行监测、计量、变压和输送等，然后向用户和用电设备分配的系统总称。

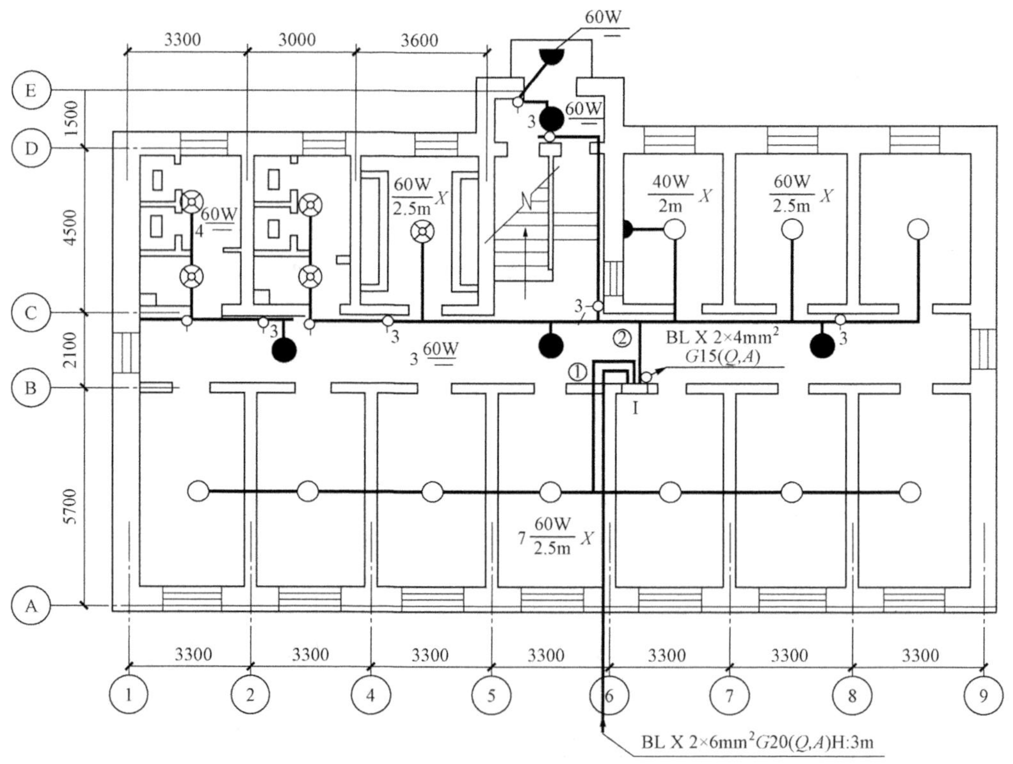

图 8－5 某宿舍楼电气照明平面图

注：1. 进户线由电网架空引入单相二线 220V；

2. 进户线、箱间干线，至门灯线为 BLX-500V，穿钢管暗访；其他为 BLVV 铝卡钉明设。

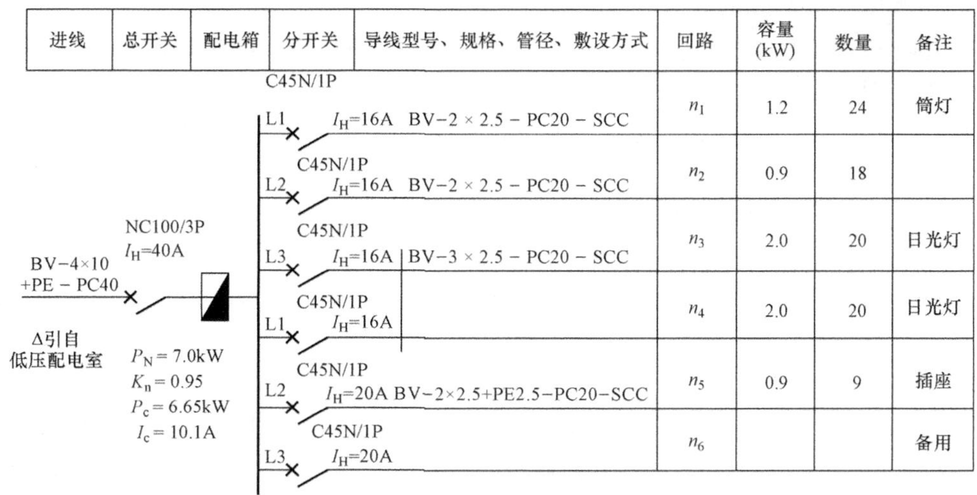

图 8－6　某建筑物照明系统图

二、供配电系统日常保养与维修管理

供配电系统的日常保养与维修管理是一项经常性、持久性的工作，为了保证物业能够安全、正常地供配电，必须加强供配电系统的日常保养与维修管理。

1. 供配电系统的保养和管理

供配电系统的保养和管理应该从以下几个方面进行运作。

(1) 建立健全严格的配送电运行制度和电气维修制度，责任到人。

(2) 负责供电的运作，加强有关人员的培训，按规定要求操作和维修人员持证上岗。

(3) 采取多种方式做好安全用电、合理用电的宣传工作。

(4) 配备主管电气的工程技术人员，健全供电网络资料，熟悉楼宇的进线、房屋内的电表、电力匹配、电压、线路等。

(5) 建立 24 小时值班制度，发现故障，及时排除，并支持用户的事故投诉。

(6) 加强日常维护检修，保证公用照明、指示、显示灯完好无损，管辖范围内的电气线路符合设计、施工技术要求，线路负荷满足和保证住用户用电安全，确保发配电设备安全运行。

(7) 对电表安装、抄表、用电进行计量，对公用电进行合理分配。

(8) 对临时施工工程及住用户装修应有临时用电管理措施，对公用照明及其他电气设备关闭要加强管理。

(9) 遇火灾、地震、水灾等灾害时，要有及时切断电源的预防措施，并协助供电部门做好安全用电的有关工作。

(10) 检查沿墙及沿顶棚架设的明线是否松脱、垂落、损伤，有无其他物品触碰导线，室外架空线的瓷瓶是否破裂，导线垂度是否过大，有风时导线摇摆线间有无相碰现象，电杆是否歪斜，木杆根有无腐朽缺土问题。

(11) 检查导线绝缘是否良好，各类绝缘导线的绝缘是否老化，特别是各接头处有无变焦、变脆，绝缘包布有无失效，接头之间有无电腐蚀现象。

(12) 检查金属管连接的地线是否良好，有无虚脱或腐蚀问题，各种管固定是否牢固，管子接头有无脱扣拔节现象等。

(13) 检查各用电器具如开关、灯头、插座等是否牢固，灯头吊线距地是否太低，有无自行拉扯的临时线路等。

(14) 检查各种地板的接地电阻是否符合规定（防雷接地 10Ω 以下，保护接地 4Ω 以下），接地导线有无伤痕和腐蚀。

(15) 特殊房间应有特殊要求。例如，潮湿、高温、易燃、防爆等场所应按照有关规定进行重点检查维护。

(16) 限电、停电提前出安民告示，以便住用户合理安排生活，避免造成经济损失和人员伤亡。

2. 供配电系统的维修

房屋电气设备线路常见故障有：断路、短路、漏电和接触不良等。检修时应查出故障发生原因和位置，并注意采取合理的措施进行处理。

(1) 断路故障。断路故障有相线和中性线断路两种，一旦发生，应及时更换新线。

(2) 短路故障。一般是相线与相线之间、相线与中性线之间和相线与接地线之间出现的短接现象。发生短路时应更换新线或重新包扎。

(3) 漏电。漏电是因为导线老化、受潮、绝缘后受损而造成的电流漏泄现象。一般可用绝缘电阻表测量线路或设备的绝缘电阻，及时进行修复或更换。

(4) 管子配线绝缘电阻检测与换线。导线在管内处于不通风、散热差等状态，导线的绝缘层很容易出现黏结、脆化、老化，导致绝缘电阻下降，因此需经常检测，必要时要更换导线。

第四节 房屋弱电系统的维护与管理

一、房屋弱电系统的构成

弱电系统是指通过电能进行信号传递、信息交换的电气系统，相对于动力、照明等通过电能传输能量的强电系统而言，弱电系统的电能主要用来传输信号，能量极少。弱电系统已经成为现代建筑不可缺少的组成部分，随着生活水平的提高和科学技术的发展，新的弱电系统不断出现，使得建筑物的各项功能更加完善，为人们的生活、工作提供了更加良好的环境。

1. 几种常见的弱电系统

建筑弱电系统一般包括以下几个分系统：楼宇自动化管理分系统（BAS）、消防自动报警分系统（FAS）、安保监控分系统（CCTV）、卫星接收及有线电视分系统（CATV）、地下车库管理分系统（CPS）、公共广播及紧急广播分系统（PAS）、程控交换机分系统（PABX）、结构化综合布线系统（PDS）。在楼宇自动化管理分系统中往往包含出入口控制分系统及防盗报警分系统。如图 8-7 所示为某住宅楼一层弱电平面图，如图 8-8 所示为某建筑物弱电系统图，如图 8-9 所示为弱电系统图形符号应用示例。

消防自动报警分系统：消防自动报警分系统监测建筑物内的火灾迹象，在未形成损失和灾难之前发出火灾警报，并自动执行某些消防措施。消防自动报警分系统一般由火灾探测器、手动报警按钮、联动控制器、火灾显示屏等部分组成。

卫星接收及有线电视分系统：有线电视系统又称公用天线电视系统（Community Antenna Television，CATV），它是一种通过同轴电缆连接多台电视机，共用一套电视信号接

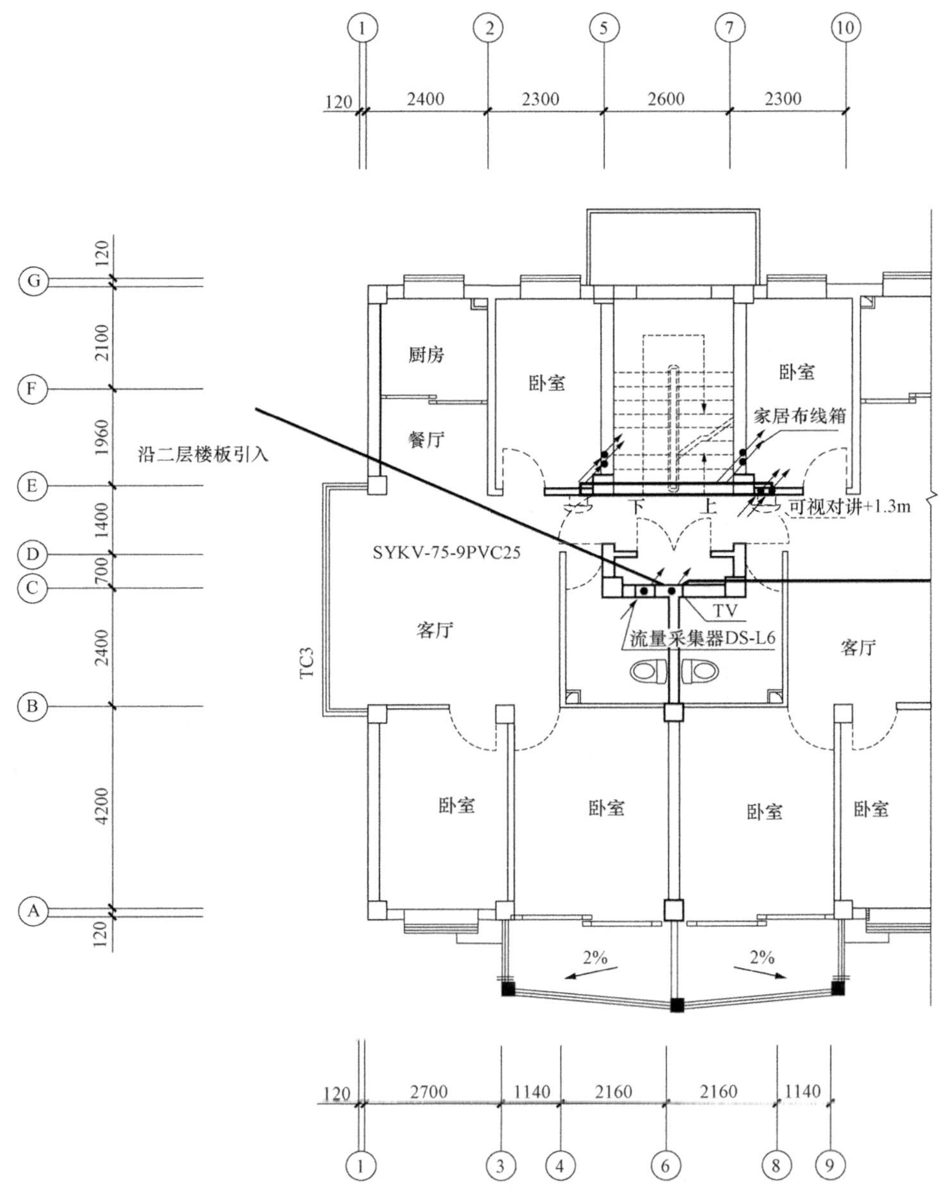

图 8-7　某住宅楼一层弱电平面图

收装置、前端装置和传输分配线路的有线网络。通过有线电视系统传输的电视信号图像质量高，不易受外界干扰。

安保监控分系统：安保监控分系统能够实时监视控制安保对象，提高安保管理效率和自动化水平。防盗安保监控系统包括防盗报警器、电子门禁系统、电视监视系统、对讲安全系统等。

2. 综合布线系统

为实施建筑弱电系统，需借助结构化布线系统。建筑弱电系统种类繁多，构造复杂，各个系统采用的线缆和终端设备规格各异，缺乏统一的标准，相互不能兼容，系统一经确定，就不能轻易改动，因此，传统弱电系统布线方式具有较大的局限性。各个系统在设计、施工

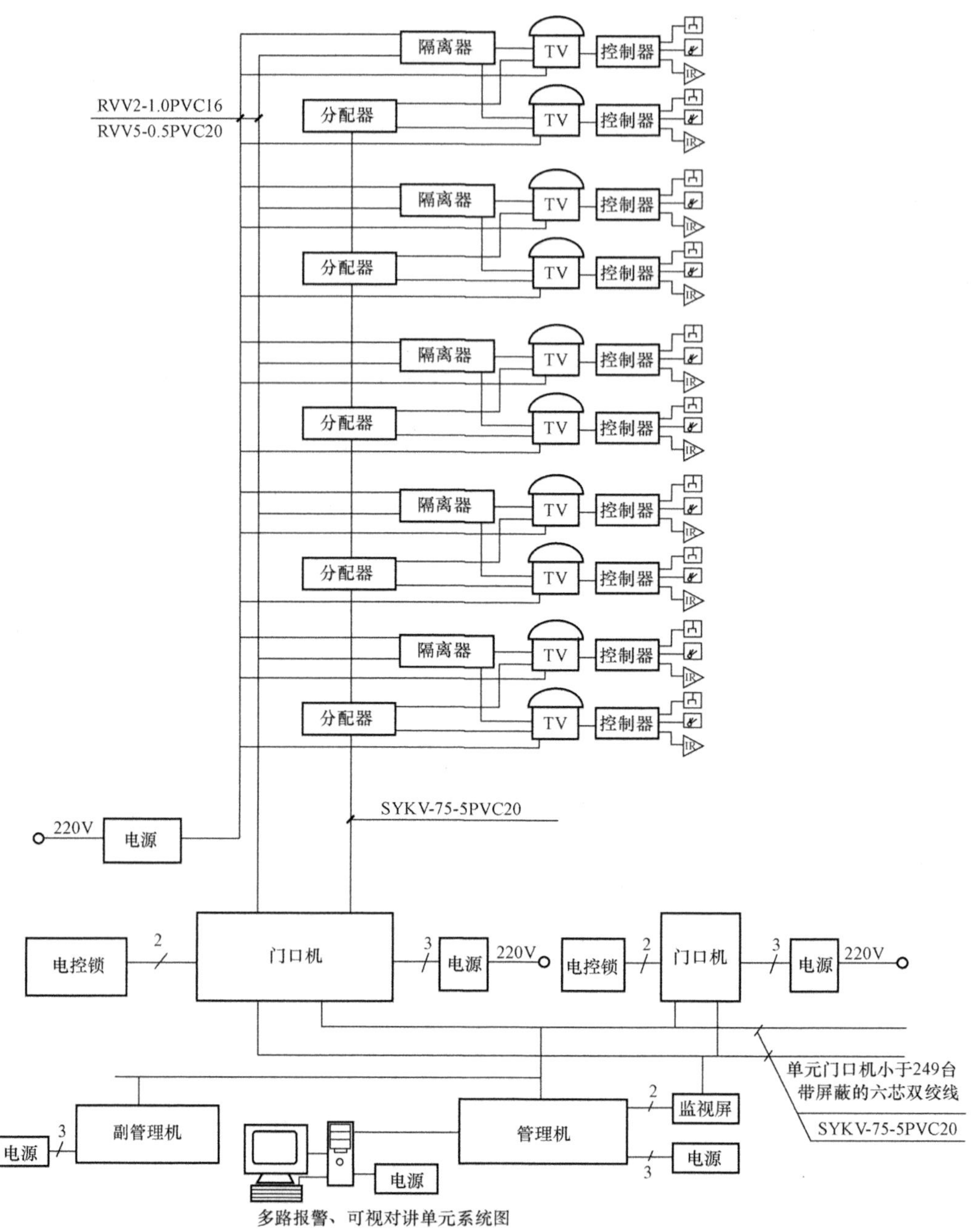

图 8-8 某建筑物弱电系统图

时难以协调、投入使用后也难以管理，当系统需要更新升级或者功能布局发生改变时，必须大规模地进行更改布线，造成浪费。另一方面，现代化的办公及生活要求建筑物具备更完善的条件，随着现代计算机通信和控制技术的发展，出现了智能建筑，为了实现自动化系统的集成与统一管理要求，采用一种新型的布线系统能够以标准的方式兼容各种信息和硬件设备。在此种情况下，综合布线系统应运而生。

综合布线系统（Premises Distribution System，PDS），又称结构化布线系统（Struc-

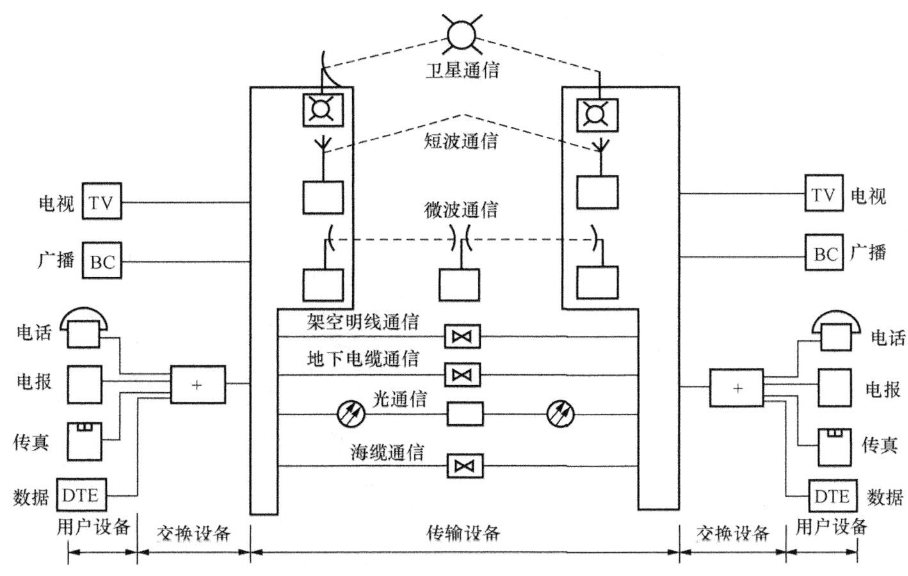

图 8-9　弱电系统图形符号应用示例

tured Cabling System，SCS)。

综合布线系统的开放性是指布线系统能够支持多家厂商的不同产品，能够提供面向用户的设计方式，安装时不需要对将要连接的设备本身有详细了解。所以这种开放性的综合布线系统消除了非兼容性布线系统带来的麻烦和浪费。综合布线系统按照统一的技术标准，采用统一的传输介质，提供标准通信接口（信息插座），能支持不同类型设备之间的数据传输和网间互联，几乎包容全部弱电系统的布线，可以适应数据、文本、图像、语音、控制信号等各种信号的传输。当需要扩展或调整系统时，只要在相应的设备上进行跳线设置即可，具有管理配置灵活、维护方便的优点。

1）综合布线系统的构成。CECS 72：97 将综合布线系统划分为 6 个模块化的子系统。

a. 工作区子系统。工作区子系统由终端设备适配器、信息插座以及终端设备到信息插座之间的连接线缆组成，一般将一个独立的需要设置终端的区域划分为 个工作区。工作区的每一个信息插座（Telecommunications Outlet，TO）都应该支持电话、计算机、电视机、传感器以及其他终端设备的设置和安装。

b. 配线（水平）子系统。配线子系统由楼层配线设备、跳线设备以及每层配线设备到信息插座之间的配线线缆等组成。它起于楼层配线架（Floor Distributor，FD），终止于信息插座（TO），将干线子系统延伸到用户工作区。

c．干线（垂直）子系统。干线（垂直）子系统由设在建筑物设备间的主配线设备和跳线设备以及从设备间至各楼层配线间的连接线缆组成。它起于大楼主配线架（Building Distributor，BD），终止于楼层配线架（FD），是建筑物中的主干线缆。

d. 设备间子系统。设备间子系统由建筑物进线设备、各种主机设备和保护设备等组成，是设置进线设备、进行网络管理和管理人员值班的场所。

e. 管理子系统。管理子系统设置在建筑物每层的配电间内，由交接间的配线设备和输入输出设备组成，为连接其他子系统提供连接手段。

f. 建筑群子系统。建筑群子系统由连接各建筑物之间的线缆、园区配线架（Campus Distributor，CD）以及电气保护设备等组成，它提供建筑群之间通信所需的连接。如图8-10所示为典型的综合布线系统的示意图。

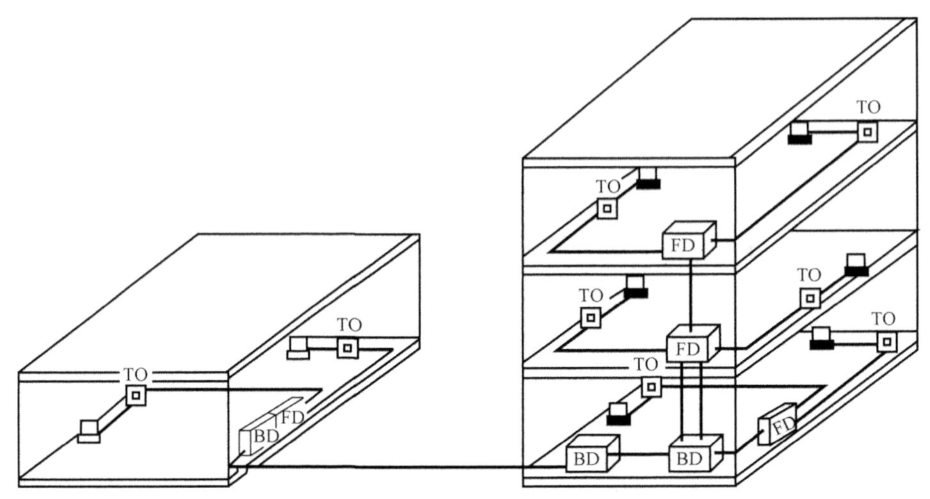

图 8-10 典型的综合布线系统的示意图

2）综合布线系统的分类。综合布线系统根据功能和配置的不同可以分为三个等级，即基本型、增强型、综合型。在进行综合布线系统选型和设计时，应根据实际需要选择适当的等级。

a. 基本型。基本型用于综合布线系统中配置标准比较低的场合，支持语音和某些数据通信，价格较低，便于管理。

b. 增强型。增强型用于综合布线系统中中等配置的场合，支持语音和高速数据通信，统一色标进行管理，可以提供发展余地。

c. 综合型。综合型用于综合布线系统中配置标准比较高的场合，在增强型的基础上增加了光缆系统。

二、房屋弱电系统的维护

为使智能建筑的弱电系统运行保持正常水平。必须加强对弱电系统的维护工作。弱电系统的维护一般可分为故障性维修和预防性维护两类。

（1）故障性维修。设备或系统器材由于外界原因或产品质量问题造成意外事故而使设备或系统器材损坏，这种紧急维修称为故障性维修。通常故障性维修在迅速诊断设备器材的故障部位后，采用备品备件的方式来进行更换，使得设备或系统在尽可能短的时间内恢复正常运行。

（2）预防性维护。通过对弱电系统的预防性维护保养，可以延长系统的使用年限和运行完好率，推迟需要大量资金的更新翻修的时间，提高智能建筑设备的利用率和使用价值；从系统的性能角度来看，通过预防性维护保养可以使设备长期保持运转正常，设备性能不会迅速减弱或损坏，从而可以避免发生重大设备故障。预防性维护保养也包括改良性维护，改良性维护是指对设备和系统的更新和改造提升，从而保证设备和系统能够不断地满足智能建筑功能的需要。

智能建筑弱电系统需要专业的维护保养，通常需要得到系统集成商或设备供应商的大力协助来完成。应注意将定期维护和日常维护相结合，以尽早发现和消除隐患，提高智能化系统安全、正常运行的保障能力。

三、房屋弱电系统的管理

（1）智能建筑的设备和系统的操作人员和管理人员都应该接受有关专业的技术培训，系统承包商或设备供应商应提供设备和系统操作、系统应用软件的编制和修改以及系统设备的维护保养三个方面的内容和相应的培训教材。

（2）因为智能化系统主要由微电子类产品组成，所以管理人员在对系统维护时必须特别注意防潮、防水、防尘及防静电等，加强系统设备的日常清洁，并尽量避免一切可能影响系统操作的外在环境因素。

（3）智能建筑弱电系统的维护管理是建立在一整套的系统维护文档资料基础之上的。通常弱电系统的维护文档可以由智能建筑系统工程承包商提供，也可以委托专业的系统维修管理公司提供帮助，建立相应的维护文档。要保存好系统完整的运行记录，建立详细的工作流程和应急措施。

第五节　电梯设备的维护与管理

电梯是多层和高层建筑重要的垂直交通设施，电梯的正常运行是保证建筑物实现其使用功能的必备条件，因此，物业管理者应该加强电梯等垂直交通设施的维修与管理。

一、垂直交通设施的组成

多层建筑物垂直交通设施主要包括电梯和自动扶梯。自动扶梯主要应用于人流量比较大的公共建筑中。电梯主要应用于一般公共建筑和居住建筑中。电梯由客梯、货梯、专用电梯、消防电梯和液压电梯等几种类型。

电梯通常由电梯井道、电梯箱（轿箱）和运载设备三部分组成，如图 8 - 11 所示。电梯井道内安装导轨、撑架和平衡重，轿箱沿轨道滑行，由金属块叠合而成的平衡重用吊索与轿箱相连保持轿箱平衡，电梯井道布置及各部分组成如图 8 - 12 所示。

二、电梯的保养与维修

电梯的保养维修一般分为小修、中修、大修三级。小修，即日常的保养维修，包括排除故障的紧急维修和定期定点的常规保养。中修，即电梯运行较长时间后进行的全面检修，每 3 年一次。大修，即中修后连续运行 3 年，因电梯设备零部件发生较大磨损需更换主机或其他配件，以恢复电梯设备和配件的原有性能而进行的全面维修。

电梯保养与维修的基本要求：

（1）经常对电梯机房、轿厢和机电设施进行清扫、吸尘检查，保持电梯机房、轿厢、电气部件清洁，特别是各继电器接触良好可靠。对电梯的各润滑点进行油位润滑检查。

（2）每周对电梯的主要安全设施和电气控制部分进行一次重点检查。每层厅门要严格检查，厅门锁闭合应可靠，电气联锁应灵敏可靠。

（3）每 3 个月对电梯的所有机械、电器等传动、控制与安全设施进行一次全面检查，进行一些必要的调整、维修和加注润滑油。

（4）每年对电梯进行一次技术检验，检查所有机械、电器、安全装置的工作情况和磨损程度；对磨损损坏的部件进行修复或更换，并报上级安全检测部门进行年检。

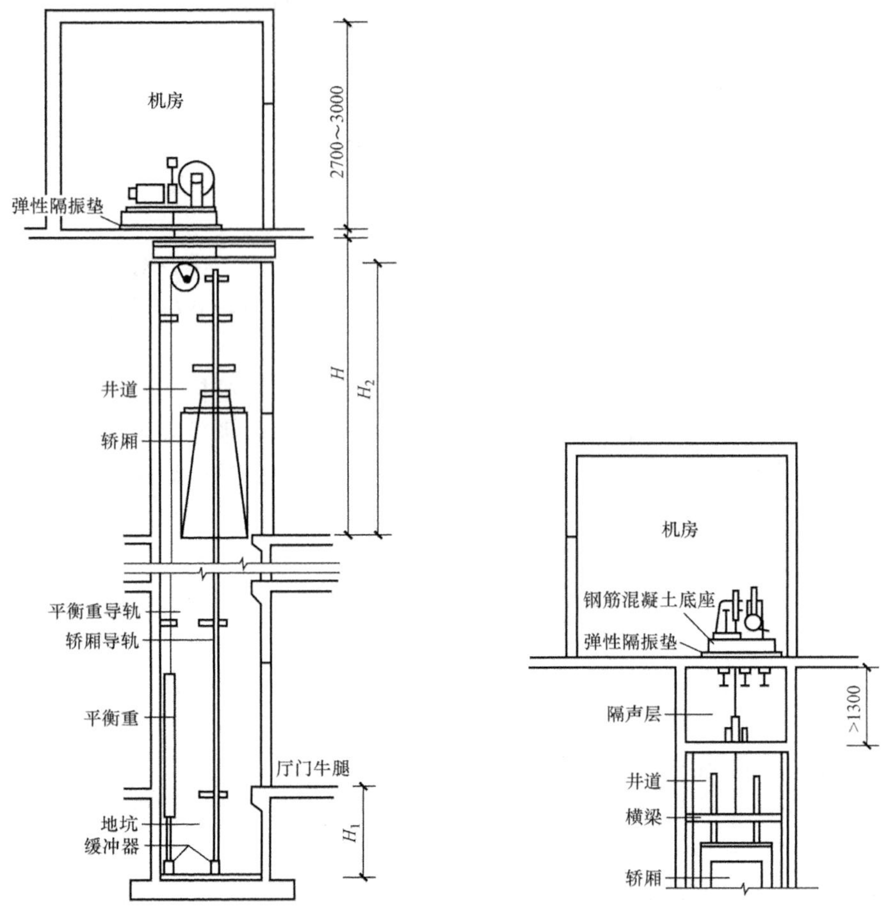

图 8-11 电梯组成示意图

(5) 根据电梯实际使用情况，每 3 年对电梯进行一次大修，对各部件全面拆洗、调整、更换。大修后和新装电梯均需经安全检测部门检验合格，方可使用。

(6) 根据电梯使用情况，对电梯检修过程中存在的问题，应作详细记录，以备查考。

三、电梯的管理

(1) 根据各种类型的电梯图纸资料及技术性能指标，制订电梯安全操作、维修保养的规章制度。

(2) 制订服务规范，服务公约，乘梯须知，司机、维修工岗位职责和电梯服务标志。

(3) 对电梯运行人员和维修人员进行业务培训，坚持资质审查、持证上岗制度。电梯的故障修理必须由经劳动部门审查认可的单位和技术人员承担。

(4) 重视和落实电梯的保修和安全年检工作。

(5) 必须坚持定期检查、维护、保养工作计划，健全电梯设备档案及修理记录。

(6) 当电梯运行管理中发生故障时，要首先救护乘客出梯。

(7) 做好电梯的耗电计量及计费工作。

(8) 电梯钥匙要专人管理，停梯必须贴出通知。

(9) 如电梯长期不使用，必须切断电源，以防意外。启用前详细检查和试运行。

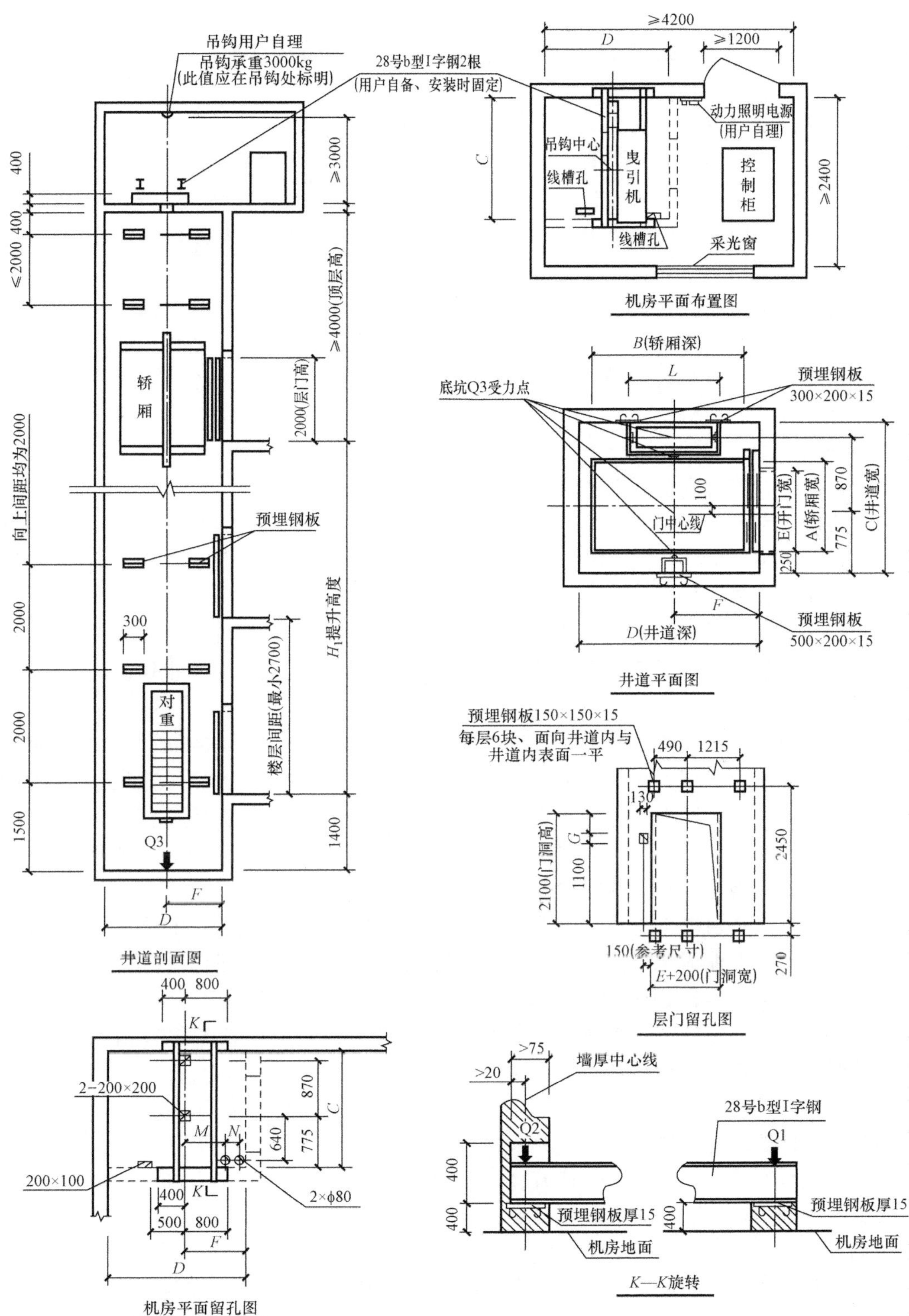

图 8-12 电梯井道布置及各部分组成

第六节 消防设备、防雷系统的管理

一、消防设备系统的组成

目前我国普遍采用的是传统消防设备，以水力灭火的消防设备为主。它包括供水箱、消防箱、喷淋系统、灭火机、灭火瓶、消防龙头、消防泵以及配套的消防设备，如温感器、烟感器、防火卷帘、防火门、消防报警系统、防火阀、消防电梯、抽烟送风系统、消防走道及事故照明、应急照明设备等。

二、消防设备系统的维修与管理

消防系统是物业管理的重要环节，物业管理者必须具有“预防为主、防消结合”以及“专业消防与义务消防相结合”的管理理念，从人力、物力、技术等各方面充分做好消防安全工作，确保物业的安全。

1. 消防系统的维修

消防系统的维修必须注意以下几个方面：

（1）应确定专人按国家消防规范要求对室内外消防栓系统进行维护管理，对于消防栓接圈的封闭及水龙带，应进行定时检查、保养及试验工作，以防止老化、霉变、失效，对于检查不合格的应及时更换。

（2）加强对喷淋系统的维护管理，若发现个别喷头有漏水、腐蚀，必须立即更换。注意喷头的除尘，保护好温感元件。喷淋管道系统进入杂物或因管内水垢、水锈而堵塞时，必须及时进行清理。

（3）对于室内消防设备的维修、管道及阀门的维修，与室内供水管道部分的维修相同。室内消防设施也是由管道、阀门等构成，其损坏同样是管道漏水、阀门漏水或关闭不严等。对于室外的管道，同样应做好冬季的防冻保温工作，以确保处于良好的工作状态。

（4）对于储水池（箱、塔）应存足够的水量，并随时补足；对于离心泵及其电动机，应按有关规定，定时检查保养，并应根据有关规定设置备用水泵。

（5）定期对火灾自动报警系统的功能作试验和检查。注意对感温、感烟探测器等消防设备的清洗，定期由专业清洗单位（包括具有清洗能力和获得当地消防监督机构认可的单位）全部清洗一遍。清洗后作相应探测值及其他必要的功能试验，试验不合格的探测器一律报废，并严禁重新安装使用。更换损坏的探测器必须使用原型号或技术参数相同的替代品替换。清洗时，可分期分批进行，也可一次性清洗。

2. 消防系统的管理

消防系统的管理应该侧重于以下环节：

（1）聘请具有消防部门认可、持有合格消防执照的消防设备保养公司，定期检查及负责维修保养物业内各类消防设备，最好是定期检查（年检或季检）并出具消防检查合格证，上报消防局存查。

（2）对擅自更改消防设备的单位或个人提出书面警告，并责令其雇请合格消防设备保养公司进行检修复原。

（3）根据具体情况，对设置于大堂、走廊、停车场等地方易受碰撞的消防设备，加装防撞护栏予以保护，对易受碰撞的自动灭火花洒头可加装防护铁罩，既不影响其灭火功能，又使之受到保护。

(4) 灭火机务必安装在显眼易取的地方，保护好机身的标志和使用方法说明，检查喷嘴是否闭塞。

(5) 任何时候都要保持公共走廊畅通无阻，绝不能堆放杂物，以免影响火警逃生。

(6) 经常向住户进行消防宣传教育，使之了解物业内各项消防设备的性能、用途、使用方法，以便在火警发生时能正确操作一些较简单的消防栓、警钟、灭火机等设备进行灭火。

三、防雷装置的组成

雷电是一种自然现象，对建筑和人员会造成很大的危害。一般来说，建筑物越高，受雷击的机会越多。不同地区，雷击的频密度也有所不同。为预防和减少雷电灾害，雷区或较高的建筑物都应有防雷保护装置。

建筑物的防雷装置，一般由接闪器、引下线和接地装置三个部分组成。

(1) 接闪器。接闪器也叫做受雷装置，是接受雷电流的金属导体，即通常所指的避雷针、避雷带或避雷网。接闪器总是高出建筑物的。建筑物上用的接闪器主要是避雷针和避雷带，重点设施才用避雷网保护。

避雷针一般采用圆钢或焊接钢管制成，其规格有下列规定：针长 1m 以下时，圆钢直径不应小于 12mm，钢管直径不应小于 20mm；针长 1～2m 时，圆钢直径不应小于 16mm，钢管直径不应小于 25mm。在烟囱顶上的针，圆钢直径不应小于 20mm，钢管直径不应小于 40mm。

避雷带和避雷网可采用圆钢或扁钢制作，一般优先采用圆钢。采用圆钢时，圆钢直径不应小于 8mm；采用扁钢时，其截面积不应小于 $48mm^2$，其厚度不应小于 4mm。在烟囱顶上，采用圆钢时，圆钢直径不应小于 12mm；采用扁钢时，扁钢截面积不应小于 $100mm^2$，其厚度不应小于 4nm。国外有些建筑甚至用 25mm×3mm 的扁铜带为材料，虽然其成本较高，但效果和寿命更好更长。

(2) 引下线，又称引流器，它是把雷电流由接闪器引到接地装置的导体。

引下线可采用圆钢或扁钢制作，一般优先采用圆钢，采用圆钢时，圆钢直径不应小于 8mm；采用扁钢时，其截面积不应小于 $48mm^2$，其厚度不应小于 4mm。当烟囱上的引下线采用圆钢时，其直径不应小于 12mm；采用扁钢时，其截面积不应小于 $100mm^2$，厚度不应小于 4mm。

引下线对防雷很重要，每栋建筑至少要设置 2 根，当引下线锈蚀严重时应及时更换。在我国，引下线常利用建筑构件内钢筋作引下线。为安全起见，一般要选用直径不小于 16mm 的主筋，并且同时用两条主筋为引下线更好。

(3) 接地装置。接地装置是埋在地下的接地导体和垂直打入地内的接地体的总称。

利用基础接地是建筑防雷较常用的方法。基础接地是把地梁内的主筋连接起来，使各段地梁连成一个环形回路，以此组成一个完整的自然接地装置。

采用人工接地装置，一般是做成竖直接地体。其材料通常是用 40mm×40mm×4mm 左右的角钢制作，长度一般为 2.5m，间距为 5m，埋地顶端离地面为 0.8～1m。接地体也可用直径 20mm 以上的圆钢或管径不小于 40mm 的钢管制作。竖直接地体之间要用直径为 10mm 以上的圆钢作环形连接，形成一个完整的接地装置。

防雷装置的冲击电阻越小越好，但投资大。一般民用建筑和二类公共建筑的人工接地体规定不大于 10Ω，而自然基础接地体则不大于 5Ω。

四、防雷保护系统的维护与管理

1. 防雷保护系统的维护

防雷保护系统应勤加检查与维护。如果系统通路不畅，则不仅不能防雷电，反而易于招致雷击。因此，在系统的维护方面要切实加以注意以下几方面：

（1）接闪器、引下线应保持镀锌、涂漆完好。

（2）接闪器与引下线和接地体的连接必须牢固可靠，接地电阻值应符合规定要求，一般是不大于 10Ω。

（3）每年雷雨季节到来之前，均应对整个系统进行检查和维护，提前做好防雷准备。在大雷雨后，也要及时对系统进行检查，察看是否有因雷击而导致某些连接点的松脱和断开。

（4）如发现引下线受到严重腐蚀，其腐蚀程度占截面积的 30%以上则应及时更换；同样，如发现接头松脱也要立即紧固。

在雷雨季节，任何对故障的拖延都可能招致严重的后果。

2. 防雷保护系统的管理

物业服务企业应当做好建筑防雷保护系统的检查维护工作，履行下列职责：

（1）按照安全责任制的要求，将防雷装置的管理列入物业安全管理工作，并指定专门人员负责防雷装置的日常检查维护。

（2）按照规定对防雷装置进行安全检测，并配合检测机构做好检测工作。

（3）对相关人员进行雷电防护的安全教育和培训。

（4）对不符合技术规范要求的防雷装置及时整改，并向检测机构申请复查。

（5）建立防雷装置的安全检测和维护检查档案。

第七节　空调系统维修与管理

空调系统的保养与维修管理目前尚无明确的规定，但对于一般物业的空调系统，保养维修管理的作用是显而易见的，为了保证系统的正常运行，必须进行严格的保养维修，特别是一些采用密封设计的公共建筑，空调系统的故障将会使用户与使用者产生巨大的损失。

一、空调系统的保养与维修管理工作的内容

空调系统的保养与维修管理工作的内容如下：

（1）指定专人负责物业空调系统的保养与维修管理，或者委托具有资质的承包商负责空调系统的保养维修管理工作，也可外请部分保养维修管理人员作为顾问，协助进行。

（2）严格培训空调系统工作人员，使其熟悉物业空调系统的基本构成及操作，掌握基本的保养与维修管理技术，提高他们的责任心和工作能力。

（3）制订严格的空调系统操作规程，指定专人负责空调系统的运作。

（4）加强对空调系统日常运行的观察与检查，发现异声及故障后要及时关机检修，不可带故障运行，以免带来更大的损失。

（5）定期清洗空气过滤装置，并对整个系统进行定期擦洗或抹油等。

（6）科学制订物业空调系统的保养维修计划，并注意系统功能的改革。

（7）加强能源管理，保持空调系统的经济运行。

二、空调系统操作、保养和维修的内容

空调系统操作、保养和维修的内容如下：

（1）熟悉空调设备的工作原理及操作方法，制订相应的操作规程并严格执行。

（2）定期巡查、记录设备运转情况，使设备的润滑油、水、制冷剂等保持正常范围。

（3）机组运行时，应注意观察仪表读数是否处于正常范围内；如果不正常，应及时调整，必要时可关机，以防事故发生。

（4）定时检查各风机、水泵的运转情况，有无杂音、振动、渗水情况，并定时加润滑油及检修。

（5）定期检查各风机、冷却塔皮带的松紧情况，磨损太大时应及时更换。

（6）定期巡查各管网有无裂缝或漏水、堵塞现象，有问题及时排除，保证水管畅通。

（7）定期检查清理过滤器中积存的尘埃和杂物，对风管中的各种风阀要定期检查，防止卡死。

（8）根据锅炉用水量，定期清洗保养锅炉、软化用水装置。

（9）定期检查锅炉燃烧室及烟道的炭灰，防止积存太多。

（10）每年停炉期间，对锅炉进行全面保养，彻底清除水垢及杂质，对安全阀、转动机械及其附属设备进行检修。

小　　结

房屋设备是建筑物的重要组成部分。房屋设备主要包括卫生设备和电气工程设备。本章在介绍房屋设备基本组成的基础上，详细地介绍了给排水系统的保养与维修、供配电系统的保养与维修、建筑防雷保护系统及其维护、弱电系统的维护与管理、电梯的保养与维修、消防设备系统的保养与维修等内容，在此基础上，提出了物业服务企业加强设备管理的相应措施。

复习思考题

1. 房屋电气设备故障主要有哪些？如何及时排除？

2. 如何加强房屋给排水系统的保养与管理？

3. 弱电系统通常包括哪些分系统？

4. 建筑物的防雷装置由哪几部分组成，如何做好建筑物的防雷装置的维护？

5. 案例分析：

物业服务企业的客户——某银行营业所，它的营业时间为周一至周五上午9：00～下午4：30，物业服务企业工程部于星期三的上午10：00在没有通知客户的情况下，组织对大厦发电机组进行例行空载运转，结果烟雾很大，银行营业所对此向物业服务企业提出质疑，请对上述情况作相关分析，并提出改进措施。

第九章 物业管理的资金运作与财务管理

物业管理资金运行是物业服务企业的血脉，也是使物业管理走上良性循环的基本前提。现代企业的运行，离不开各项费用的发生，只有通过多种方式有效、合理地筹措资金并使其良性运转，才能保证企业的生存和发展。而通过高效的财务管理，最大限度地实现利润是物业服务企业经济主体地位的要求。

第一节 物业管理的资金来源

物业管理资金是为保持物业及附属设备设施的状态完好和使用安全，充分发挥其各项功能以满足需要而投入的货币总和。物业管理资金的筹措落实、规范管理和合理使用，对于延长物业的使用寿命，改善业主或使用人的工作和居住环境，促进物业管理事业的有序发展，都有着十分积极的意义。物业管理的资金主要来源于物业服务收费、专项维修资金、特约服务收入、物业经营性收入与其他收入。

一、物业服务收费

物业服务收费，是指物业服务企业按照物业服务合同的约定，对房屋及配套的设施设备和相关场地进行维修、养护、管理，维护相关区域的环境卫生和秩序，向业主收取的费用。

根据《物业管理条例》的有关规定，物业服务收费应当遵循合理、公开以及费用与服务水平相适应的原则，区别不同物业的性质和特点，由业主和物业服务企业按照国务院价格主管部门会同国务院建设行政主管部门制定的物业服务收费办法，在物业服务合同中约定。

1. 物业服务收费的种类

(1) 政府指导价。物业服务收费实行政府指导价的，有定价权限的人民政府价格主管部门应当会同房地产行政主管部门根据物业管理服务等级标准等因素，制订相应的基准价及其浮动幅度，并定期公布。

(2) 市场调节价。实行市场调节价的物业服务收费，由业主与物业服务企业在物业服务合同中约定。

2. 物业服务收费的形式和构成标准

业主和物业服务企业可以采取包干制或者酬金制等形式约定物业服务费用。

(1) 包干制收费。包干制是指业主向物业服务企业支付固定物业服务费用，盈余或者亏损均由物业服务企业享有或者承担的物业服务计费方式。物业服务费用的构成包括物业服务成本、法定税费和物业服务企业的利润，即

物业服务费用 = 物业服务成本 + 法定税费 + 物业服务企业的利润

(2) 酬金制收费。酬金制是指在预收的物业服务资金中按约定比例或者约定数额提取酬金支付给物业服务企业，其余全部用于物业服务合同约定的支出，结余或者不足均由业主享有或者承担的物业服务计费方式。预收的物业服务资金包括物业服务支出和物业服务企业的

酬金，即

预收的物业服务费 = 物业服务支出 + 物业服务企业的酬金

3. 物业管理服务收费的明码标价制

为进一步规范物业服务收费行为，提高收费的透明度，维护业主和物业服务企业的合法权益，促进物业管理行业的健康有序发展，根据政府有关法律法规，要求物业服务企业在物业管理区域内的显著位置，将服务内容、服务标准以及收费项目、收费标准等有关情况进行公示。

二、专项维修资金

专项维修资金是指专项用于物业共用部位、共用设施设备保修期满后的大修、更新、改造的费用。物业管理服务的主要职责是对于物业的维修保养及使用管理，保持物业完好，保证其正常、安全使用。显然，加强日常管理和保养是保持物业完好的重要手段，但经过一定年限的使用，必须对物业进行大修。共用部位和公共设施设备的大修、更新和改造的资金需求量较大，临时募集难以落实，应当事先建立基金。否则，物业维修计划难以实现，影响业主的日常生活。

专项维修资金属业主所有，物业服务企业的管理和使用属于代管性质。专项维修资金应当在银行专户存储，专款专用。为了保证专项维修资金的安全，在维修资金出现闲置时，除可用于购买国债或者用于法律法规规定的其他用途外，严禁挪作他用。当维修资金不足时，由业主委员会组织再筹集。

三、特约服务收入

特约服务是为满足业主或使用人个别需要而提供的服务。由于物业的性质和档次的不同，特别是高级公寓、别墅、高档写字楼等对特约服务的要求很高，业主或使用人也愿意为享受这种服务付出额外的费用。因此，这也构成物业服务企业运营中的一项收入来源。如对住宅区而言，主要有室内卫生清洁、衣物干洗和熨烫、买菜做饭、接送小孩、照顾老人病人、代缴公用事业费、代请保姆等。对办公楼而言则有礼仪服务，如代送礼品、代送鲜花、花篮等。还有商务服务，如打印、复印文件、代发传真、代译外文资料等。此类服务是“谁受益，谁付钱”，由于服务项目和业主或使用人的要求不一样，收费标准难以统一，基本上是各物业服务企业视服务内容具体情况提出，被服务者能够接受，双方约定即可。

四、物业经营性服务收入与其他收入

物业服务企业在其管辖的区域内往往有部分物业可以经营，在受产权人委托的情况下，可采取灵活多样的方式，委托物业服务企业经营，比如对便利店等商业用房，可采用租赁经营的方法，由物业服务企业经营或委托经营。

物业服务企业也可以利用自身的专业人才优势，依靠可靠的信息来源，开展诸如房屋的代租代销，代理办理产权转让等中介服务，收取中介费。这样既能为业主提供优质的物业服务，又能广开财路，增加企业收入。

第二节　物业管理费用核算与管理

物业服务企业在对物业进行管理的过程中所发生的各项支出，一般称之为物业管理费用。对物业管理费用的核算，是物业服务企业财务管理工作中的一项非常重要的内容。

一、物业管理费的核算

1. 物业管理费核算应考虑的因素

（1）应当区分不同物业的性质和特点，并考虑其实行的是政府指导价还是市场调节价。

（2）应根据物业服务的项目、内容和要求，科学核算确定物业服务成本。

（3）物业服务企业为该项目管理投入的固定资产折旧和物业管理项目机构用物业服务费购置的固定资产折旧，这两部分折旧均应纳入到物业服务费的核算中。

（4）物业管理属微利性服务行业，物业服务费的核算和物业管理的运作应收支平衡、略有盈余，在确保物业正常运行维护和管理的前提下，获取合理的利润，使物业服务企业得以可持续发展。

2. 物业管理费成本构成

物业管理费成本构成一般包括以下几个部分：

（1）管理服务人员的工资、社会保险和按规定提取的福利费等；

（2）物业共用部位、共用设施设备的日常运行、维护费用；

（3）物业管理区域清洁卫生费用；

（4）物业管理区域绿化养护费用；

（5）物业管理区域秩序维护费用；

（6）办公费用；

（7）物业服务企业固定资产折旧；

（8）物业共用部位、共用设施设备及公众责任保险费用；

（9）经业主同意的其他费用。

物业共用部位、共用设备设施的大修、中修和更新、改造费用，应当通过专项维修资金予以列支，不得计入物业服务支出或者物业服务成本。

3. 物业管理费核算要点

（1）确定管理费成本构成的注意事项。

1）要求详细，把具体消耗或支出费用分解得越具体，才越真实；

2）要全面，不要漏项；

3）核算依据准确，不用或少用估值。

（2）收集原始数据。管理费的核算要做到合理、准确，对原始数据和资料的收集就至关重要。如在测算低值易耗材料时，要计算出各类材料的详细数量和对市场价格进行详细调查，其他关于工资水平、社会保险、专业公司单项承包、一般设备固定资产折旧率、折旧时间等，均应严格按政府和有关部门的规定和实际支出标准等有效依据作为测算基础。

4. 物业管理费核算方法

物业管理费核算，首先应根据物业管理费支出（成本）项目和内容进行分解，然后分别测算各单项费用。

各单项费用核算完毕进行加总，即为物业管理支出（成本）总额，加上物业管理酬金（酬金制）或法定税费及利润（包干制）后，即得出物业管理费总额。以物业管理费总额除以该物业可收费总建筑面积即可得出单位面积物业管理费标准。

【案例】 某项目可收费总建筑面积 10 万 m^2，经测算该项目全年各项费用如下：

1）各类管理服务人员的工资、社会保险等　　55 万元

2）共用部位、共用设施设备的运行维护费	20 万元
3）清洁卫生费	10 万元
4）绿化养护费	15 万元
5）公共秩序维护费	15 万元
6）办公费	5 万元
7）固定资产折旧	3 万元
8）物业共用部位、共用设施设备及公众责任保险费	2 万元
9）业主委员会办公费、社区文化活动费等其他费	5 万元
合计	130 万元

若采用包干制方式，如该项目法定税费和利润约 15 万元，则该项目单位物业管理费标准为

$$(130\text{ 万元}+15\text{ 万元})/10\text{ 万 m}^2/12\text{ 个月}=1.21\text{ 元}/(\text{m}^2\cdot\text{月})$$

若采用酬金制方式，且约定物业管理酬金比例为 10%，在该项目单位物业管理费标准为

$$130\text{ 万元}\times(1+10\%)/10\text{ 万 m}^2/12\text{ 个月}=1.19\text{ 元}/(\text{m}^2\cdot\text{月})$$

二、物业管理费的收缴

物业管理费是以依管理服务支出预算，按业主面积来计算分配并由业主共同承担的。管理费的按时收缴是维持物业日常管理服务活动正常开展的重要保证。物业服务企业在实际管理服务中，管理费的收缴率难以做到 100%。因此，如何做好管理费收缴或催收是物业服务企业财务管理的重要内容。

通常物业服务企业可采用如下一些措施来确保有关费用的及时收缴：

(1) 如遇业主日间无暇，可与业主预约缴费方式、时间或由管理处安排人员上门收取。

(2) 倘若业主在缴款期届满之后仍未缴费，服务企业可按有关法律法规及制度向其收取滞纳金。为维护和业主之间良好的合作关系，服务企业在收取滞纳金时可视不同情况酌情处理，比如遇缴款日适逢节假日或个别业主确有特殊原因不在本地等。

(3) 对于拖欠、拒交管理费的业主，服务企业首先应通过电话或登门礼貌催收，并了解其拖欠、拒付的原因。如属开发商应承担的房屋质量问题，服务企业应耐心做好工作，解释缴管理费与处理这些投诉并不矛盾，是两回事，当然服务企业也应协助业主与开发商交涉理论，要告知业主不缴管理费将损害到其他业主或使用人的合法权益；如属管理服务质量问题，并经确认属实，则应认真对待并妥善解决，尽量多沟通、消除误会，在向业主表示歉意后再向其收缴所欠的管理费用；如属费用不明或有异议，则可进行解释、说明；对一些不理解物业管理工作的业主要耐心做工作。

(4) 对于个别采取不合作或持冷漠态度的业主，服务企业应依据管理规约及其他规章耐心说服解释。长远来说，要加强服务企业与业主间的友好关系，鼓励更多业主参与关心各项管理服务事项，让他们产生归属感和认同感。

(5) 对于无故拖欠、借口拖欠呈无理拒交的业主，服务企业可通过电话或寄发催款单、催款通知等催缴追讨，并照章计收滞纳金。仍然拒交的，服务企业可通过司法途径解决，来

维护自身的合法权益。

三、物业管理费的收费管理

在物业的管理和服务过程中，及时足额地将应收缴的费用收齐，对很多物业服务企业来说是一项难度很大地工作，但做好这方面的工作，对于保障物业服务企业资金的运转、保证管理服务质量、强化业主的缴费意识都有着积极的作用。

（1）及时向业主或使用人送达收费通知。即在每月末（或月初）将收费通知送达至每位业主，并由业主签收。遇有业主不在的应设法及时通知到本人，以便业主能及时交纳各项费用。

（2）向拖欠费用的业主进行追缴。业主应当按照物业服务合同的约定按时足额缴纳物业服务费用。业主违反物业服务合同约定逾期不缴纳服务费用的，业主委员会应当督促其按期缴纳；逾期仍不缴纳的，物业服务企业可以依法追缴。

拖欠费用属于违约行为，不仅影响物业服务企业的经营，也在一定程度上影响国家有关部门的税收。因此，物业服务企业在组织收入的工作中对确有原因的可以给一个宽限期；对故意拖欠费用的情况应有相应的措施，如在签订物业服务合同前应向对方提出拖欠费用的惩罚措施；对长期拖欠费用的，物业服务企业要上门追缴；对恶意拖欠的可通过司法途径解决。

（3）提高管理费收缴率。物业服务企业只有在提供了相应的物业管理服务后才能收取相应的费用。在日常管理服务过程中，物业服务企业要尽职尽责、服务到位，在不断提高管理服务水平上作文章，让业主真正感到物业服务的好处，使业主离不开物业管理工作。以此来促进业主“花钱买服务”意识的提高，促使业主自觉地缴纳管理费。另一方面，还应该将管理费的收缴率与工作人员的业绩考核挂钩，增强每一位员工的服务意识，不断提高服务质量，从管理服务上要效益。

第三节　物业管理基本财务管理

与其他管理活动一样，物业管理活动也需要活劳动和物化劳动的投入，投入大小和使用效率高低直接关系到物业管理的成败。因此，物业服务企业的财务管理工作在整个物业管理中有着举足轻重的作用。

一、物业财务管理概述

财务是指企业为达到既定目标所进行的筹集资金和运用资金的活动。筹集资金就是资金来源，它指列示在资产负债表右方的诸项内容，如银行贷款、股东投入的资金等；资金运用则是指列示在资产负债表左方的诸项内容，它表明了资金的去向，如有价证券、应收账款等。

在整个物业经营管理中，不仅要用实物形式，而且要用价值形式来实现物业的生产、流通、交换和消费，要按一定的方式供给一定的货币资金，用来进行周转和购置物资设备，以便物业经营管理和服务的正常进行。在这一过程中，物业的出售和出租、物业有偿服务费用的收入等，就构成了物业服务企业的资金运作。

物业服务企业的财务管理就是对物业管理资金运作的管理。在资金运作过程中，包括整个物业经营出租、管理服务费用以及多种经营收入等资金的筹集、使用、耗费、收入和分配。为保证企业正常和有效的运作，提高经济收益，许多物业服务企业实行“一业为主，多业发展”，企业下属拥有各种商业、贸易和维修部门和其他提供有偿服务的机构。物业服务企业的财务管理统筹各经营单位和机构，这自然要比经营业务相对单一的一般企业显得复杂一些。

二、物业财务管理的内容与任务

1. 物业服务企业财务管理内容

物业服务企业的经营活动包括计划管理、产业管理、租赁管理、修缮管理、园林绿化养护、劳务管理、秩序维护管理、财务管理等，而财务管理是其中的主要组成部分。它是利用价值形式，通过资金运行及其生产的经济关系——货币关系进行的综合性管理。

物业服务企业财务管理的主要内容有对资金筹集和运用的管理；商品房资金的管理；租金收支管理；物业有偿服务费的管理；固定资金、流动资金和专项资金的管理；资金分配的管理；财务收支汇总平衡等。

2. 物业服务企业财务管理的任务

物业服务企业财务管理的基本任务是依据企业资金运行的规律，遵循国家的政策、法令和财经制度，合理组织财务活动，正确处理财务关系，加强计划（预算）管理和经济核算，改善和促进企业经营管理，提高经济效益，加强财务监督，维护财经纪律。

（1）筹集和合理分配、运用资金。这就是要根据物业管理的需要，做好租金收入和有偿服务管理费的收费工作，不断提高资金运用的效能，保证物业服务企业的正常运营。

（2）积极组织资金，开辟物业经营市场，“一业为主，多元经营”，不断寻求物业管理的新生长点，拓展物业管理的新领域，形成新优势。

（3）加强财务分析和经济核算工作。这就是要做好各项控制工作，节约费用，降低成本；考核各项经济指标的执行情况，反映经营管理状况，促进企业改善经营管理。

（4）加强计划（预算）管理，认真编制财务计划（预算）。

（5）实行财务监督，维护财经纪律。物业服务企业的经营、管理、服务，必须依据党和国家的方针、政策和财经法规以及财务计划，对企业预算、开支标准和各项经济指标进行财务监督。财务监督主要是对资金的筹集运用和分配活动进行监督，使资金的筹集合理合法，资金运用的效果不断提高，确保资金分配兼顾国家、集体和个人三者的利益，最大限度地调动多方面的积极性，保证坚持正确的经营方向，保护企业财产不受侵犯，并同贪污等违法乱纪行为作斗争。

三、物业财务管理机构设置与管理制度

1. 物业财务管理的机构设置

物业服务企业由于所管物业数量不等，物业管理区域内多、高层比例不同，服务项目多寡等原因，管理人员、操作人员配备有所差别。但是，财务管理工作有着自身的特点，其基本岗位的设置相差不大。通常财务部门的岗位设置如图 9-1 所示。

2. 财务会计管理制度

财务会计管理制度如下：

（1）遵守财经纪律，建立和健全各项财务管理制度。

（2）抓好各种应取款项的收取工作，对长期拖欠不清的款项，督促经办人员限期清理。

（3）参与策划各种重要营销策略，并对重要经济合同及投资项目进行评议及审定。

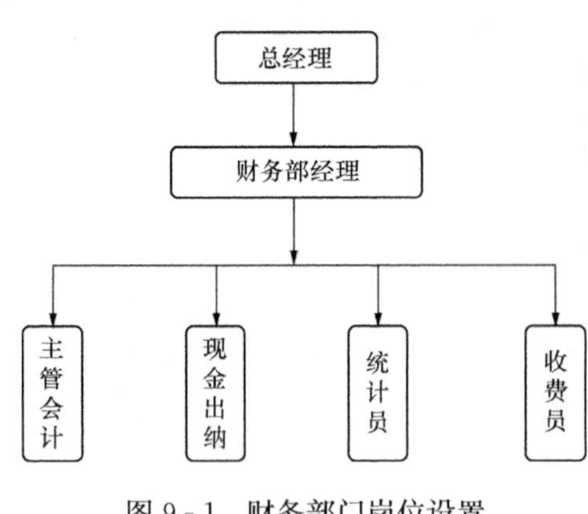

图 9-1 财务部门岗位设置

(4) 按合同的要求，作好工程费用的拨付结算工作。

(5) 执行审批制度，按规定的开支范围和标准核报一切费用，负责发放员工工资、奖金。

(6) 严格执行现金管理制度和支票的使用规定，做好收费发票的购买、保管、使用、回收工作。

(7) 编制记账凭证，及时记账，及时编报各种报表，妥善管理会计账册档案。

(8) 拟订各项财务计划，提供财务分析报告，当好参谋。

小 结

本章主要通过对物业管理资金来源、管理费用的核算、收缴等的探讨，阐述了物业管理资金的运作。与此同时，也对物业管理基本财务管理内容、机构设置及管理制度等进行了介绍。

复习思考题

1. 简述物业服务收费的含义。
2. 物业服务收费的种类有哪几种？
3. 简述形式和构成标准。
4. 物业服务收费的包干制和酬金制各有什么特点？
5. 物业管理费成本由哪些构成？
6. 物业服务企业的财务管理包括哪些内容？
7. 物业服务企业财务管理的任务主要有哪些？

第十章　商务写字楼的物业管理

"写字楼"一词是由境外传入的。它是商品经济和社会专业分工发展的产物。当商品经济发展到一定水平，客观上就需要一种集中的办公场所，于是，商务写字楼就应运而生，并得到迅速的发展。随着我国国民经济快速发展，第三产业也不断壮大，写字楼的需求量也与日俱增。写字楼已成为我国目前高档物业的重要组成部分之一。同时，写字楼的内涵、外延也更加的丰富。因此，为更好地发挥写字楼的特殊功能，写字楼的物业管理与服务就更显得重要与迫切。

第一节　商务写字楼概述

一、商务写字楼的分类及特点

1. 写字楼的含义

写字楼是指供各种企事业单位的职员和政府机构的行政管理人员从事商业经营活动和办理行政事务的建筑，主要由作为办公空间的办公室部分和公用部分（如电梯、楼梯、卫生间、饮水间、走廊等）构成。其主要功能是为业主或使用人提供高档次的办公场所和管理服务。有的写字楼由业主自用，有的用于出租，有的部分自用、部分出租。现代写字楼一般具有比较现代化的设备，而且环境优越、通信快捷、交通方便，有宽阔的停车场（库）相匹配。由于写字楼一般建筑规模都较大，设备设施先进，对管理服务要求较高，而且很多写字楼都存在着多个业主的情况，客观上需要有人提供专业化的物业管理。

2. 商务写字楼的分类

目前，我国对写字楼的分类还没有统一的标准，而当前人们较为通用的类别名称，主要是专业人员和业内人士依据其建筑规模、使用功能及现代化程度等几个方面进行的分类。

（1）按建筑面积大小可以分为四种。

1）小型写字楼：建筑面积一般在 1 万 m^2 以下。

2）中型写字楼：建筑面积一般在 1 万～3 万 m^2。

3）大型写字楼：建筑面积一般在 3 万 m^2 以上。

4）超大型写字楼：建筑面积一般在十几万甚至几十万平方米以上。例如：美国纽约的世界贸易中心大厦、香港的中环中心大厦等。还有美国芝加哥市于 2004 年建成使用的南迪波恩大厦，高达 609.75m，建筑面积达 17.65 万 m^2，共 108 层，其中最高的 13 个层面为数字电视设备楼，32 个层面为办公区，40 个层面为公寓套房，11 个层面为停车场，其余是购物及商务区。

（2）按写字楼的功能可分为三种。

1）单纯型写字楼，就是写字楼基本上只有办公一种功能，没有其他功能（如展示厅、餐饮等）。

2）商住型写字楼，就是既提供办公又提供住宿。这又有两种方式，一种是办公室内有套间可以住宿；另一种是楼的一部分是办公，楼的另一部分是住宿，如北京国际大厦。

3）综合型写字楼，就是以办公为主，同时又有其他多种功能。现在许多的写字楼内都设有客房、舞厅、桑拿、保龄球馆等功能。当然，它们功能再多，占的面积不会太多，用作写字办公部分的面积是最多的，否则它们就不叫写字楼了。

（3）按现代化程度可分为两种。

1）智能型写字楼：指具有高度自动化特性的写字楼，通常包括通信自动化、办公自动化、消防报警自动化、建筑设备自动化、安全监控自动化等功能。

2）非智能型写字楼：指一般的写字楼。

（4）按国际惯例可分为三个等级。

1）甲级写字楼：指具有优越的地理位置和交通环境，建筑物自然状况良好，建筑质量达到或超过有关建筑标准的写字楼，其收益能力与新建成的写字楼相当，有完善的物业管理服务，包括24小时的维护、维修和保安服务等。

2）乙级写字楼：指具有良好的地理位置，建筑物自然状况良好，建筑质量达到有关建筑标准，但建筑物有自然磨损，功能并不是最先进，其收益能力低于新落成的同类物业的写字楼。

3）丙级写字楼：指物业的使用年限已较长，建筑物在某些方面达不到有关建筑物标准；建筑物存在较明显的物理磨损和功能陈旧，但仍能满足低收入承租人的需求；因租金较低，尚可保持一定出租率的写字楼。

3. 商务写字楼的特点

现代写字楼同过去传统意义上的办公楼已是两个完全不同的概念。就目前写字楼的建筑设计和使用状况而言，写字楼具有以下主要特点：

（1）地理位置优越，交通条件良好。现代写字楼多建在以经济、金融、贸易、信息为中心的大中城市，同时有相当规模的面积，办公单位集中，人口密度大。这些城市的经济活动频繁、交易量大、信息快而多、交易成功率高，所以吸引众多企业在这些城市设立公司和办事处。特别是城市的中心地段，交通方便，各类商业服务设施齐全，既利于办公人员的上下班，又有利于贸易的谈判和开展。

（2）功能齐全、配套设施完善，自成体系。现代写字楼一般还拥有物业自身的设备层、停车场、商场、会议室（厅）、商务中心、娱乐中心、餐厅和健身房等工作与生活辅助设施，以满足租户在楼内高效率工作的需要。因此，造成了管理与服务内容的多样化和复杂化。当然，这既可为客户的高效工作和休闲生活提供便利，也是开展人性化物业管理服务的基本条件。

（3）单体建筑规模大，办公机构集中，人口密度大。写字楼多为高层建筑，楼体高、层数多、建筑面积大，办公单位集中，往往能汇集数百家国内外大小机构，容纳上万人在其中办公，人口密度较大，人流量较多。

（4）设备系统先进，智能化水平高。与住宅相比，写字楼内部一般都配备有更为先进的设施设备，如中央空调、高速电梯、监控设备、现代通信设备等，写字楼的设备设施是物业管理的重点对象。根据使用功能，写字楼的设备可分为8大系统，即电气设备系统、通信系统、空调系统、供暖系统、运载系统、给水排水系统、消防系统、监控系统。此外，还有智能化建筑的综合布线系统把各系统有机地联系在一起，把现有的、分散的设备、功能和信息集中到统一的系统之中，实现系统集成，实现图文、数据、语音信息的快速传递。

（5）经营管理要求高、时效性强。由于现代写字楼规模大、功能多、设备复杂先进，加之进驻的多为大中型客户，自然各方面的管理要求都较高；另外，由于写字楼具有收益性物业的特性，高的出租（售）率是其获得良好稳定收益的保证。经营管理不当，就不能赢得客户，甚至会马上失去已有的客户，而当期空置意味着当期损失而无法弥补。所以，其经营管理的时效性很强。

（6）多由专业物业服务企业管理。写字楼由于档次高、设备设施复杂、管理要求高，一般都委托专业物业服务企业管理。同时由于大多数写字楼是以出租为主，出租率或占有率的高低是该物业的生命线，而出租率的高低与物业管理的好坏休戚相关，因此许多写字楼业主委托物业服务企业代理出租。对物业服务企业来说，为业主获取最大利润是其全部的出发点和落脚点，物业服务企业的所有工作都应围绕这个目标。

二、商务写字楼管理的方式

1. 委托服务型物业管理

委托服务型物业管理是业主或投资者将建成的写字楼委托给专业物业服务企业进行管理，物业服务企业只拥有物业的经营管理权，不拥有其产权。此类物业服务企业为谋得较好的经济利益，可同时管理多幢写字楼乃至另一类物业，其主要职能是提供房屋及其附属设施设备的维修养护、安全、消防、保洁、绿化等服务，有时接受业主的委托也可以代理物业租赁业务。

2. 自主经营型物业管理

自主经营型物业管理是业主或投资者将建成的写字楼交由下属的物业服务企业或为该幢写字楼专门组建的、从事以经营出租业务为主的物业服务企业，通过收取租金收回投资。由此可见，这样的物业服务企业对该物业不仅拥有经营管理权，还拥有产权。因此，它对该物业不仅具有维护性的管理职能，而更主要的是通过对其所管理物业的出租经营，可获取长期、稳定的收益。其职责不只是将写字楼简单地租出去，还必须根据市场的变化对所管物业进行适时的更新改造，如市内装修、空间重新分割等，以提高物业的档次和适应性，改善物业的条件，进而调整租金以反映市场价格的变化，从而获取更多的利润。

三、商务写字楼管理的目标

写字楼的租户是以高效工作为主要目的，相应的管理服务也必须满足这一需要。一般情况下，物业服务企业对写字楼实施管理服务时，应确立以下目标。

（1）为租户创造与保持一个安全、舒适、快捷的工作、生活环境。所谓安全，是指让租户在楼内工作、生活有安全感。具体包括人身安全、财产安全和消防安全。一旦发生意外，要及时救护、报案，并保护现场。所谓舒适，是指在楼内创造一个优美、洁净的环境，让租户在楼内工作、生活都能感觉到舒服、方便。具体做法是在确保大厦内各种设备处于良好运行状态的同时，要利用写字楼内的裙房、地下室等，开辟必要的停车场、商场、会议室、商务中心、娱乐中心及餐厅等生活服务设施，以满足租户的基本需要，进而为其创造方便、舒适的工作和生活环境。所谓快捷，是指让租户在楼内，可随时与世界各地联系，交换信息，抓住商机。

（2）确保写字楼功能的正常发挥。写字楼建成后，由于自然和非自然因素的影响，必然会有一定的损坏。其自然因素主要有地震、水灾、大风及日晒雨淋的破坏和侵蚀作用等；而非自然因素主要是指人为因素作用而受到的损坏，如设计、施工质量较差，建筑材料不合格及使用不当等。因此，随着时间的推移，房屋建筑的结构部位，装修部分和通信设备设施等，都将发生不同程度的损坏，如不及时加强养护与维修管理，就会影响到物业功能的正常发挥，如电梯中途停运、上下水管道堵塞或渗漏、屋面漏雨、暖气不热、空调失灵、装饰层脱落等。如发生以上这些情况，不仅使写字楼的功能不能正常发挥，还会造成加速其损坏程度，以致影响租户工作、生活的正常进行。实施良好的不间断的专业化管理服务，不仅仅在于确保写字楼功能的整个使用周期内的正常发挥，还可以延长写字楼的使用寿命，从而保障业主和租户的经济利益。

（3）使写字楼保值和增值。物业管理是通过对物业实施精心的养护、及时的维修、适时的室内装修及有计划的更新改造等措施，不仅能使物业（包括附属设备和设施）处于完好状态和正常运行，而且可以提高物业的档次，增强物业的适应性，使物业保值增值，进而达到吸引客户、提高物业的出租率和增加写字楼经营效益的目的。

（4）努力创建“全国城市物业管理优秀示范大厦”。创建“全国城市物业管理优秀示范大厦”，是创建写字楼品牌和物业管理品牌的最有效途径，也是提高写字楼经营和物业管理服务效益的最佳措施。因此，物业服务企业要加强自身的业务素质，提高物业管理服务水平，按照《全国城市物业管理示范大厦标准及评分细则》的要求，努力创建“全国城市物业管理优秀示范大厦”。该标准共为写字楼的物业管理提出了 9 方面的要求，分别为基础管理、房屋管理与维修养护、共用设备管理、共用设施管理、保安及车辆管理、环境卫生管理、绿化管理、精神文明建设和管理效益。

第二节 商务写字楼管理的实施

一、商务写字楼物业管理的提前介入

（1）物业服务企业应在接管验收前到达物业现场，实地考察物业现状，了解写字楼的建筑结构、施工质量、单项工程和整体工程竣工验收情况、设备安装情况等。

（2）了解投资者的投资意向，是投资者自用还是出租，或两者兼有，是单户使用还是多户合用，是单用途还是多用途。

（3）对写字楼市场进行调研分析，预测该写字楼的经营收益。

（4）与委托方（投资者或业主）签订《物业服务委托合同》。

（5）物业服务企业要根据写字楼的特点及周边环境，制订争创“全国城市物业管理优秀示范大厦”的规划和具体的实施方案，并细化落实到各业务部门。

（6）根据写字楼的建设标准和用途，制订《物业管理服务公约》，科学计算写字楼各业主或使用人所占的管理份额，使各业主或使用人公平合理地负担物业服务费及专项维修资金。

（7）草拟大厦各项管理制度、服务质量标准、各工作岗位考核标准和奖金办法等。

（8）按照国家标准，做好写字楼交接的各项准备工作。

二、商务写字楼的验收与接管

（1）查验写字楼建筑现状（包括建筑质量和新旧程度等），并如实记载。

（2）查验写字楼配套设备设施情况（包括其功能和运行情况），并记录在案。

（3）查验写字楼的规划设计、施工、设备安装、竣工验收及产权资料（包括相关文件、图纸、表格等）。

（4）正式接管物业，并办理相关手续。

三、商务写字楼的日常管理及工作重点

1. 营销管理

商务办公楼的营销任务就是租赁经营。物业服务企业接受业主委托，为其进行办公楼的租赁工作，就是根据租赁经营范围、方式、期限等做好营销管理工作。办公楼日常性租赁业务是办公楼经营必不可少的环节，也是保证业主经济效益的一个基本组成部分。营销人员可在商务办公楼的前台工作，也可有单独的办公室。营销人员实际上是办公楼的销售代表，他们的责任是：

（1）接待来访的潜在承租客户，陪同客户参观办公室，解答问题，介绍办公楼的基本情况，搞一些促销宣传，并做好与客户的联系工作。

（2）处理办公楼的具体租赁工作，如与承租户联络、洽谈、签约等。

（3）接受和审理承租客户的投诉和要求，及时通知有关部门，做好协调工作。

（4）营销负责人还要负责对长租客户的定期访问，组织客户参加业主举办的各种联谊活动。

2. 入住服务

物业服务企业要为业主或使用人的入住提供全方位的服务，如入住手续的办理，入住验房、装修装饰指导等。

3. 房屋建筑及附属设备设施的维修养护和管理

（1）房屋使用管理及维修养护。写字楼建筑的维修养护和住宅、商厦等其他类型物业的做法基本相同，要求做到该写字楼幢号、楼层有明显引路标志，无违反规划私搭乱建，楼宇外观完好、整洁，保证房屋的完好率和维修及时率、合格率，并建立回访制度和回访记录。

物业服务企业还应监督业主或使用人对写字楼进行的二次装修，将房屋装饰装修中的禁止行为和注意事项告知业主或使用人，以确保楼宇结构和附属设备设施不受破坏。

（2）设备设施使用管理及维修养护。写字楼的设备先进，智能化程度高，对维修养护和使用管理要求较高，所以，设施设备使用管理及维修养护是写字楼物业管理的一项重点内容。《全国城市物业管理优秀大厦标准及评分细则》关于大厦设备管理的要求远远多于和高于一般住宅小区的管理标准。为了保证设备能够良好地正常地运行，延长设备的使用年限，应制订严格的设备养护和维修制度，下工夫做好设备的日常养护、检修工作，不能坐等报修。此外，设备管理人员应实行 24 小时值班制度，以便在最短时间内处理突发运行故障。

4. 环境保洁与绿化美化服务

（1）保洁服务。物业服务企业应实行标准化清扫保洁，制订完善的清洁细则，明确需要清洁的地方，所需清洁次数、时间，由专人负责检查、监督。设有垃圾箱、果皮箱、垃圾中转站等保洁设备。写字楼的清洁卫生服务项目包括写字楼公共区域、走廊及通道的清洁，外墙的定期清洁，空调机房、配电房、楼层配电室的清洁，电梯清洁保养，消防设备的清洁，供水、排水、泵房系统及其设备的清洁，公共照明设备的清洁，公共洗手间的清洁，垃圾房的清洁，写字楼外围区域的清洁，停车场清洁服务，写字间内大清扫服务，清洗地毯服务，各类石材地面打蜡、抛光服务，汽车、摩托车、自行车的清洗以及其他清洁卫生服务项目。

（2）绿化美化服务。写字楼内外的绿化、美化管理也是写字楼物业管理的日常工作内容之一。绿化美化管理既是一年四季日常性的工作，又具有阶段性的特点，必须按照绿化的不同品种、不同习性、不同季节、不同生长期，适时确定不同的养护重点，安排不同的落实措施，保证绿化的健康生长，确保环境的优美。

5. 安全管理服务

（1）保安服务。

1）制订全面的保安工作计划，建立有效的保安制度，消除一切危及或影响业主或使用人生命财产和身心健康的外界因素。

2）根据大厦平面布局和总面积、幢数、出入口数量、公共设施数量、业主和客户人数、配齐保安固定岗和巡逻岗的位置和数量。

3）确定保安巡逻的岗位和路线，特别注意出入口、隐蔽处、仓库、停车场（库）等处。

4）建立 24 小时固定值班、站岗和巡逻制度，做好交接班工作。

5）完善闭路电视监控系统，在主要入口处、电梯内、贵重物品存放处和易发生事故的区域或重点部位安装闭路电视监视器，发现异常情况及时采取措施。

（2）消防管理。

1）建立完善的消防管理组织。建立物业管理公司总经理、部门经理、班组长 3 级防火组织，并确立相应的防火责任人；组建以保安部人员为主的专职消防队伍和由物业管理公司其他部门工作人员、业主、客户组成的义务消防队伍。

2）根据《中华人民共和国消防条例》的规定，制定防火制度，明确防火责任人的职责，制订防火工作措施，从制度上预防火灾事故的发生。将防火责任分解到各业主、客户单元，由各业主、客户担负所属物业范围的防火责任。

3）进行消防宣传。宣传的形式有消防轮训，利用标语或演示牌进行宣传，发放消防须知（防火手册）。宣传的内容有消防工作的原则、消防法规和消防须知。定期组织消防演习。发动大家，及时消除火灾苗头和隐患。

4）配备必要的消防设施设备，建立消防管理档案。

5）定期组织及安排消防检查，根据查出的火险隐患发出消防整改通知书，限期整改。

6）制订灭火方案及重点部位保卫方案，明确火灾紧急疏散程序，做好发生火灾的预案。

（3）车辆进出与停车服务。主要是做好停车场（库）各方面的管理工作，加强车辆进出与停车的引导服务和及时疏导来往车辆，使出入写字楼的车辆井然有序，保证车辆及行人的安全。

6. 写字楼的前台服务

在写字楼市场的激烈竞争中，谁能为客户提供更好的服务，谁就能够拥有更多的客户，谁就能够在写字楼市场的竞争中立于不败之地。写字楼的前台服务主要项目有：

（1）钥匙分发服务。

（2）问讯、引导服务和留言服务。

（3）物品寄存服务。

（4）信件报刊收发、分拣、递送服务。

（5）行李搬运、寄送服务。

（6）出租车预约服务。

(7) 提供旅游活动安排服务。

(8) 航空机票订购、确认服务。

(9) 全国及世界各地酒店预订服务。

(10) 代订餐饮、文化体育节目票务服务。

(11) 文娱活动安排及组织服务。

(12) 外币兑换。

(13) 花卉代购、递送服务。

(14) 洗衣、送衣服务。

(15) 代购清洁物品服务。

(16) 其他各种委托代办服务。

7. 用户投诉的接待和处理

物业服务企业应在客户服务中心或管理部门内设专人接待和处理办公楼内进驻单位的投诉。对客户提出的投诉要作认真的记录，能当即解决的当即予以解决；不能当即解决的要向客户说明情况和承诺在什么时间内解决，并迅速将情况反馈给有关部门，使问题能够及时圆满解决。

四、商务服务与管理及其要求

写字楼一般设有商务中心，是物业服务企业为了方便客户，满足客户需要而设立的商务服务机构。

1. 硬件配置

写字楼的商务中心应配备一定的现代化办公设备，如电话、传真机、电脑、打印机、电视、录音机、投影仪以及其他的办公用品等。商务中心设备的配备，可根据服务项目的增加而逐步添置。商务中心设备的正常使用和保养，是服务保障的前提条件。商务中心人员在使用过程中，应严格按照操作程序进行操作，定期对设备进行必要的保养，设备一旦发生故障，应由专业人员进行维修。

2. 服务要求

客户对商务中心服务质量的评价，是以服务的准确、周到、快捷为主，必须启用知识全面、经验丰富、有责任心的工作人员，并制订明确的工作要求。商务中心人员不仅品德修养要高，而且应具备流利的外语听、说、读、写能力，熟练的中英文打字能力，熟练操作各种办公设备的能力，以及商务管理知识、秘书工作知识和一定的设备清洁、养护知识。

3. 商务中心服务项目

写字楼商务中心的服务项目应根据客户的需要进行设置，主要包括以下服务内容：

(1) 各类文件的处理、打印服务。

(2) 长话、传真、电讯、互联网服务。

(3) 邮件、邮包、快递等邮政服务。

(4) 商务咨询、商务信息查询服务。

(5) 商务会谈、会议安排服务。

(6) 电脑、电视、录像、幻灯等设备的租赁服务。

(7) 临时办公室租用服务。

(8) 翻译服务。

（9）报刊、杂志订阅服务。

（10）文件、名片等印刷服务。

（11）客户外出期间保管、代转传真、信件等服务。

（12）秘书培训服务。

小 结

写字楼的物业管理工作在我国开展的时间并不太长，对多数物业服务企业而言仍是一个较新的课题，需要在探索中前进和完善。本章着重介绍了商务写字楼的特点及分类、商务写字楼管理的目标。在对商务写字楼具体的管理实施中，要特别注意商务写字楼物业管理的提前介入、验收和接管。另外，本章还对商务写字楼的日常管理内容及工作要点，以及客户服务项目做了详细的阐述。

复习思考题

1. 商务写字楼的含义是什么？
2. 商务写字楼本身具有哪些特点？
3. 简述商务写字楼的分类。
4. 商务写字楼管理的目标是什么？
5. 简述商务写字楼提前介入的工作要点。
6. 如何做好商务写字楼的验收和接管工作？
7. 简述商务写字楼的日常管理工作内容和工作重点。
8. 商务写字楼有哪些基本的客户服务项目？

第十一章　商场、宾馆的物业管理

第一节　商场的物业管理

一、商场物业的含义及类型

1. 商场物业的含义

商场物业是指建设规划中必须用于商业性质的房地产，它是城市整体建筑规划中的一种重要功能组成部分，其直接的功用就是为消费者提供购物场所。商场物业包括各类商场、购物中心、购物广场及各种专业性市场等，其中，融购物、餐饮、娱乐、金融等多种服务功能于一体的大型商场物业也称公共性商业楼宇。

2. 商场物业的类型

（1）从建筑规模上分。

1）市级购物中心。建筑规模一般在 3 万 m^2 以上，其商业辐射区域可覆盖整个城市，服务人口在 30 万人以上，年营业额在 5 亿元以上。

2）地区购物商场。建筑规模一般在 1 万～3 万 m^2 之间，商业服务区域以城市中的某一部分为主，服务人口 10 万～30 万人，年营业额在 1 亿～5 亿元之间。

3）居住区级商场。建筑规模一般在 3 千～1 万 m^2 之间，商业服务区域以城市中的某一居住区为主，服务人口 1 万～5 万人，年营业额在 3 千万～1 亿元之间。

（2）从建筑结构上分。

1）敞开型。一些城市的商场物业多由露天广场、走廊通道并配以低层建筑群构成。

2）封闭型。主要是一些结构封闭、规模宏大、装饰豪华辉煌的公共性商业楼宇，如我国的一些大城市新建和改建的一大批现代化的商业场所、商厦、购物大厦、购物中心、贸易中心等。如香港的统一中心、太古城；上海的正大广场等。

（3）从建筑功能上分。

1）单一型商业物业。该类物业只提供专门性的商业服务。

2）综合性商业购物中心。包括购物区、娱乐区、健身房、保龄球馆、餐饮店、影剧院、银行分支机构等。如上海的东方商厦、港汇广场等。

3）商住混合型。大多低楼层部位是商业场所、批发部等，高楼层为办公室、会议室和住宅等。如宁波的金光中心等。

二、商场物业的管理方式及管理内容

1. 商场物业的管理方式

公共性商业楼宇应实行统一的专业化管理。但在具体的管理决策上应设立公共性商业楼宇管理委员会。因为公共性商业楼宇管理内容虽包括物业管理、物业形象的宣传推广和对经营者的分类、选择与管理，但不涉及具体的经营问题。物业服务企业不拥有所管物业的产权，因而不具有物业的经营使用权。它只是受物业产权人的委托对物业及设施、使用人的经营行为进行管理，以保证公共性商业楼宇良好的经营环境和经营秩序，使经营者的生意良好

运作。

公共性商业楼宇本身是一个整体，由于多家经营，各经营者经营活动的许多方面需要协调一致，而物业公司并不参与经营，无权介入各经营者的经营活动。因此，要保证管理的有效性，应该组织由工商管理部门参与、经营者代表组成的管理委员会，对公共性商业楼宇的公共事务进行管理。管理委员会由全体经营者投票选举产生，代表全体经营者的利益。日常工作可以由一个执行机构负责，重大决策由管理委员会共同决定或者由管理委员会召开全体经营者大会讨论决定。这样一来，公共性商业楼宇的管理者就可以通过管理委员会间接地对各经营者的经营活动进行协调和管理。公共性商业楼宇管理委员会应主要从以下几个方面开展工作：

(1) 制订管理章程，并负责监督执行，以规范每个经营者的经营行为。

(2) 开展公共性商业楼宇整体性的促销活动。如筹资、委托制作宣传公共性商业楼宇的商业广告，举办节假日削价展销会，组织顾客联谊活动，以公共性商业楼宇名义赞助社会事业等。带旺人气，吸引顾客。

(3) 协调公共性商业楼宇各经营者的关系。管理委员会可以通过共同订立的章程，规范每个经营者的经营行为，协调各经营者之间的关系。如不得欺行霸市，不得进行不公平的竞争；统一营业时间，不影响他人营业；各自负责管好店铺门前卫生等。经营者在经营上发生的矛盾、纠纷，也可由管理委员会调解解决。

(4) 开展一些经营者之间的互帮互助工作，如互通信息、互相提供融资方便等。

(5) 协调管理者与经营者之间的关系。一方面，公共性商业楼宇管理者可通过管理委员会来达到统一组织、协调经营者经营的目的。另一方面，管理委员会又成为经营者与公共性商业楼宇管理者之间对话的桥梁和中介。

(6) 与工商管理部门配合，严格执行《消费者权益保护法》，严厉打击假冒伪劣产品，维护公共性商业楼宇的形象。

2. 商场物业的管理内容

(1) 楼宇及附属设施，设备的养护及维修管理。商业楼宇的日常养护标准高，维修要求严，其内容同办公楼相似，但其方式不同。商业楼宇的重点在于各种设施、设备上，因为这些都能直接影响经营环境。高档次的商业楼宇设施、设备多而复杂，电脑化程度高，如供电、监控、安全管理、消防、给排水、交通管理等各系统大多互联网络，由计算机控制维护管理至关重要，一些设备如电梯，自动扶梯等易出故障，保证其正常运行也靠平时养护。

(2) 安全保卫管理。大型商业场所面积大、商品繁多、客流量大、人员复杂，这些因素都容易导致发生安全问题。因此，商业场所的安保工作量较大、质量要求高。商业场所物业安全管理服务主要是为顾客提供安全、放心的购物环境，并确保商业场所的物品不被偷盗。商业场所安保管理的主要工作有：

1) 商业场所安保管理实行 24 小时值班巡逻制度，在商场的营业时间内，物业服务企业应安排便衣安保员在商业场所内巡逻。

2) 在商业场所重要部位，如财务室、电梯内、收银台、商业场所各主要出入口等处安装闭路电视监控器、红外线报警监控装置，安保人员对商业场所进行全方位监控。

3) 商业场所营业结束时，安保人员应进行严格的清场，确保商业场所内无闲杂人员。

4）结合商业场所的实际情况，制订安全管理预案，在紧急情况下，能够启动、实施安全预案。

5）同当地公安部门建立工作联系，发现案情时，积极主动协助、配合公安部门的工作。

（3）消防管理。大型商场的客流量非常大，各种商品摆放较密集，而且商品种类多，这些都给商场的消防管理带来了较大的困难。所以，商业场所的消防管理工作主要应从以下几个方面展开：

1）组建一支素质高、责任心强、专业技术过硬、经验丰富的消防队伍，在物业服务企业内部成立一支专业消防队，在商业场所租户群体中成立一支义务消防队。通过宣传、培训，使商业场所租户提高消防意识，增加消防知识，熟悉灭火器等消防器材的使用方法。

2）针对商业场所的特点，完善各种消防标识配置，如避难指示图、各出入口指示、灭火器材的存放位置、标识等。同时，一定要保持标识的完整、清晰。

3）结合商业场所经营特点，制订商业场所消防预案，对物业服务企业全体人员及部分租户进行培训，在紧急情况下能有效组织灭火、疏散人员，保证客户人身财产安全。

4）定期或不定期地组织商业场所的消防实践演习，以提高服务管理者和客户在紧急情况下的应变能力。

5）定时、定期对消防设备设施进行检查维护，确保消防设备设施能随时启用。

（4）车辆管理。大型商业场所的车辆来往频繁、停留时间较短，停车是否方便、交通是否便利直接关系到商业场所的经济效益，所以，物业服务企业对来往车辆的疏导管理是商业场所物业管理工作的重要组成部分。商业场所车辆管理的重要内容有：

1）物业服务企业设有专人负责指挥维持交通，安排车辆停放，同时要有专人负责车辆看管，以防丢失。

2）商业场所车辆管理要分设货车、小车、摩托车、自行车专用停放场所。

3）物业服务企业要与交通管理部门建立工作联系，了解周边地区停车场情况，有助于本商业场所的车辆疏导工作和简单处理解决交通纠纷问题。

（5）环境卫生及绿化管理。环境卫生是管理的重点，主要是外部环境和内部环境两方面。外部环境包括楼宇外墙、附属建筑设施及周围场地等；内部环境包括过道、扶梯、自动扶梯、电梯、卫生间、会议室、餐厅等一切公用场所，以及承租户和业主的铺内、办公室等非公用部位。

绿化管理是指对楼宇内外的花草树木的种植及养护管理，旨在创造整洁、优美和谐怡人的商业氛围。

环境卫生管理方面应注意以下几点：

1）楼宇内外的广告牌、条幅、悬挂物、灯饰等凡属商户铺内的，由商户提出设计要求或制作，必须由物业管理公司统一安装在合理位置。

2）柜台内陈列架上商品陈列应美观，不得凌乱或随意置放。

3）商户铺内产生的垃圾须袋装并放至指定位置，及时清理。

4）楼宇内外的主要卫生清洁时间应安排在非营业时间，营业期间必要的清洁应由清洁人员用抹布擦拭，而不用长柄拖布擦拭。

5）雨天进门处及其他公用过道应设置一些雨具存放器，尽量不要把带雨水的雨具带进大厅，同时注意清洁卫生。

(6) 广告管理。商场广告既多又杂，常常出现广告无序有碍整体环境，有的广告还有违反广告法规定，因此必须加以管理。

1) 市场内部广告，应由物业管理公司委托专业广告设计人员按商场整体布局设计。承租户广告需就其式样、颜色等项由物业管理公司审核，做到管理有序。户外广告一般不设置，如果属于商场整体促销广告也应注意整体性和形象性。

2) 橱窗展示宣传，这也是重要方面，应做到橱窗玻璃洁净，灯火明亮，开关及时，陈列物品整洁有序。

(7) 装修管理。商场楼宇的租赁往往以整个层面向外出租，出租后，由承租商依据经营要求，提出装修申请。也有的业主把一个层面装修完毕之后出租铺面。承租商户对铺面只能通过申请批准后做一些小的变动装修，装修管理应做好以下几个方面工作：

1) 建立周全、详细、便于操作的管理制度。

2) 专人负责对工程实行严格的监督。

3) 选定资质高、信誉好的工程承包商进行装修。

4) 对装修现场进行监督管理。

三、商场物业管理的运作方式

从管理的内容和要求上看，商场物业管理与其他物业管理有着诸多不同。商场物业的运作主要从内外两方面体现。

1. 内部管理运作方式

若公共性商业楼宇是商住型的，商用部分与住宅部分的公共管理事务（如保洁、保安、设备维护等）应由同一机构负责。对商场的管理可以由商场管理处进行统筹和调度。运作方式以商场、小区为服务对象，管理处为调度中心，工程部、保安部、保洁部根据商场或小区的管理特点及要求安排人员负责完成。

若公共性商业楼宇为专业商场，管理企业的机构便是专为商场管理而设的。在此机构中，商场管理部是中心，其他部门都要与之配合。管理部的工作要旨是服务，不管是对经营的业主还是对承租的客户，都要为他们提供方便的服务与良好的经营环境，使物业的出租率高、经营兴旺、升值快。

2. 外部管理运作方式

(1) 成立商场管理委员会，在商场管理部设执行机构，让经营者参与管理。如果公共性商业楼宇属分散产权性质，管理委员会由全体业主根据各自产权面积所占的份额，进行投票选举；如公共性商业楼宇为统一产权，则管理委员会由所有经营者每人一票选举产生。管理委员会的组成人员一般由5～9人为宜，不宜过多，否则不便统一思想、统一意见。管委会的人员应该由具有一定代表性、有经营经验和广泛商业关系的人担任。

管理委员会的主要任务是协助物业管理公司，协调、规范经营者的经营行为，提出经营方面的合理化建议，决定经营格局的调整、经营方向的定位、经营活动的整体安排（如拍卖、让利等经营活动的组织安排）等重大经营行为，同时协助经营者组织经营、联系货源等。

(2) 引进工商管理部门。在经营场所内，设置工商管理办公室，由工商执法部门协助对经营者的经营行为进行管理，以保证公共性商业楼宇的信誉。

第二节　宾馆的物业管理

一、宾馆的定义、管理特点及其分类

1. 宾馆的定义

宾馆也就是酒店，原指贵族们在乡下招待贵宾的别墅，是富人和名流聚会的地方，后泛指专门从事为宾客提供餐饮和住宿的场所，使宾客旅游和社交的各种需要得以满足，以获取社会效益和经济效益为目的的服务企业。宾馆一般包括两个部分：①设施方面，即硬件配置，包括能满足客人吃、住、行、游、购、娱、通信和商务等需求的多功能建筑及设施；②服务，宾馆通过提供有形和无形的服务得到经营的保障。

2. 宾馆管理的特点

(1) 服务时间既短又长。在宾馆餐饮和各种娱乐活动服务中体现了这一特点。对宾客来讲，他们接受服务的时间虽然较短，但对服务人员来说一天的服务时间是很长的。而且，几乎每天都要面对新宾客，要保持同样的服务质量难度很大，这就要求服务人员具有良好的素质。

(2) 宾客流动频繁且复杂。宾馆的主要功能是餐饮和临时住宿，宾客流动频率高，因此给宾馆的物业管理与服务带来了难度，这就要求服务人员素质好，并须经过专业培训才能上岗，高档宾馆更是如此。

(3) 服务质量要求高。宾馆的产品具有无形性和生产、销售及消费同步性的特点。宾馆宾客来自五湖四海，对宾馆所提供的服务要求高且还有不同层次的需求。为了使宾客有一种到家的感觉，宾馆应尽可能满足宾客的各种要求。这就要求物业管理的工作人员做到观察细致，服务周到，并时刻掌握宾客的需求。因此，所有工作人员都要经过专业培训合格后才能上岗，从而保证服务质量。

(4) 设备设施维护时间性强。宾馆经营有连续性、时间性和季节性的特点，因此对设备设施的维护更加强调时间性和季节性。应该根据季节的变化、客流量的变动制订相应设备设施的检修计划，确保设备设施始终能正常运行。

(5) 品牌意识。宾馆物业管理的产品是服务。在物业管理的运作中必须强化服务意识和品牌意识。必须以市场为目标，以需求为导向，以消费心理为依据，向品牌管理发展。正确设计公司的品牌形象，统一企业视觉识别并加以整合和传达，通过人员和环境形象的有效管理，以优质、特色的服务，为宾客提供及时、方便、周到的服务，使每一项服务都成为一个闪亮的窗口，让宾客产生认同感。

(6) 协调性要求高。宾馆是一种配套齐全，功能多样的消费场所，可以满足各类宾客的各种需求，目的就是使宾客有到家的感觉。因此，宾馆的内部职能部门相对较多，工作程序严格而又复杂，各种服务功能在独立运转的同时又相互交叉配合，形成宾馆的综合服务体系。任何一个环节如果出现了问题，都会影响到宾馆的服务质量，从而影响宾馆的形象和经济利益。所以，必须高度重视宾馆物业管理工作的总体协调性，整合宾馆的各种要素，保证服务链的延续。

3. 宾馆的分类

宾馆类别是因人们的各种不同的消费需要而出现的，根据不同的需要，可以有不同的分

类标准。

（1）按宾馆建筑档次和服务层次。按宾馆建筑档次和服务层次，一般分为高、中、低三种类型。

（2）按宾客的特点和酒店的特色。我国目前根据酒店的特色，可分为综合性酒店、商务型酒店、旅游度假型酒店、会议展览型酒店和康复疗养型酒店。

（3）按宾馆经营管理与产权关系分类。

1）公司所属。有自己经营管理的宾馆，有的是直属公司或连锁公司拥有产权并直接经营管理的宾馆企业。

2）合同经营宾馆。经营者签订合同，缴租金或管理费，业主将宾馆出租给承租方，以联营公司的名义注册登记，使用其“名称”和“标记”，由租赁者负责经营管理。

3）特许经营宾馆，即由经营管理者购买并使用某一联号公司的“名称”和“标记”的宾馆，这种方式下，购买者有产权，财政上保持独立，但在经营管理上接受联号公司的指导与协助。

二、宾馆物业的建筑与设备设施管理

宾馆建筑及设备设施管理的主要任务，是对宾馆的建筑及设备、设施进行日常性养护与维修，适时作必要的改造、更新，从而使宾馆的经营活动建立在最佳的物质基础上，使宾馆获得最高的综合效益。宾馆的建筑及设备设施管理，除了完成与写字楼等物业相同的管理任务外，特别应做好以下工作：

（1）确保能源供给与控制能耗。不仅要保证热水、冷水、电、暖、气、空调等设备设施的正常运行，而且要有效地控制能源消耗，完善各项节能措施。

（2）做好设备的改造或更新。宾馆对设备性能要求较高，变化较快，有时设备尚未到淘汰年限，就需要提前更新、改造，物业服务企业应帮助宾馆制定设备更新改造计划，并付诸实施。

（3）做好设备备件管理。关键设备的易损件必须购置备品、备件，以便及时更换，缩短停机时间。

（4）筹划楼宇的改建、扩建和新建。随着宾馆市场需求的变化和发展，宾馆楼宇改建、扩建、新建势在必行。工程设备部门应当积极主动地向宾馆负责人提出筹划方案，并在其决策后予以贯彻实施。

（5）做好建筑及其装饰的养护和维修。宾馆建筑及其装饰是宾馆的标志性形象，需注意养护，保持其特有的风貌与格调，切忌破损。

三、宾馆物业的安保、清洁、环境管理

1. 消防、安保管理

宾馆作为宾客的“家外之家”，安全性十分重要，“没有安全就没有经济效益”。缺乏安全感的宾馆不但使宾客的愉悦感受到影响，还会给宾馆的声誉造成破坏，甚至带来无法弥补的损失。为了保证宾客的人身、资产安全，应设立专门消防、安保机构具体负责此项工作。

消防、安保管理工作的主要内容有：

（1）贯彻我国安全保卫工作的法规和方针政策。广泛开展安全、法制教育，旨在宾馆全体员工中牢固树立“没有安全就没有效益”的观念，并积极采取切实措施，确保重点，保障安全。

(2) 加强内部治安管理，落实宾馆业相关的治安管理法规，维护宾馆内部公共场所和道路交通各项治安秩序。

(3) 根据“预防为主，防消结合”的方针，加强宾馆内部消防管理，建立并检查各部门防火安全制度，组建义务消防队，定期开展消防预习和消防检查，对一切火灾苗子都要做到“三不放过”，即原因不明不放过，责任不分清不放过，整改措施不到位不放过。

(4) 负责追查宾馆内部发生的破坏事故和破坏嫌疑事故并配合协助有关部门，参与调查重大的治安灾害事故。协助公安机关查处宾馆内部发生的治安案件和侦破各类刑事案件。

(5) 确保宾馆要害部位、重点工程和重要活动的安全。

2. 宾馆的保洁管理

宾馆的卫生保洁工作是宾馆服务的一项重要工作，每一家宾馆都要制订严格的卫生保洁规范要求、操作规程、标准和岗位责任制。宾馆的卫生保洁工作是一项既细致又烦琐的工作。宾馆的保洁分为客房的卫生保洁、餐厅的卫生保洁和其他公共区域的卫生保洁。

宾馆保洁服务的主要工作内容有：

(1) 客房的卫生保洁。每天都要按规范清扫、擦洗房间，根据需要更换床单、被套、枕巾、拖鞋、浴巾、毛巾、牙具等，保持客房洁净优美。进客房要事先按门铃，征得客人的同意后，方可进入。

(2) 餐厅的卫生保洁。由于宾馆的客人流动频率高，容易发生传染病，对卫生条件要求特别严。除了对食物、酒水的卫生标准要求较高外，必须做好餐厅的卫生保洁工作，餐厅内保持空气清新，温度适中，窗明几净，一尘不染，餐具用后必须清洗消毒。

(3) 其他公共区域的卫生保洁。除了客房和餐厅以外的其他公共区域，主要包括大堂、会议室、楼道、楼梯、电梯、公共卫生间、楼外广场、绿地、外墙立面、停车场（库）、娱乐场所等，这些部位的卫生保洁也是宾馆为宾客服务的一项重要内容。每一家宾馆都应设有负责卫生保洁工作的部门，根据宾馆的物业服务企业的具体情况制订严格的卫生保洁规范要求、岗位职责、操作规程和达到标准，具体内容应尽可能细化，便于操作。

3. 宾馆的环境绿化管理

宾馆物业环境管理应以人为核心，使宾客一入服务区，马上就能感受到典雅、舒适的人文环境和自由飘逸的文化氛围，体现出无处不在的文化氛围和对人的尊重与关怀。完善统一的物业环境视觉系统。宾馆的绿化工作除了对室外、庭院、花坛、绿地、喷水池等绿化美化外，还应注意楼内绿色植物的摆放、更换和养护工作。

小　　结

商场物业是指建设规划中必须用于商业性质的房地产，它是城市整体规划建筑中的一种重要功能组成部分，其直接的功用就是为消费者提供购物场所。商场物业根据不同的标准，有不同的分类方法。商场物业不同于其他类型物业，有自己特殊的管理内容和管理方式。

宾馆是指专门从事为宾客提供餐饮和住宿的场所，使宾客旅游和社交的各种需要得以满足，以获取社会效益和经济效益为目的的服务企业。宾馆有其自身的管理特征。宾馆物业管理工作要尤其重视设备设施管理、安保、清洁及环境管理。

复习思考题

1. 所谓的商场物业指的是什么含义?
2. 商场物业的类型有哪些?
3. 简述商场物业管理的主要内容。
4. 简述商场物业管理的运作方式。
5. 宾馆的定义与分类方法是什么?
6. 宾馆物业管理的特点有哪些?
7. 简述宾馆物业的建筑、设备设施管理要求。
8. 宾馆物业的安保、卫生清洁、环境管理的要点是什么?

附录《物 业 管 理 条 例》

中华人民共和国国务院令
第 504 号

现公布《国务院关于修改〈物业管理条例〉的决定》，自 2007 年 10 月 1 日起施行。

总理　温家宝
二〇〇七年八月二十六日

国务院关于修改《物业管理条例》的决定

根据《中华人民共和国物权法》的有关规定，国务院决定对《物业管理条例》作如下修改：

一、将第十条第一款修改为："同一个物业管理区域内的业主，应当在物业所在地的区、县人民政府房地产行政主管部门或者街道办事处、乡镇人民政府的指导下成立业主大会，并选举产生业主委员会。

但是，只有一个业主的，或者业主人数较少且经全体业主一致同意，决定不成立业主大会的，由业主共同履行业主大会、业主委员会职责。"

删除第十条第二款。

二、将第十一条修改为："下列事项由业主共同决定：

"（一）制定和修改业主大会议事规则；

"（二）制定和修改管理规约；

"（三）选举业主委员会或者更换业主委员会成员；

"（四）选聘和解聘物业服务企业；

"（五）筹集和使用专项维修资金；

"（六）改建、重建建筑物及其附属设施；

"（七）有关共有和共同管理权利的其他重大事项。"

三、将第十二条修改为："业主大会会议可以采用集体讨论的形式，也可以采用书面征求意见的形式；但是，应当有物业管理区域内专有部分占建筑物总面积过半数的业主且占总人数过半数的业主参加。

"业主可以委托代理人参加业主大会会议。

"业主大会决定本条例第十一条第（五）项和第（六）项规定的事项，应当经专有部分占建筑物总面积 2/3 以上的业主且占总人数 2/3 以上的业主同意；决定本条例第十一条规定的其他事项，应当经专有部分占建筑物总面积过半数的业主且占总人数过半数的业主同意。

"业主大会或者业主委员会的决定，对业主具有约束力。

"业主大会或者业主委员会作出的决定侵害业主合法权益的，受侵害的业主可以请求人民法院予以撤销。”

四、将第十九条第二款修改为：“业主大会、业主委员会作出的决定违反法律、法规的，物业所在地的区、县人民政府房地产行政主管部门或者街道办事处、乡镇人民政府，应当责令限期改正或者撤销其决定，并通告全体业主。”

此外，根据《中华人民共和国物权法》的有关规定，将“物业管理企业”修改为“物业服务企业”，将“业主公约”修改为“管理规约”，将“业主临时公约”修改为“临时管理规约”，并对个别条文的文字作了修改。

本决定自 2007 年 10 月 1 日起施行。

《物业管理条例》根据本决定作相应的修订，重新公布。

物 业 管 理 条 例

（2003 年 6 月 8 日中华人民共和国国务院令第 379 号公布 根据 2007 年 8 月 26 日《国务院关于修改〈物业管理条例〉的决定》修订）

第一章 总 则

第一条 为了规范物业管理活动，维护业主和物业服务企业的合法权益，改善人民群众的生活和工作环境，制定本条例。

第二条 本条例所称物业管理，是指业主通过选聘物业服务企业，由业主和物业服务企业按照物业服务合同约定，对房屋及配套的设施设备和相关场地进行维修、养护、管理，维护物业管理区域内的环境卫生和相关秩序的活动。

第三条 国家提倡业主通过公开、公平、公正的市场竞争机制选择物业服务企业。

第四条 国家鼓励采用新技术、新方法，依靠科技进步提高物业管理和服务水平。

第五条 国务院建设行政主管部门负责全国物业管理活动的监督管理工作。

县级以上地方人民政府房地产行政主管部门负责本行政区域内物业管理活动的监督管理工作。

第二章 业主及业主大会

第六条 房屋的所有权人为业主。

业主在物业管理活动中，享有下列权利：

（一）按照物业服务合同的约定，接受物业服务企业提供的服务；

（二）提议召开业主大会会议，并就物业管理的有关事项提出建议；

（三）提出制定和修改管理规约、业主大会议事规则的建议；

（四）参加业主大会会议，行使投票权；

（五）选举业主委员会成员，并享有被选举权；

（六）监督业主委员会的工作；

（七）监督物业服务企业履行物业服务合同；

（八）对物业共用部位、共用设施设备和相关场地使用情况享有知情权和监督权；

（九）监督物业共用部位、共用设施设备专项维修资金（以下简称专项维修资金）的管理和使用；

（十）法律、法规规定的其他权利。

第七条 业主在物业管理活动中，履行下列义务：

（一）遵守管理规约、业主大会议事规则；

（二）遵守物业管理区域内物业共用部位和共用设施设备的使用、公共秩序和环境卫生的维护等方面的规章制度；

（三）执行业主大会的决定和业主大会授权业主委员会作出的决定；

（四）按照国家有关规定交纳专项维修资金；

（五）按时交纳物业服务费用；

（六）法律、法规规定的其他义务。

第八条 物业管理区域内全体业主组成业主大会。

业主大会应当代表和维护物业管理区域内全体业主在物业管理活动中的合法权益。

第九条 一个物业管理区域成立一个业主大会。

物业管理区域的划分应当考虑物业的共用设施设备、建筑物规模、社区建设等因素。具体办法由省、自治区、直辖市制定。

第十条 同一个物业管理区域内的业主，应当在物业所在地的区、县人民政府房地产行政主管部门或者街道办事处、乡镇人民政府的指导下成立业主大会，并选举产生业主委员会。但是，只有一个业主的，或者业主人数较少且经全体业主一致同意，决定不成立业主大会的，由业主共同履行业主大会、业主委员会职责。

第十一条 下列事项由业主共同决定：

（一）制定和修改业主大会议事规则；

（二）制定和修改管理规约；

（三）选举业主委员会或者更换业主委员会成员；

（四）选聘和解聘物业服务企业；

（五）筹集和使用专项维修资金；

（六）改建、重建建筑物及其附属设施；

（七）有关共有和共同管理权利的其他重大事项。

第十二条 业主大会会议可以采用集体讨论的形式，也可以采用书面征求意见的形式；但是，应当有物业管理区域内专有部分占建筑物总面积过半数的业主且占总人数过半数的业主参加。

业主可以委托代理人参加业主大会会议。

业主大会决定本条例第十一条第（五）项和第（六）项规定的事项，应当经专有部分占建筑物总面积2/3以上的业主且占总人数2/3以上的业主同意；决定本条例第十一条规定的其他事项，应当经专有部分占建筑物总面积过半数的业主且占总人数过半数的业主同意。

业主大会或者业主委员会的决定，对业主具有约束力。

业主大会或者业主委员会作出的决定侵害业主合法权益的，受侵害的业主可以请求人民法院予以撤销。

第十三条 业主大会会议分为定期会议和临时会议。

业主大会定期会议应当按照业主大会议事规则的规定召开。经20%以上的业主提议，业主委员会应当组织召开业主大会临时会议。

第十四条 召开业主大会会议，应当于会议召开15日以前通知全体业主。

住宅小区的业主大会会议，应当同时告知相关的居民委员会。

业主委员会应当做好业主大会会议记录。

第十五条 业主委员会执行业主大会的决定事项，履行下列职责：

（一）召集业主大会会议，报告物业管理的实施情况；

（二）代表业主与业主大会选聘的物业服务企业签订物业服务合同；

（三）及时了解业主、物业使用人的意见和建议，监督和协助物业服务企业履行物业服务合同；

（四）监督管理规约的实施；

（五）业主大会赋予的其他职责。

第十六条 业主委员会应当自选举产生之日起30日内，向物业所在地的区、县人民政府房地产行政主管部门和街道办事处、乡镇人民政府备案。

业主委员会委员应当由热心公益事业、责任心强、具有一定组织能力的业主担任。

业主委员会主任、副主任在业主委员会成员中推选产生。

第十七条 管理规约应当对有关物业的使用、维护、管理，业主的共同利益，业主应当履行的义务，违反管理规约应当承担的责任等事项依法作出约定。

管理规约应当尊重社会公德，不得违反法律、法规或者损害社会公共利益。

管理规约对全体业主具有约束力。

第十八条 业主大会议事规则应当就业主大会的议事方式、表决程序、业主委员会的组成和成员任期等事项作出约定。

第十九条 业主大会、业主委员会应当依法履行职责，不得作出与物业管理无关的决定，不得从事与物业管理无关的活动。

业主大会、业主委员会作出的决定违反法律、法规的，物业所在地的区、县人民政府房地产行政主管部门或者街道办事处、乡镇人民政府，应当责令限期改正或者撤销其决定，并通告全体业主。

第二十条 业主大会、业主委员会应当配合公安机关，与居民委员会相互协作，共同做好维护物业管理区域内的社会治安等相关工作。

在物业管理区域内，业主大会、业主委员会应当积极配合相关居民委员会依法履行自治管理职责，支持居民委员会开展工作，并接受其指导和监督。

住宅小区的业主大会、业主委员会作出的决定，应当告知相关的居民委员会，并认真听取居民委员会的建议。

第三章 前期物业管理

第二十一条 在业主、业主大会选聘物业服务企业之前，建设单位选聘物业服务企业的，应当签订书面的前期物业服务合同。

第二十二条 建设单位应当在销售物业之前，制定临时管理规约，对有关物业的使用、维护、管理，业主的共同利益，业主应当履行的义务，违反临时管理规约应当承担的责任等事项依法作出约定。

建设单位制定的临时管理规约，不得侵害物业买受人的合法权益。

第二十三条 建设单位应当在物业销售前将临时管理规约向物业买受人明示，并予以说明。

物业买受人在与建设单位签订物业买卖合同时，应当对遵守临时管理规约予以书面承诺。

第二十四条 国家提倡建设单位按照房地产开发与物业管理相分离的原则，通过招投标的方式选聘具有相应资质的物业服务企业。

住宅物业的建设单位，应当通过招投标的方式选聘具有相应资质的物业服务企业；投标人少于3个或者住宅规模较小的，经物业所在地的区、县人民政府房地产行政主管部门批准，可以采用协议方式选聘具有相应资质的物业服务企业。

第二十五条 建设单位与物业买受人签订的买卖合同应当包含前期物业服务合同约定的内容。

第二十六条 前期物业服务合同可以约定期限；但是，期限未满、业主委员会与物业服务企业签订的物业服务合同生效的，前期物业服务合同终止。

第二十七条 业主依法享有的物业共用部位、共用设施设备的所有权或者使用权，建设单位不得擅自处分。

第二十八条 物业服务企业承接物业时，应当对物业共用部位、共用设施设备进行查验。

第二十九条 在办理物业承接验收手续时，建设单位应当向物业服务企业移交下列资料：

（一）竣工总平面图，单体建筑、结构、设备竣工图，配套设施、地下管网工程竣工图等竣工验收资料；

（二）设施设备的安装、使用和维护保养等技术资料；

（三）物业质量保修文件和物业使用说明文件；

（四）物业管理所必需的其他资料。

物业服务企业应当在前期物业服务合同终止时将上述资料移交给业主委员会。

第三十条 建设单位应当按照规定在物业管理区域内配置必要的物业管理用房。

第三十一条 建设单位应当按照国家规定的保修期限和保修范围，承担物业的保修责任。

第四章 物 业 管 理 服 务

第三十二条 从事物业管理活动的企业应当具有独立的法人资格。

国家对从事物业管理活动的企业实行资质管理制度。具体办法由国务院建设行政主管部门制定。

第三十三条 从事物业管理的人员应当按照国家有关规定，取得职业资格证书。

第三十四条 一个物业管理区域由一个物业服务企业实施物业管理。

第三十五条 业主委员会应当与业主大会选聘的物业服务企业订立书面的物业服务合同。

物业服务合同应当对物业管理事项、服务质量、服务费用、双方的权利义务、专项维修资金的管理与使用、物业管理用房、合同期限、违约责任等内容进行约定。

第三十六条 物业服务企业应当按照物业服务合同的约定，提供相应的服务。

物业服务企业未能履行物业服务合同的约定，导致业主人身、财产安全受到损害的，应当依法承担相应的法律责任。

第三十七条 物业服务企业承接物业时，应当与业主委员会办理物业验收手续。

业主委员会应当向物业服务企业移交本条例第二十九条第一款规定的资料。

第三十八条 物业管理用房的所有权依法属于业主。未经业主大会同意，物业服务企业不得改变物业管理用房的用途。

第三十九条 物业服务合同终止时，物业服务企业应当将物业管理用房和本条例第二十九条第一款规定的资料交还给业主委员会。

物业服务合同终止时，业主大会选聘了新的物业服务企业的，物业服务企业之间应当做好交接工作。

第四十条 物业服务企业可以将物业管理区域内的专项服务业务委托给专业性服务企业，但不得将该区域内的全部物业管理一并委托给他人。

第四十一条 物业服务收费应当遵循合理、公开以及费用与服务水平相适应的原则，区别不同物业的性质和特点，由业主和物业服务企业按照国务院价格主管部门会同国务院建设行政主管部门制定的物业服务收费办法，在物业服务合同中约定。

第四十二条 业主应当根据物业服务合同的约定交纳物业服务费用。业主与物业使用人约定由物业使用人交纳物业服务费用的，从其约定，业主负连带交纳责任。

已竣工但尚未出售或者尚未交给物业买受人的物业，物业服务费用由建设单位交纳。

第四十三条 县级以上人民政府价格主管部门会同同级房地产行政主管部门，应当加强对物业服务收费的监督。

第四十四条 物业服务企业可以根据业主的委托提供物业服务合同约定以外的服务项目，服务报酬由双方约定。

第四十五条 物业管理区域内，供水、供电、供气、供热、通信、有线电视等单位应当向最终用户收取有关费用。

物业服务企业接受委托代收前款费用的，不得向业主收取手续费等额外费用。

第四十六条 对物业管理区域内违反有关治安、环保、物业装饰装修和使用等方面法律、法规规定的行为，物业服务企业应当制止，并及时向有关行政管理部门报告。

有关行政管理部门在接到物业服务企业的报告后，应当依法对违法行为予以制止或者依法处理。

第四十七条 物业服务企业应当协助做好物业管理区域内的安全防范工作。发生安全事故时，物业服务企业在采取应急措施的同时，应当及时向有关行政管理部门报告，协助做好救助工作。

物业服务企业雇请保安人员的，应当遵守国家有关规定。保安人员在维护物业管理区域内的公共秩序时，应当履行职责，不得侵害公民的合法权益。

第四十八条 物业使用人在物业管理活动中的权利义务由业主和物业使用人约定，但不得违反法律、法规和管理规约的有关规定。

物业使用人违反本条例和管理规约的规定，有关业主应当承担连带责任。

第四十九条 县级以上地方人民政府房地产行政主管部门应当及时处理业主、业主委员会、物业使用人和物业服务企业在物业管理活动中的投诉。

第五章 物业的使用与维护

第五十条 物业管理区域内按照规划建设的公共建筑和共用设施，不得改变用途。

业主依法确需改变公共建筑和共用设施用途的，应当在依法办理有关手续后告知物业服务企业；物业服务企业确需改变公共建筑和共用设施用途的，应当提请业主大会讨论决定同意后，由业主依法办理有关手续。

第五十一条 业主、物业服务企业不得擅自占用、挖掘物业管理区域内的道路、场地，损害业主的共同利益。

因维修物业或者公共利益，业主确需临时占用、挖掘道路、场地的，应当征得业主委员会和物业服务企业的同意；物业服务企业确需临时占用、挖掘道路、场地的，应当征得业主委员会的同意。

业主、物业服务企业应当将临时占用、挖掘的道路、场地，在约定期限内恢复原状。

第五十二条 供水、供电、供气、供热、通信、有线电视等单位，应当依法承担物业管理区域内相关管线和设施设备维修、养护的责任。

前款规定的单位因维修、养护等需要，临时占用、挖掘道路、场地的，应当及时恢复原状。

第五十三条 业主需要装饰装修房屋的，应当事先告知物业服务企业。

物业服务企业应当将房屋装饰装修中的禁止行为和注意事项告知业主。

第五十四条 住宅物业、住宅小区内的非住宅物业或者与单幢住宅楼结构相连的非住宅物业的业主，应当按照国家有关规定交纳专项维修资金。

专项维修资金属于业主所有，专项用于物业保修期满后物业共用部位、共用设施设备的维修和更新、改造，不得挪作他用。

专项维修资金收取、使用、管理的办法由国务院建设行政主管部门会同国务院财政部门制定。

第五十五条 利用物业共用部位、共用设施设备进行经营的，应当在征得相关业主、业主大会、物业服务企业的同意后，按照规定办理有关手续。业主所得收益应当主要用于补充专项维修资金，也可以按照业主大会的决定使用。

第五十六条 物业存在安全隐患，危及公共利益及他人合法权益时，责任人应当及时维修养护，有关业主应当给予配合。

责任人不履行维修养护义务的，经业主大会同意，可以由物业服务企业维修养护，费用由责任人承担。

第六章 法 律 责 任

第五十七条 违反本条例的规定，住宅物业的建设单位未通过招投标的方式选聘物业服务企业或者未经批准，擅自采用协议方式选聘物业服务企业的，由县级以上地方人民政府房地产行政主管部门责令限期改正，给予警告，可以并处 10 万元以下的罚款。

第五十八条 违反本条例的规定，建设单位擅自处分属于业主的物业共用部位、共用设施设备的所有权或者使用权的，由县级以上地方人民政府房地产行政主管部门处 5 万元以上

20 万元以下的罚款；给业主造成损失的，依法承担赔偿责任。

第五十九条 违反本条例的规定，不移交有关资料的，由县级以上地方人民政府房地产行政主管部门责令限期改正；逾期仍不移交有关资料的，对建设单位、物业服务企业予以通报，处 1 万元以上 10 万元以下的罚款。

第六十条 违反本条例的规定，未取得资质证书从事物业管理的，由县级以上地方人民政府房地产行政主管部门没收违法所得，并处 5 万元以上 20 万元以下的罚款；给业主造成损失的，依法承担赔偿责任。

以欺骗手段取得资质证书的，依照本条第一款规定处罚，并由颁发资质证书的部门吊销资质证书。

第六十一条 违反本条例的规定，物业服务企业聘用未取得物业管理职业资格证书的人员从事物业管理活动的，由县级以上地方人民政府房地产行政主管部门责令停止违法行为，处 5 万元以上 20 万元以下的罚款；给业主造成损失的，依法承担赔偿责任。

第六十二条 违反本条例的规定，物业服务企业将一个物业管理区域内的全部物业管理一并委托给他人的，由县级以上地方人民政府房地产行政主管部门责令限期改正，处委托合同价款 30%以上 50%以下的罚款；情节严重的，由颁发资质证书的部门吊销资质证书。委托所得收益，用于物业管理区域内物业共用部位、共用设施设备的维修、养护，剩余部分按照业主大会的决定使用；给业主造成损失的，依法承担赔偿责任。

第六十三条 违反本条例的规定，挪用专项维修资金的，由县级以上地方人民政府房地产行政主管部门追回挪用的专项维修资金，给予警告，没收违法所得，可以并处挪用数额 2 倍以下的罚款；物业服务企业挪用专项维修资金，情节严重的，并由颁发资质证书的部门吊销资质证书；构成犯罪的，依法追究直接负责的主管人员和其他直接责任人员的刑事责任。

第六十四条 违反本条例的规定，建设单位在物业管理区域内不按照规定配置必要的物业管理用房的，由县级以上地方人民政府房地产行政主管部门责令限期改正，给予警告，没收违法所得，并处 10 万元以上 50 万元以下的罚款。

第六十五条 违反本条例的规定，未经业主大会同意，物业服务企业擅自改变物业管理用房的用途的，由县级以上地方人民政府房地产行政主管部门责令限期改正，给予警告，并处 1 万元以上 10 万元以下的罚款；有收益的，所得收益用于物业管理区域内物业共用部位、共用设施设备的维修、养护，剩余部分按照业主大会的决定使用。

第六十六条 违反本条例的规定，有下列行为之一的，由县级以上地方人民政府房地产行政主管部门责令限期改正，给予警告，并按照本条第二款的规定处以罚款；所得收益，用于物业管理区域内物业共用部位、共用设施设备的维修、养护，剩余部分按照业主大会的决定使用：

（一）擅自改变物业管理区域内按照规划建设的公共建筑和共用设施用途的；

（二）擅自占用、挖掘物业管理区域内道路、场地，损害业主共同利益的；

（三）擅自利用物业共用部位、共用设施设备进行经营的。

个人有前款规定行为之一的，处 1000 元以上 1 万元以下的罚款；单位有前款规定行为之一的，处 5 万元以上 20 万元以下的罚款。

第六十七条 违反物业服务合同约定，业主逾期不交纳物业服务费用的，业主委员会应当督促其限期交纳；逾期仍不交纳的，物业服务企业可以向人民法院起诉。

第六十八条 业主以业主大会或者业主委员会的名义，从事违反法律、法规的活动，构成犯罪的，依法追究刑事责任；尚不构成犯罪的，依法给予治安管理处罚。

第六十九条 违反本条例的规定，国务院建设行政主管部门、县级以上地方人民政府房地产行政主管部门或者其他有关行政管理部门的工作人员利用职务上的便利，收受他人财物或者其他好处，不依法履行监督管理职责，或者发现违法行为不予查处，构成犯罪的，依法追究刑事责任；尚不构成犯罪的，依法给予行政处分。

第七章 附 则

第七十条 本条例自 2003 年 9 月 1 日起施行。

参 考 文 献

[1] 尚晨光．物业管理条例释义［M］．北京：中国法制出版社，2003.
[2] 蔡耀忠．物权法报告［M］．北京：中信出版社，2005.
[3] 陶铁胜．社区管理概论［M］．上海：上海三联书店，2000.
[4] 詹永印．物业管理操作与 ISO 9002 实施［M］．深圳：海天出版社，1999.
[5] 本书编写组．物业管理实用核心法规［M］．北京：中国方正出版社，2003.
[6] 吴剑平．物业管理法规［M］．广州：华南理工大学出版社，2004.
[7] 左斌．智能建筑设备手册［M］．北京：中国建筑工业出版社，2003.
[8] 程大章．智能住宅小区工程建设与管理［M］．上海：同济大学出版社，2003.
[9] 贺学良，ALBERT LO 等．中国物业管理［M］．上海：文汇出版社，2006.
[10] 本书编写组．业主如何在物业纠纷中理性维权［M］．北京：中国致公出版社，2004.
[11] 周云，周建华．物业管理［M］．北京：人民交通出版社，2008.
[12] 谢家谨，等．物业管理条例释义［M］．北京：知识产权出版社，2003.
[13] 杨振标，等．物业管理实务［M］（上、下）．广州：中山大学出版社，2000.
[14] 班道明，付洁茹．物业管理概论［M］．北京：中国林业出版社，2000.
[15] 郭世民，周建华．物业管理［M］．北京：中国建筑工业出版社，2007.